特定社会保険労務士 寺林 顕 著
弁護士 米澤章吾 監修

最初からそう教えてくれればいいのに！

# 労務管理のツボとコツがゼッタイにわかる本

［第2版］

秀和システム

●注意
(1) 本書は著者が独自に調査した結果を出版したものです。
(2) 本書は内容について万全を期して作成いたしましたが、万一、ご不審な点や誤り、記載漏れなどお気付きの点がありましたら、出版元まで書面にてご連絡ください。
(3) 本書の内容に関して運用した結果の影響については、上記(2)項にかかわらず責任を負いかねます。あらかじめご了承ください。
(4) 本書の全部または一部について、出版元から文書による承諾を得ずに複製することは禁じられています。
(5) 本書に記載されているホームページのアドレスなどは、予告なく変更されることがあります。
(6) 商標
本書に記載されている会社名、商品名などは一般に各社の商標または登録商標です。

## はじめに

## 「社長、徹夜して資料を仕上げました！」

　戦後の高度成長期以降の日本の会社では働けば働くほど待遇はあがり、睡眠時間が少ないことを自慢し、超多忙なことが美徳だという価値観が生まれました。
　そしてその価値観は今になっても一昔前の社長、社員には未だ根強く残っています。

・俺の若い時代は毎日残業で夜遅くに家に帰っていたよ。よく残業後に飲んで終電を逃したよな…
・家族サービスなんてそっちのけで、休日出勤ばかりで子供と遊んだ記憶がないなー

　後悔してるのかと思いきや、その長時間労働の美徳感を若い世代に引き継ごうとしています。そして飲み会ではアラハラ（アルコールハラスメント）紛いの説教大会が新人社員に対して、いたるところで行われています。

## 「そろそろ考え方を根本的に変える必要がありますよ」

　一昔前は、長時間働けば、利益に直結する好循環サイクルでしたが、今はもうそんな時代ではありません。
　産業構造が変化し、ハードからソフトへ経済の中心が移行する中、長時間かけて仕事を行うことが利益に直結しなくなったのです。
　そして日本でも徐々に働き方が見直され、効率性の悪い長時間労働が問題であるということを、社会全体で認識され始めました。
　だからこそ、会社は働く環境を変え、**「魅力ある職場環境」** を作っていく必要があるのです。
　そこで、社長、そして人事総務部のあなた！　の出番です。

## 「もう、一昔前の古い考え方は捨てよう！　さあ、改革を始めるんだ！」

　会社、人事総務部は働き方改革をはじめましょう。

- ノー残業デーの設置
- 有給休暇所得促進月間の設置
- 強制的な早帰り指導（残業の原則禁止）
- フレックスタイム制の導入
- 女性管理職の登用
- パートタイマーの正社員化　etc

　ただし、いきなり実態に即さないことをはじめても混乱が起きるだけです。
　残業禁止、早帰り指導等をしても、業務の効率性は変わっていないため、反対にサービス残業や持ち帰り残業が増えるだけでしょう。
　そうならないためにも、まずは**今の会社の現状を分析**し、長時間労働の原因を根本から見直し解決策を考えていく必要があります。
　このような対策なしにおこなってしまっても、残業禁止、早帰り指導等により社員のモチベーションが下がり、仕事の生産性が落ち、会社の売上げも下がってしまいます…
　だからこそ、その制度やルールが、「法律に抵触しない」ことだけを念頭においたものでなく、その会社に関わる人が安心できて、やりがいを保って仕事をすることができるような、「＋アルファ」の労務管理を現実に落とし込んでいく必要があるのです。
　そうです！　今、会社や人事総務部に求められるものは、「法整備＋アルファ」なのです。
　では、その「法整備＋アルファ」とは具体的に何なのでしょうか？
　この点についてはこれから本編で解説していきたいと思います。
　時代に即した労務管理のツボとコツを最初から知っていれば、社員も喜んで働くことができ、自然と会社の売上もアップするような制度やルールを作り上げることは夢ではありません。
　本書を片手に、労務の知識だけでなくそれを応用する力、思考力や判断力を身につけることで、あなたの活躍の場が広がり、キャリアアップに繋がるでしょう。人事総務部ならではの悩み等も、解消することができるエッセンスもご紹介します。
　さあ！　法を守るだけではない「攻め」の労務管理で「魅力ある職場環境」を作っていきましょう。

寺林　顕

※なお、本書では、いわゆる正社員を「社員」とし、アルバイト等を含む場合は「労働者」と表現しております。

最初からそう教えてくれればいいのに！
# 労務管理のツボとコツがゼッタイにわかる本
[第2版]

# Contents

## 第1章 いまさら聞けない働き方改革関連法

**1 なぜ働き方改革をしないといけないの？**..................26
- ●働き方改革をしないと日本経済全体が大変なことになる？？...............26
- ●限られた労働力人口の活用が課題.................27
- ●学校教育にも改革がはじまっている...............29

**2 働き方改革法をきっかけに働き方を考えよう**..................30
- ●労働時間の意識改革.................30
- ●現状の仕事の分析.................32
- ●張りぼての働き方改革では成功しない.................34

**3 働き方改革法っていう法律があるの？**..................35
- ●働き方改革法は複数の法律からできている！.................35
- ●働き方改革関連法のスケジュールを確認しよう.................36
- ●中小企業の定義.................37

**4 働き方改革法の概要を教えてください**..................38
- ●長時間勤務の是正.................38
- ●柔軟な働き方の実現.................42
- ●公正な待遇（同一労働同一賃金）.................44

## 第2章　危険がいっぱい採用業務【採用・入社】

**1　問題社員を入り口からシャットアウト** ..................48
　●丸腰の対応では採用で問題社員が集まってしまいます ..................48
　●実務上のコツ　ココを押さえろ ..................49
　　なぜ問題社員が集まってしまうのか ..................49
　　丸腰はNG！　採用計画をしっかり立てる ..................49
　　任せたい仕事、採用したい人物像を詳細に記載する ..................50
　　仕事の内容を具体的かつ詳細に記載する ..................50
　　自社ホームページを強化する ..................51
　　リファラル採用を強化する ..................51
　　求人広告はどこに出せばいいの？ ..................52
　●法律上のツボ　ココを押さえろ ..................53
　　会社が社員を募集・採用する際の禁止事項 ..................53
　　募集要項にも記載しなければならない項目 ..................55

**2　書類選考・面接の質問　聞くべきことと聞いてはいけないこと** ..................57
　●フィーリング重視の面接は危険！ ..................57
　●実務上のコツ　ココを押さえろ ..................57
　　書類選考で問題社員の応募に一定の歯止めをしましょう ..................57
　　面接で聞く質問は事前に準備するのがあたりまえ ..................58
　　実は使える！　適性検査 ..................60
　　入社前にやるべきことは行っておく ..................61
　●法律上のツボ　ココを押さえろ ..................61
　　会社が面接で質問してはいけない事項 ..................61
　　健康状態について、ここまでは質問できる ..................63

**3　必要書類を提出してくれない社員** ..................66
　●何事も事前の準備が大切です ..................66
　●実務上のコツ　ココを押さえろ ..................66
　　採用内定通知書に必要書類を盛り込みましょう ..................66

　　　　入社時の手続きには段取りが必要です ................................................. 67
　　●法律上のツボ　ココを押さえろ ................................................. 69
　　　　必要書類を提出しない社員の解雇 ................................................. 69
　　　　解雇予告金の不要な期間 ................................................. 69
　　　　マイナンバーの提出拒否 ................................................. 69

## 4　雇用契約の締結は必要？ ................................................. 71
　　●口頭での雇用契約なんてありえません ................................................. 71
　　●実務上のコツ　ココを押さえろ ................................................. 71
　　　　労働条件通知書と雇用契約書はどっちがいいの？ ................................................. 71
　　　　求人時に提示した労働条件と違う場合はどうする？ ................................................. 73
　　　　雇用契約書を締結し忘れたら？ ................................................. 73
　　●法律上のツボ　ココを押さえろ ................................................. 74
　　　　書面で通知しなければならない事項 ................................................. 74
　　　　パートタイマーの条件明示 ................................................. 74
　　　　労働条件通知書の電子化が解禁 ................................................. 74
　　　　明示条件が事実と相違する場合 ................................................. 75
　　　　外国人との雇用契約はどうする？ ................................................. 76
　　　　未成年者との雇用契約はどうする？ ................................................. 77

## 5　試用期間中なので辞めさせてもいいですか？ ................................................. 80
　　●試用期間中でも解雇は慎重に ................................................. 80
　　●実務上のコツ　ココを押さえろ ................................................. 80
　　　　試用期間の説明をきちんと行おう ................................................. 80
　　　　14日以内なら無条件に解雇できる？？ ................................................. 81
　　　　有期契約の活用 ................................................. 81
　　●法律上のツボ　ココを押さえろ ................................................. 82
　　　　試用期間であっても「解雇」は「解雇」 ................................................. 82

## 6　契約社員の期間が5年を超えると正社員になるのですか？ ................................................. 83
　　●契約期間が通算5年を超えると本人の申込みにより
　　　無期雇用契約に転換できる ................................................. 83

- ●実務上のコツ　ココを押さえろ ..................................................83
    - 会社の契約社員の現状を確認しよう ..................................................83
    - 転換申込み後は正社員？？ ..................................................84
    - 就業規則を整備しよう ..................................................85
- ●法律上のツボ　ココを押さえろ ..................................................87
    - 定年後再雇用者も適用されるのか？ ..................................................87
    - 5年間での雇用契約満了 ..................................................87
    - クーリング期間 ..................................................87
    - 無期雇用転換後の労働条件の変更 ..................................................88

## 第3章　長時間労働対策まったなし【労働時間】

### 1　長時間労働は犯罪です！！ ..................................................90
- ●月と年間の残業時間に規制がかかります ..................................................90
- ●実務上のコツ　ココを押さえろ ..................................................91
    - 残業時間の上限を確認しよう ..................................................91
    - WEB勤怠システムを導入しよう ..................................................91
    - 長時間労働奨励主義の会社風土を変える ..................................................92
    - 勤務間インターバル制度を導入しよう ..................................................93
- ●法律上のツボ　ココを押さえろ ..................................................93
    - 安全配慮義務が問われます ..................................................93
    - 長時間労働者に対しては面接指導が義務付けられる
    - （月100時間⇒月80時間へ） ..................................................94
    - 産業医・産業保険機能の強化 ..................................................95
    - 長時間労働で訴えられるリスクがある ..................................................97

### 2　自主的にサービス残業してくれる良い社員？ ..................................................99
- ●会社に貢献？　まとめて未払い残業代を請求されますよ！ ..................................................99
- ●実務上のコツ　ココを押さえろ ..................................................99
    - サービス残業が当たり前は通用しない ..................................................99

残業申告制（許可制）を導入しましょう ............................................. 100
　　　ルールを徹底しましょう ............................................................... 102
　●法律上のツボ　ココを押さえろ ............................................................. 103
　　　黙示の残業にも残業代支払義務があります ......................................... 103
　　　持ち帰り残業はどうなるの？ ........................................................... 103
　　　未払い残業代の請求権は２年 ........................................................... 103
　　　時間外60時間超の割増率が変更になるの？ ......................................... 104

## 3　仕事が残っているのに残業拒否ってありですか？ ............................ 106
　●残業指示の効力 ............................................................................. 106
　●実務上のコツ　ココを押さえろ ............................................................. 107
　　　残業の必要性をまずは説く ............................................................. 107
　　　拒否し続ける社員をどう処する ....................................................... 107
　●法律上のツボ　ココを押さえろ ............................................................. 108
　　　残業をさせるには36協定があればいい？ ........................................... 108
　　　新しい36協定届の締結 .................................................................. 108
　　　労働者の代表の選任 ..................................................................... 109
　　　残業を命じる時の注意点 ................................................................ 110

## 4　夜の接待は労働時間になる？ ....................................................... 112
　●接待営業を強制するのは要注意 ........................................................... 112
　●実務上のコツ　ココを押さえろ ............................................................. 112
　　　接待の席では仕事の話はそこそこに .................................................. 112
　　　社員には事前にコンセンサスをとっておく ......................................... 113
　●法律上のツボ　ココを押さえろ ............................................................. 113
　　　いったい何が労働時間なの？ ........................................................... 113
　　　費用は会社持ちでも労働時間にならない？ ......................................... 114

## 5　休憩？　接客業の休憩は難しい ..................................................... 115
　●休憩時間は社員が労働から離れることが保障される時間 ..................... 115
　●実務上のコツ　ココを押さえろ ............................................................. 116
　　　休憩は業務効率性をあげる ............................................................. 116

- ●法律上のツボ　ココを押さえろ ……………………………… 116
  - 休憩は何分与えればいい？ ……………………………… 116
  - 休憩は一斉にとるのが原則 ……………………………… 117
  - 休憩の自由利用の例外 …………………………………… 118

## 6　休日も携帯の電源をONにしなさい ……………………… 119
- ●休日での携帯電話はON/OFFどちら？ ……………………… 119
- ●実務上のコツ　ココを押さえろ ……………………………… 119
  - 携帯への連絡は一定のルールを ………………………… 119
- ●法律上のツボ　ココを押さえろ ……………………………… 120
  - 休日に携帯電話の電源を入れることは自宅待機になるの？ ……… 120

## 7　タイムカード（WEB勤怠システム）の時間はすべて労働時間？ …… 121
- ●必ずしもタイムカードの時間が労働時間ではない …………… 121
- ●実務上のコツ　ココを押さえろ ……………………………… 121
  - タイムカードの罠 ………………………………………… 121
  - タイムカードの活用方法 ………………………………… 122
- ●法律上のツボ　ココを押さえろ ……………………………… 123
  - 労働時間の適正な把握のために使用者が講ずべき
  - 措置に関するガイドライン（平成29年改正） ………… 123
  - 新ガイドラインのポイント① …………………………… 123
  - 新ガイドラインのポイント② …………………………… 124
  - 労働時間は1分単位で計算しないといけないの？ ……… 125

## 8　社員の裁量に委ねられるみなし労働時間って何？ ………… 128
- ●特定の業務には裁量労働制が使える ………………………… 128
- ●実務上のコツ　ココを押さえろ ……………………………… 128
  - 就業規則と労使協定の整備が必要 ……………………… 128
  - 時間管理はどうなる？ …………………………………… 129
- ●法律上のツボ　ココを押さえろ ……………………………… 130
  - 対象となる業務 …………………………………………… 130
  - 休憩・深夜・休日はどうなる？ ………………………… 131

## 9　在宅勤務って流行っているのですか？ .................................. 132
- ●在宅勤務だと管理が難しいのですが… .................................. 132
- ●実務上のコツ　ココを押さえろ .................................. 132
  - 在宅勤務を活用しよう .................................. 132
  - 在宅勤務を成功させるために規程を作成しよう .................................. 133
  - 最後はコミュニケーション力で .................................. 135
- ●法律上のツボ　ココを押さえろ .................................. 135
  - 労働基準法関係法令の適用 .................................. 135
  - みなし労働時間制 .................................. 135

## 10　1日10時間勤務を強制するのは可能ですか？ .................................. 137
- ●変形労働時間制を活用する .................................. 137
- ●実務上のコツ　ココを押さえろ .................................. 137
  - 変形労働時間制の特徴を知ろう .................................. 137
- ●法律上のツボ　ココを押さえろ .................................. 139
  - 1ヶ月単位の変形労働時間制の要件 .................................. 139
  - 1年単位の変形労働時間制の要件 .................................. 140
  - フレックスタイム制の要件 .................................. 141

## 11　フレックスタイム制に変更があったのですか？ .................................. 143
- ●清算期間が3ヶ月まで延長することができます .................................. 143
- ●実務上のコツ　ココを押さえろ .................................. 144
  - フレックスタイム制の特徴を知ろう .................................. 144
  - フレキシブルタイムとコアタイム .................................. 144
  - 遅刻、欠勤はどうなるの？ .................................. 145
- ●法律上のツボ　ココを押さえろ .................................. 145
  - フレックスタイム制の上限が3ヶ月まで延長される .................................. 145
  - 週5日勤務の場合の特例って何？ .................................. 146
  - 行政官庁へ労使協定の届出が必要となる .................................. 147

- **12 高度プロフェッショナル制度ってどんな制度ですか？** .................... 148
  - ●高度プロフェッショナル制度は残業ゼロ制度？ ................... 148
  - ●実務上のコツ　ココを押さえろ ........................................ 148
    - 管理監督者、裁量労働制との違いは何？ ......................... 148
    - 運用は時期尚早？ ........................................................ 149
  - ●法律上のツボ　ココを押さえろ ........................................ 150
    - 対象の限定 ................................................................... 150
    - 選択的措置 ................................................................... 150
    - 健康管理時間の把握 ...................................................... 151
    - 高度プロフェッショナル制度を導入・運用するための条件 ........... 151
- **13 長時間労働に関連した労働基準監督署の調査** ..................... 154
  - ●労働時間違反の是正勧告が増えています ........................... 154
  - ●実務上のコツ　ココを押さえろ ........................................ 154
    - 自主点検表はどうする？ ................................................ 154
    - 調査への対応 ............................................................... 155
    - 是正勧告書と是正報告書の対応 ....................................... 155
    - 過重労働撲滅特別対策班（かとく）って何ですか？ ............ 157
    - 長時間労働で企業名の公表 ............................................. 157
  - ●法律上のツボ　ココを押さえろ ........................................ 157
    - 労働基準監督官の権限 ................................................... 157
    - 書類送検される可能性 ................................................... 158

## 第4章　社員と揉める一番の原因は賃金！【賃金トラブル】

- **1 賃金カットはどこまでOKですか？** ................................... 160
  - ●一方的な賃金カットはできません！ ................................. 160
  - ●実務上のコツ　ココを押さえろ ........................................ 160
    - 賃金カットの前にやるべきことをやりましょう ................. 160
    - 社員との話し合いは必須です ......................................... 161

　　　　賃金のカットの率や期間はどうする？ ..................................... 161
　　●法律上のツボ　ココを押さえろ ........................................... 163
　　　　合理的な理由があれば賃金カットを行うことができる ................... 163
**2 残業代を基本給に組み込むことは合法ですか？** ............................. 165
　　●基本給に残業代が組み込まれている？？ .................................. 165
　　●実務上のコツ　ココを押さえろ ........................................... 165
　　　　定額残業代って何？ ..................................................... 165
　　　　個別の同意と就業規則への記載 ......................................... 168
　　●法律上のツボ　ココを押さえろ ........................................... 169
　　　　定額残業手当を下回る場合と超えた場合はどうする？ ................... 169
　　　　定額残業手当の時間数は何時間でもいいのか？ ......................... 170
　　　　定額残業の取扱いが厳格になってきている ............................. 170
**3 営業マンには残業代はいらないでしょ！** ................................... 175
　　●「営業マンに残業代がいらない」と考えるのは危険です .................. 175
　　●実務上のコツ　ココを押さえろ ........................................... 175
　　　　営業手当は残業代の固定払いへ変更 ................................... 175
　　●法律上のツボ　ココを押さえろ ........................................... 176
　　　　労働時間を算定し難い場合 ............................................. 176
　　　　一括適用みなし説・別途把握説 ......................................... 177
**4 管理職は労働時間や残業代が関係ない？** ................................... 180
　　●「管理職には時間のしばりがない」といっては危険な場合も ............. 180
　　●実務上のコツ　ココを押さえろ ........................................... 180
　　　　安易に管理職は残業代がないと決めてはいけません ................... 180
　　　　役職手当の記載を変更しよう ........................................... 181
　　●法律上のツボ　ココを押さえろ ........................................... 182
　　　　管理職ってどの範囲の人？ ............................................. 182
　　　　管理職の有給休暇はどうなる？ ......................................... 184
　　　　管理監督者も労働時間の把握が義務化 ................................. 184

**5 有給休暇を取得中なのに通勤手当を請求された** ……………………… 186
- ●出社しなくても通勤手当は支払わないといけないの？ ……………… 186
- ●実務上のコツ　ココを押さえろ ……………………………………… 186
  - 通勤手当のルールは明確に ………………………………………… 186
- ●法律上のツボ　ココを押さえろ ……………………………………… 187
  - 明確に規定していない場合はどうなる？ ………………………… 187

**6 振替休日を与えたのに残業代を請求された** ………………………… 189
- ●振替休日と代休は何が違うの？ ……………………………………… 189
- ●実務上のコツ　ココを押さえろ ……………………………………… 189
  - 振替休日のルール作り …………………………………………… 189
- ●法律上のツボ　ココを押さえろ ……………………………………… 190
  - 振替休日でも割増賃金の対象となる場合がある？ ……………… 190

**7 給与を間違って多く振り込んでしまいました** ……………………… 192
- ●賃金計算ミスでの過払いは返金してもらえるの？ ………………… 192
- ●実務上のコツ　ココを押さえろ ……………………………………… 192
  - 賃金計算での控除の方法 ………………………………………… 192
- ●法律上のツボ　ココを押さえろ ……………………………………… 194
  - 不当利得返還請求権って何？ …………………………………… 194
  - 時効は何年なのか？ ……………………………………………… 194

**8 正社員とパートタイマーが同じ賃金？？** …………………………… 195
- ●同一労働同一賃金が開始されます …………………………………… 195
- ●実務上のコツ　ココを押さえろ ……………………………………… 196
  - 本当に同一労働同一賃金は実現するの？ ……………………… 196
  - 正社員と非正規社員の仕事区分を明確にし、
  - 現状の賃金格差を正当化する …………………………………… 196
- ●法律上のツボ　ココを押さえろ ……………………………………… 197
  - 同一労働同一賃金ガイドライン案 ……………………………… 197
  - パートタイム労働法と労働契約法の統合 ……………………… 199

待遇差の説明義務 ................................................................ 199
　　　派遣労働者にも同一労働同一賃金は適用 ....................................... 200

## 第5章　モンスター社員急増中【問題社員トラブル】

**1　SNS上に会社情報を書き込む社員** ........................................... 204
　●ネット社会の到来にどう対応するのか ........................................ 204
　●実務上のコツ　ココを押さえろ ................................................ 204
　　モニタリングの実施 .............................................................. 204
　　あの手この手で意識付け ........................................................ 205
　　私的な時間についてもルールが必要 ........................................... 205
　　しっかりとした教育と研修 ...................................................... 206
　●法律上のツボ　ココを押さえろ ................................................ 207
　　社員による業務妨害に損害賠償請求は可能？ ................................. 207
　　機密情報の漏洩は不正競争防止法にあたるのか？ ........................... 207

**2　休職を繰り返す社員、どうすればいい？** .................................. 209
　●休職制度の問題点 ................................................................ 209
　●実務上のコツ　ココを押さえろ ................................................ 209
　　繰り返し休職をさせないために ................................................ 209
　　休職のルールは細かく定めましょう ........................................... 210
　　休職中も連絡をマメにとって状況把握に努めましょう ..................... 211
　　傷病手当金はどうなるの？ ...................................................... 213
　●法律上のツボ　ココを押さえろ ................................................ 214
　　休職命令は会社から発令できるか ............................................. 214
　　解雇猶予措置としての休職制度 ................................................ 215
　　復職の基準とは ................................................................... 215

**3　転勤や配置転換を拒否する社員がいます** .................................. 217
　●会社の指示は絶対だ！　と思えた時代が懐かしい ........................... 217

- ●実務上のコツ　ココを押さえろ ................................................. 217
  - 就業規則や雇用契約書で宣言しておく ................................. 217
  - コミュニケーションをしっかりとり、まずは説得 ........................... 218
- ●法律上のツボ　ココを押さえろ ................................................. 218
  - 転勤拒否の有効性 ........................................................ 218
  - 転勤命令の拒否による解雇は可能か .................................. 219

## 4 年次有給休暇を取らせていないと罰金があるのですか？ ............... 221

- ●年5日間の取得が義務になりました ........................................ 221
- ●実務上のコツ　ココを押さえろ ................................................. 222
  - 基準日はいつから ........................................................ 222
  - 年次有給休暇の取得状況を確認しよう ................................. 222
  - 対象者は全員？？？ .................................................... 223
  - 一斉付与日の導入 ........................................................ 223
  - 計画的付与導入の手続 .................................................. 225
  - 計画的付与労使協定の注意点、起算日はいつ？ .................... 225
- ●法律上のツボ　ココを押さえろ ................................................. 227
  - 年5日の時季指定義務 .................................................. 227
  - 法違反の場合は罰金30万円？？ ...................................... 228

## 5 パートタイマーに有給休暇を取得させましょう ............................... 229

- ●パートタイマーにも有給休暇は適用されます ............................. 229
- ●実務上のコツ　ココを押さえろ ................................................. 229
  - パートタイマーの賃金を考える .......................................... 229
- ●法律上のツボ　ココを押さえろ ................................................. 230
  - パートタイマーの有給休暇 ............................................... 230
  - パートタイマーにも年5日の有給取得義務 ........................... 231
  - 週の労働日数を変更した場合 .......................................... 231
  - 週の労働日数が変動し定まらない場合 ............................... 231

## 6　3回の遅刻を欠勤とみなして大丈夫？ ..... 232
- ●遅刻の常習者を取り締まる ..... 232
- ●実務上のコツ　ココを押さえろ ..... 232
  - まずは遅刻に対して的確な指導を ..... 232
  - 電車の遅延による遅刻はどうする？ ..... 233
- ●法律上のツボ　ココを押さえろ ..... 234
  - 減給の制裁とは何か？ ..... 234
  - 就業規則に合法的に記載するにはどうする？ ..... 234
  - 皆勤手当の不支給は減給の制裁にあたるのか？ ..... 235

## 7　会社が援助して資格取得したのに退職する社員 ..... 236
- ●資格の取得費用の返金は通用しない？ ..... 236
- ●実務上のコツ　ココを押さえろ ..... 236
  - 立替金確認書を結ぶ ..... 236
- ●法律上のツボ　ココを押さえろ ..... 238
  - 賠償予定額の禁止 ..... 238
  - 業務上必要性のある研修 ..... 238

## 8　台風が来ているので帰宅させたら賃金を請求された ..... 240
- ●不可抗力であっても休業手当は支給しないといけない？ ..... 240
- ●実務上のコツ　ココを押さえろ ..... 240
  - 1日のうち一部を休業させた場合 ..... 240
  - 天災に備えた災害リスクマネジメントを ..... 241
- ●法律上のツボ　ココを押さえろ ..... 242
  - 休業手当とは？ ..... 242
  - 民法との関係 ..... 243

## 9　定期健康診断を受けない社員 ..... 245
- ●忙しすぎて健康診断が受けられなくて… ..... 245
- ●実務上のコツ　ココを押さえろ ..... 245
  - 健康診断をより受けやすくする　実施日を増やす ..... 245

- ●法律上のツボ　ココを押さえろ ..................................................246
  - 健康診断の義務 ..................................................246
  - 健康診断の受診が休日になってしまった場合 ..................................................246
  - パートタイマーにも健康診断が必要な場合がある ..................................................246

## 10 社員が貸与していたノートパソコンを壊してしまいました ............248
- ●社員に損害賠償を請求します ..................................................248
- ●実務上のコツ　ココを押さえろ ..................................................248
  - 雇用契約の際、備品破損の損害賠償について説明しましょう ..........248
  - 紛失に備えてノートパソコンにパスワード設定をしましょう ..........249
  - 賃金から賠償金を控除できるのか？ ..................................................249
- ●法律上のツボ　ココを押さえろ ..................................................250
  - 損害賠償請求は全額可能なのか？ ..................................................250
  - 個人情報等が流出した場合 ..................................................250

## 11 社員から副業の要望がありました ..................................................252
- ●会社は副業を認めるべきか？ ..................................................252
- ●実務上のコツ　ココを押さえろ ..................................................252
  - 就業規則で副業は許可制に！ ..................................................252
- ●法律上のツボ　ココを押さえろ ..................................................253
  - 副業禁止は法律で定められているの？ ..................................................253
  - 長時間労働のリスク ..................................................254
  - 労災保険はどちらで申請するのか？ ..................................................254

## 12 社内で不倫をした社員を解雇しました ..................................................256
- ●社内不倫で解雇できるのか？ ..................................................256
- ●実務上のコツ　ココを押さえろ ..................................................256
  - 聞き取り調査後に配置転換 ..................................................256
- ●法律上のツボ　ココを押さえろ ..................................................257
  - 企業秩序を乱した解雇の有効性 ..................................................257

**13 スパルタ教育は危険です** ........................................... 259
　●その恫喝、パワハラに該当しますよ ............................... 259
　●実務上のコツ　ココを押さえろ ..................................... 259
　　行き過ぎた指導には注意喚起を .................................... 259
　　管理職だけでなく一般社員にも注意喚起を ....................... 260
　●法律上のツボ　ココを押さえろ ..................................... 260
　　パワハラとはどういう行為なのか？ ................................ 260
　　厚生労働省のパワハラの報告書 .................................... 260

**14 会社があっせん制度を利用しました** ............................ 262
　●あっせん制度は社員からの申請だけではない ..................... 262
　●実務上のコツ　ココを押さえろ ..................................... 262
　　あっせん申請の意外な効果 ......................................... 262
　　あっせん申請の流れ ................................................. 263
　　社員があっせん申請の手続きをしてきた場合 ..................... 263
　●法律上のツボ　ココを押さえろ ..................................... 265
　　対象となる紛争と対象とならない紛争 ............................. 265

## 第6章　退職する社員には万全の対策を！【退職トラブル】

**1 雇用保険の加入漏れが退職時に判明しました** .................. 268
　●雇用保険の加入漏れはどうする？ ................................... 268
　●実務上のコツ　ココを押さえろ ..................................... 268
　　遡って雇用保険の手続きを行う .................................... 268
　　話し合いによる和解をする ......................................... 269
　　雇用保険加入の照会を行う ......................................... 269
　●法律上のツボ　ココを押さえろ ..................................... 270
　　雇用保険の加入基準 ................................................. 270

**2 退職時に有給休暇の消化を要求されました** ..................... 272
　●退職日より前に有給休暇取得は可能 ................................ 272

- ●実務上のコツ　ココを押さえろ ........................................272
  - 退職時の引き継ぎについて規定しましょう ....................................272
  - 有給休暇買い上げの提案を行いましょう ........................................273
- ●法律上のツボ　ココを押さえろ ........................................274
  - 有給休暇の時季変更権は使えるのか？ ............................................274
  - 有給休暇の買い上げの金額はどうすればいい？ ..............................274

### 3 行方不明で連絡がとれない社員を解雇にしてもいいですか？ ........276
- ●行方不明なんて、他人ごと？　そうでもないですよ ..........................276
- ●実務上のコツ　ココを押さえろ ........................................276
  - 緊急時の連絡先を入社時に記入してもらうこと ..............................276
  - 就業規則の退職事由を追加しよう ....................................................277
- ●法律上のツボ　ココを押さえろ ........................................278
  - 解雇をする場合は公示送達 ................................................................278

### 4 社員がライバル会社に転職してしまいました ........................279
- ●どこまで会社はライバル会社への転職を規制できるの？ ..................279
- ●実務上のコツ　ココを押さえろ ........................................279
  - 入社時・退職時の誓約書で意識づけ ................................................279
- ●法律上のツボ　ココを押さえろ ........................................280
  - 競業避止義務の有効性（現社員と元社員） ......................................280
  - 取締役の競業避止義務 ........................................................................280
  - 引き抜き行為はどこまで許される ....................................................281
  - 不正競争防止法に関する違反 ............................................................281

### 5 社員が一度出した退職届の撤回を求めてきました ........................283
- ●そもそも撤回はできるのですか？ ....................................................283
- ●実務上のコツ　ココを押さえろ ........................................283
  - 退職届は口頭ではなく書面を基本にしましょう ..............................283
  - 有能な社員の退職届の撤回 ................................................................285
  - 退職代行サービスって何ですか？ ....................................................285

- ●法律上のツボ　ココを押さえろ .................................................. 286
  - 「辞職」と「合意解約の申込み」 ................................................. 286
  - 退職の意思表示が無効となるケース .......................................... 286

## 6 解雇する時は30日分の賃金を支払えばいいだけですよね？ ........... 288
- ●解雇は手続きが整っていればできるというものではありません！ ....... 288
- ●実務上のコツ　ココを押さえろ .................................................. 289
  - 解雇通知の前に回避努力はしましたか？ .................................... 289
  - 解雇の通知は書面で行いましょう ............................................. 290
- ●法律上のツボ　ココを押さえろ .................................................. 292
  - 解雇権の濫用 ...................................................................... 292
  - 解雇できない場合とは？ ........................................................ 292
  - 整理解雇って何？ ................................................................. 292
  - 有期雇用契約の途中でも解雇できるの？ .................................... 293
  - 社員の解雇が無効となった場合の賃金 ....................................... 293

## 7 社員を懲戒解雇しました .......................................................... 296
- ●懲戒解雇はどのようにすればいいの？ ........................................ 296
- ●実務上のコツ　ココを押さえろ .................................................. 296
  - 解雇予告除外認定 ................................................................. 296
  - 自宅待機命令 ...................................................................... 297
- ●法律上のツボ　ココを押さえろ .................................................. 297
  - 「労働者の責に帰すべき事由」とは ............................................ 297

## 8 労働組合から団体交渉のお知らせが来ました ............................... 299
- ●うちの会社には労働組合がないのになぜ？ ................................. 299
- ●実務上のコツ　ココを押さえろ .................................................. 300
  - 正しい団体交渉のやり方 ........................................................ 300
- ●法律上のツボ　ココを押さえろ .................................................. 302
  - 会社に労働組合があるのに他の労働組合と
  - 交渉しないといけないの？ ...................................................... 302

　　　　退職した社員の団体交渉も必要なの？ ........................................... 302
　　　　不当労働行為の禁止（労働組合法）............................................. 303
　9　解雇をめぐって労働審判になってしまいました…… ............. 305
　　●そもそも労働審判になるってどういうこと？ ................................. 305
　　●実務上のコツ　ココを押さえろ ....................................................... 305
　　　　証拠収集が大事です ........................................................................ 305
　　　　こんな時は会社自ら労働審判を利用しよう ................................. 307
　　●法律上のツボ　ココを押さえろ ....................................................... 308
　　　　労働審判制度とは ............................................................................ 308
　　　　労働審判と訴訟の違い .................................................................... 308

## 第7章　10人未満でも就業規則は作成してください！【就業規則】

　1　就業規則なんて作らなくてもいいでしょ！ ..................................... 312
　　●会社のルールブックは作るべきです ............................................... 312
　　●実務上のコツ　ココを押さえろ ....................................................... 312
　　　　トラブルなんて起きないという勘違い ......................................... 312
　　●法律上のツボ　ココを押さえろ ....................................................... 313
　　　　常時使用する社員数が10名以上とは？ ....................................... 313
　　　　社員代表ってどうやって決めるの？ ............................................. 314
　2　ネットで見つけたひな形を使っても大丈夫ですか？ ..................... 315
　　●削除してもいい条文、削除してはいけない条文があります ......... 315
　　●実務上のコツ　ココを押さえろ ....................................................... 315
　　　　ひな形や他社の就業規則を使ってはいけない ............................. 315
　　　　会社の労働条件と照らし合わせて作成しよう ............................. 316
　　　　パートタイマーがいる場合は要注意です ..................................... 316
　　　　就業規則以外の諸規程はどうする？ ............................................. 317
　　●法律上のツボ　ココを押さえろ ....................................................... 318
　　　　絶対的必要記載事項・相対的必要記載事項・任意的記載事項 ... 318

## 3 労働基準監督署に届出しないと意味ないの？ ..... 320
- ●届出を忘れていました ..... 320
- ●実務上のコツ　ココを押さえろ ..... 320
  - 以前に作成した就業規則 ..... 320
  - 就業規則の届出を行おう ..... 321
  - 届出をしていないばかりに…… ..... 323
  - CD-ROMでも届出が可能です ..... 323
- ●法律上のツボ　ココを押さえろ ..... 323
  - 届出をしていない就業規則の有効性 ..... 323

## 4 金庫に大事にしまってある就業規則って大丈夫？ ..... 325
- ●眠っている就業規則で大事件に！ ..... 325
- ●実務上のコツ　ココを押さえろ ..... 325
  - 寝た子を起こすなんてことはありません ..... 325
- ●法律上のツボ　ココを押さえろ ..... 326
  - 周知していない就業規則は無効 ..... 326

## 5 社員に不利益な変更って勝手にやるとまずいの？ ..... 328
- ●社員に不利益な変更は簡単にはできません ..... 328
- ●実務上のコツ　ココを押さえろ ..... 328
  - 代替措置を考えよう ..... 328
- ●法律上のツボ　ココを押さえろ ..... 329
  - 不利益変更による合理性の判断基準 ..... 329
  - 同意しない社員はどうなる？ ..... 330

索引 ..... 332

## 知っておきたい判例

- B金融公庫事件 ................... 65
- シティズ事件 ....................... 70
- 八洲測量事件 ....................... 78
- テーダブルジェー事件 ........... 82
- 高知県立大学後援会事件 ...... 88
- 電通過労自殺事件 ................. 97
- システム・コンサルタント事件 ..... 97
- 大庄事件 ............................... 98
- とみた建設事件 ................... 104
- 北洋銀行事件 ....................... 105
- 日立製作所武蔵工場事件 ..... 111
- 高崎労基署長事件 ............... 114
- 三好屋事件 ......................... 125
- 三晃印刷事件 ..................... 126
- ヒロセ電機事件 ................... 126
- 福星堂事件 ......................... 127
- チェースマンハッタン銀行事件 ..... 164
- N技術事件 .......................... 164
- 小里機材事件 ..................... 171
- 藤ビルメンテナンス事件 ...... 172
- テックジャパン事件 ............. 172
- ワークフロンティア事件 ...... 173
- 日本ケミカル事件 ............... 173
- ファニメディック事件 ......... 173
- イーライフ事件 ................... 174
- 光和商事事件 ..................... 179
- 橘屋割増賃金請求事件 ........ 184
- 静岡銀行割増賃金等請求事件 ..... 184
- 医療法人徳洲会事件 ........... 185
- 福島県教組事件 ................. 194
- メトロコマース事件 ............. 201
- 大阪医科薬科大学事件 ........ 201
- 日本経済新聞社（記者HP）事件 ..... 208
- 2ちゃんねる書き込み事件 .... 208
- 日経クイック情報事件 ........ 208
- アロマカラー事件 ............... 215
- 独立行政法人N事件 ............ 216
- 富国生命保険事件 ............... 216
- 東亜ペイント事件 ............... 219
- チェース・マンハッタン銀行事件 .. 219
- 帝国臓器製薬事件 ............... 220
- 明治図書出版事件 ............... 220
- 長谷工コーポレーション事件 .... 239
- 新日本証券事件 ................. 239
- ノースウエスト航空事件 ...... 244
- 大隈鐵工所事件 ................. 251
- 小川建設事件 ..................... 255
- 国際タクシー事件 ............... 255
- 横浜ゴム事件 ..................... 257
- 千葉中央バス事件 ............... 257
- 松蔭学園事件 ..................... 261
- 国際信販事件 ..................... 261
- 聖心女子学院事件 ............... 275
- 中部機械製作所事件 ........... 282
- 中部日本広告社事件 ........... 282
- フレックスジャパン・アドバンテック事件 ..... 282
- 大隈鐵工所事件 ................. 286
- 学校法人白頭学院事件 ........ 287
- あけぼのタクシー事件 ........ 295
- ジェーティービー事件 ........ 298
- 日立メディコ事件 ............... 304
- トーコロ事件 ..................... 314
- 三矢タクシー事件 ............... 324
- 日本コンベンションサービス事件 .. 327
- 第四銀行事件 ..................... 330

# 第1章 いまさら聞けない働き方改革関連法

# 1 なぜ働き方改革をしないといけないの？

働き方改革ってはじまったみたいなんだけど！？
なぜ働き方改革しないといけないの？

将来を考えると今やらないと
大変なことになるみたいだよ！

## 働き方改革をしないと日本経済全体が大変なことになる？？

あなたが10人を雇用する経営者だとしたら将来に向けてどんな対策をとりますか？

「もし10人でやっている仕事を将来は7人でやらないといけないとしたら…」
「もし現状が10人の長時間労働で何とか仕事を回していたとしたら…」
「7人の内4人が将来の高齢者だとしたら…」

日本の人口減少の状況を大きなパイでぼんやり見るとそれほど危機感を感じないかもしれませんが、小さなパイにして自社に置き換えて、注視してみると今何をしなければならないのかが見えてくるはずです。

2065年には日本の人口は今の約70％に、そして総人口の約40％が65歳以上になる「**超高齢化社会**」になると予測されています。必然的に15歳から65歳未満の生産年齢人口は減少していき、深刻な労働力不足が発生してきます(図1)。そして、現状の大きな問題である低い労働生産性は人口減少に拍車をかけて日本経済全体を苦しめていくことになるでしょう。

そうなってしまってからでは遅い！　そのため、今こそ**長時間労働の是正、労働生産性の向上、高齢者・女性・外国人労働者等の多様な人材の登用等**に着手する必要がでてきたのです。

できることなら今のままのシステムで単純に出生率を上げ、人口を増やし、若者の比率を高くしたいところですが、もし仮に、政府が目標とする出生率1.8以上になったとしても、その労働力が発揮されるのは遠い未来となります。加えて具体的な出生率を上げる手段や方法が無い現状では、今ある限られた労働力と多様な人材を活用する改革が妥当だといわれています。

　そこで、日本の社会の抱える「少子高齢化による労働力不足」解決のためには「多様な労働力人材の発掘」を、「労働生産性の向上」解決のためには「長時間労働の是正」を、といった働き方改革を進めることになったのです。

▼図1　年齢別人口推移

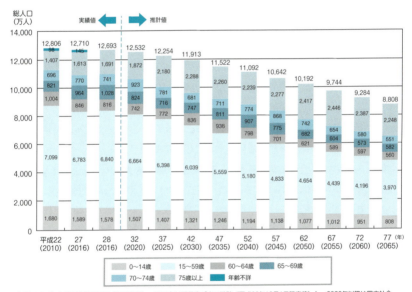

資料：2010年と2015年は総務省「国勢調査」、2016年は総務省「人口推計（平成28年10月1日確定値）」、2020年以降は国立社会保障・人口問題研究所「日本の将来推計人口（平成29年推計）」の出生中位・死亡中位仮定による推計結果
（注）2010年、2015年の総数は年齢不詳を含む。

出典：内閣府「平成29年版高齢社会白書」を元に作成
　　　https://www8.cao.go.jp/kourei/whitepaper/w-2017/html/zenbun/s1_1_1.html

## 限られた労働力人口の活用が課題

　経営資源の3要素と言われる「**ヒト・モノ・カネ**」の中で「**ヒト**」が今最も重要になってきています。一昔前までは24時間働けますかというCMがあったように、長時間

労働が当たり前でした。かつては若者の比率が高く、高齢者の比率が非常に少ない人口構造だった日本は、若者が担う長時間労働によって発展を遂げてきました。しかし、周知の通り、**労働力人口**[*1]（**生産年齢人口**[*2]）は低下の一途をたどる今、そのような生産システムでは労働生産性は下がっていくだけです。また、現在は産業構造が変化し、ハードからソフトへ経済の中心が移行しているため、仕事に時間をかければかけるほど、生産性がアップするという図式は成り立ちません。

　日本はGDPでみると世界第3位。アメリカ、中国についでの立派な経済大国です。しかし、日本の時間当たりの労働生産性はOECD（経済協力開発機構）加盟の36ヶ国中20位で、先進7ヶ国（G7）では最下位となっています[*3]。つまり、GDP世界第3位の位置づけは、1億人以上の人口と長時間労働で維持しているのです。

　日本は昔から真面目にコツコツと働く国民性を誇りにしていました。このこと自体は悪いことではありません。この勤勉な国民性による経済レベルの維持は、若者の比率が高く、高齢者の比率が非常に少ない人口構造の時代にマッチしていました。しかし、若者が長時間働くことで会社の業績がアップし、日本経済は発展したという結果から長時間労働文化が根付いてしまったのです。現実に日本はこの長時間労働をベースに何とか日本経済を先進国レベルに維持し続けたともいえます。しかしながら、それで対応できていたのはあくまでもこれまでのこと。このやり方のままで進めていけばいずれ国際競争から取り残されていくでしょう。

　限られた労働力人口（生産年齢人口）の中、多様な労働力人材を発掘し、限られた時間で効率よく生産性をあげないと、会社の存続ひいては日本経済の存続はありえないのです。

　このような事情から政府が主導となって「働き方」を変えようとしています。次は会社のトップがその事情を理解し、「働き方」を変えるという意識をもつ番です。トップの理解と意識の変化は社員の理解と意識、そして実際の行動の変化へと続いていきます。

　そう、今現在、社会に求められている「働き方改革」は壮大な「**意識改革**」であるともいえます。

　**働き方改革**によって日本の働く環境（労働時間の効率化・賃金・福利厚生etc）が変わっていけば、大きな流れとしては、子供を安心して産み育てる環境が整い、抜本

---

\*1　労働力人口…労働力人口は満15歳以上で労働する意思と能力を持った人の数を指します。
\*2　生産年齢人口…生産年齢人口は15歳以上65歳未満の人の数を指します。
\*3　公益財団法人　日本生産性本部の「労働生産性の国際比較 2018」の（図8）OECD加盟諸国の時間当たり労働生産性（2017年／36カ国比較）https://www.jpc-net.jp/intl_comparison/intl_comparison_2018.pdf

的な少子化対策にもつながるでしょう。

視野を大きく広げて、自分だけでなく、会社だけでなく、社会全体を考えて、働き方改革を進めていきましょう。

## 学校教育にも改革がはじまっている

働き方改革に関連して政府は社会で活躍できる人材を育成するため教育制度改革にも手をつけています。日本の知識偏重の暗記重視の教育は、人材育成において大きな弊害をもたらしてきました。日本の教育において教師は常に教える存在であり、生徒は主に受身で教わる立場のため、言われたことをその通りにこなすだけの人物が多く育ってきています。そのため、自分の頭で考えることなく、ただ単に指示された仕事をこなすだけの**指示待ち族の社員**が増え、必然的に労働時間ばかりが経過する低い生産性の結果につながっているともいえます。

現行の、正解が1つのマークシートのセンター試験は2020年1月の実施を最後に廃止され、これに代わり2020年度から「大学入学共通テスト」がスタートします。

大きな変更として、知識を問う問題から、思考力、表現力、判断力を問う記述を重視した問題にかわります。

これにより各大学も面接等を取り入れ、思考力や主体性を重視した入試へと変化していき、大学入試は知識だけではなく、人間を多面的に、総合的に評価する方式に変更となります。

この教育改革は**受身的な人材**ではなく、**能動的な人材**を育てることにより、労働生産性をアップさせる働き方改革につなげようとする動きの一つであると言えます。

# 2 働き方改革法をきっかけに働き方を考えよう

働き方改革法ってなにからはじめればいいの？

まずは働き方に対する意識を変えないといけないね

## 労働時間の意識改革

「昨日は企画資料を徹夜して作ったよ」
「すごいね。徹夜なんてよく頑張ったね」

どうですか？　このやりとり。
「よく働く社員でいいじゃない！　うらやましい」と嬉しく見受ける方と、「一晩中仕事するなんて、能力が低すぎるんじゃない？」とうんざりする方といるかと思います。

前者の方は、ひと昔前に築きあげられた長時間労働への美徳感が根強いですね。それをただ古い！　といって責めるつもりはありません。なぜならその理由は、個人の感覚のせいだけとはいえないのです。

実はその理由の根っこは**労働基準法**にあるのかもしれないからです。

日本の労働基準法は1947年に施行されてから、雇用情勢の変化等を踏まえ、幾度となく改正がおこなわれていますが、もともとが「工場法」から発展した法律であることからもわかるように、時間で仕事を図り、管理する考え方が根強く残っています。工場のように機械が動いている間は働き、機械が止まっている間は休憩するという労働スタイルでは、時間単位で生産性をはかる考え方が適していました。時間をかければその分だけの生産があがるというのは物作りの現場ならではですが、これはいうまでもなく、現代の労働スタイルには適さなくなっています。

時間をかければかけるだけ生産のクオリティがあがる、ということは確かにありま

す。物事は「時間をかけ丁寧に」行えば、普遍的に「良いものが仕上がる」率は上がります。しかし、それはかけた時間に必ずしも比例するかというとそうではないのです。

現行の時間単位で生産性を計る労働基準法では図1、2の②の「10時間」で仕事を行うと時間外割増賃金まで付きます。生活残業なんて言葉があるように非効率に仕事をこなした方が割増賃金も付き、その上**長時間労働を推奨する会社**であれば、そ

### ▼図1　1日の労働時間

①「8時間」で終わる仕事を効率よく業務をこなして「6時間」で終わらせたAさん

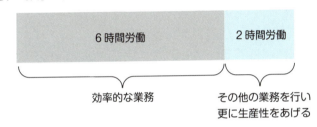

②「8時間」で終わる仕事を一所懸命頑張って「10時間」で終わらせたBさん

### ▼図2　1ヶ月の賃金

※1ヶ月平均所定労働時間　160時間　1ヶ月平均所定労働日数　20日

の社員の人事評価も高くなります。なんだか可笑しな話ですが、笑えませんね。まだまだこのような会社は存在しています。

　繰り返しになりますが、労働基準法が施行された70年前と現在とでは仕事の内容や質、やり方が違ってきています。工場労働者が対象となっていた労働時間の扱いでは管理の不具合が生じるのはあきらかといえるでしょう。

　その事実を理解し、未だに根強く続く**長時間労働至上主義**から脱却する。これが働き方改革法の第一歩の目的だと考えます。

　「働き方改革」とは**働き方意識改革**なのです。

　**長時間労働至上主義**を捨て、どのような働き方をすれば効率性があがるのかを考え、応用し、実践していかなければならないのです。

　当然ながら自分の仕事の効率だけを考えるのではなく、周囲の人の仕事や流れ、部署・会社全体の仕事について考えることが重要で、一人ひとりをそんな考え方に導いていく必要が社長や人事総務部にはあるのです。

　そうです！　今こそ、社員の働き方の**意識**を変えていきましょう。

## 現状の仕事の分析

　働き方の意識を変えないと働く人も会社も負担が増すばかりです。働き方の意識を変える、というのは、とどのつまり、自分が雇われた一社員に過ぎない、という考えから抜け出して、「自分が経営者だったら？」と会社全体をみていく経営者目線をもっていくことです。つまり、自分の仕事だけを考えるのではなく、周囲の人の仕事やフロー、部署全体の仕事、会社全体について考えることが重要で、一人ひとりがそんな気持ちで取り組めば新しい業務効率化のアイデアが出て、全体の最適化に繋がるはずです。

　そのために一番に行うことは、まず今ある「**仕事の洗い出し**」です。

　「仕事の洗い出し」は、仕事の業務効率化を図るための第一歩です。

　1日の仕事、1週間の仕事、1ヶ月の仕事と期間に分けて分析し、洗い出した仕事を仕事の種類、工数、難易度、人材等に分けた一覧表にまとめていきます（表1）。各社員の仕事に関する多様な情報を広く他の社員に公開、共有し、会社全体の仕事の仕組みを理解させることで、重複している業務を発見することができたり、他部署から「不要」と評されている業務に時間をかけすぎていることが判明したり、より良いアイデアをもらい受けることができたりと、会社全体の最適化につなげていくことができます。社内全体の取り組みであることを意識させコミュニケーションを

図っていくのです。コミュニケーションが縦にも横にも、いかにスムーズに行われているかが、今後は重要な鍵になってくるでしょう。

「仕事の洗い出し」から具体的にどの業務をどれだけ削減、廃止、アウトソースできるのかをまとめ、改善案を立てていきます。時間をかけ過ぎている業務等が分析でき、効率化が進んでいくのです。ここから仕事を仕組み化した業務マニュアル等を作成し、より業務効率化を加速させていきます。また、仕事の洗い出しは**同一労働・同一賃金**に必要な職務・職能要件書、人事考課シートの作成にも大きく役に立ちます。

▼表1　仕事の洗い出しの例

| 仕事の洗い出し ||||工数|難易度|人員|
|---|---|---|---|---|---|---|
| 大分類 | 中分類 || 小分類 | | | |
| 1 給与業務 | 給与計算 | 月 | ① 社員と勤怠のデータの受付<br>② 社員データの入力・更新<br>③ 基本給と諸手当のデータの入力・更新<br>④ 勤怠データの集計<br>⑤ 給与計算後の確認 | 32 h | A | 2名 |
| | 賞与計算 | 半年 | ① 社員と賞与額のデータの受付<br>② 賞与額データの入力<br>③ 賞与計算後の確認 | 20 h | B | 2名 |
| | 年末調整 | 年 | ① 扶養控除等申告書等の申告書の配布と回収<br>② 給与・賞与の年間支給額を確定<br>③ 年末調整計算後の確認<br>④ 源泉徴収簿と源泉徴収票の作成<br>⑤ 年末調整の完了の連絡と源泉徴収票の発行 | 100 h | S | 4名 |
| 4 手続き | 入社 | 随時 | ① 社員データの登録<br>② 人事システムに入力<br>③ IDパスの発行<br>④ 名刺及び備品発注<br>⑤ 就業規則・雇用契約書説明<br>⑥ 社会保険・雇用保険の申請 | 5h | B | 2名 |
| | 退職 | 随時 | ① 退職届の回収<br>② 健康保険証・備品の回収<br>③ 社会保険・雇用保険の申請<br>④ 離職票、退職源泉の発行 | 2 h | B | 2名 |
| | 労災 | 随時 | ① 労災・通勤労災チェックシートの受付<br>② 労災の申請 | 2 h | A | 1名 |
| | 月額変更 | 月 | ① 月変予定対象者の確認<br>② 月変の申請 | 1 h | B | 2名 |
| | 算定基礎 | 年 | ① 4.5.6月分の給与データの集計<br>② 算定の申請 | 8h | B | 2名 |
| | 年度更新 | 年 | ① 給与データの集計<br>② 年度更新の申請 | 8h | B | 1名 |

## 張りぼての働き方改革では成功しない

　他の会社の働き方改革の傾向をみていると、**響きのいいキャッチコピー**を使い、形から入る会社が多いように感じます。

　しかし、形から入ったところで働き方改革はうまくいきません。法律を遵守するための数字合わせに振り回されるだけです。

　まずは働き方改革の本質をしっかりと捉えましょう。そして前述したように今の会社の現状を分析し、長時間労働の原因を根本から見直し、解決策を考えていく必要があります。

　それらを無しにノー残業デーの設置・有給休暇取得促進月間の設置・強制的な早帰り指導（残業の原則禁止）等で、いきなり実態に即さないことをはじめても混乱が起きるだけです。例えば「**水曜夜は家庭・趣味の時間！　ノー残業デー＠水曜日**」というように。聞こえはいいですが、「残業をしない日」だけを設定して、仕事の洗い出しと効率化等を試みないと、残業代も出ない持ち帰り仕事だけが積み重ねられていくということにもなりかねません。

　つまり残業禁止、早帰り指導等をしても、業務の効率性は変わっていないため、反対にサービス残業や持ち帰り残業が増えるだけになるのです。対策なしに部分的な制度改革を進めても**社員のモチベーションは下がり**、生産性が落ちる可能性もあります。

　働き方改革を進める上で重要なことは、一にも二にも**意識改革**です。どうして今「働き方改革なのか？」を本気で肚に落とすことです。肚に落とすことができたら「張りぼて」の改革をする余地がないことは明白になります。

　そして、そこから全てが始まります。

# 3 働き方改革法っていう法律があるの？

働き方改革法っていう法律があると思っていたんだけど違うの？

違うよ。複数の法律で構成されているんだよ

## 働き方改革法は複数の法律からできている！

「働き方改革法」って法律ができたと思ったんですが、違うんですか？

新聞、テレビ、雑誌とメディアで取り上げられているため、知らない人は少ないと思いますが、「働き方改革法」という一つの法律があると思っている人が意外と多いようです。

「働き方改革関連法案」（正式名称：働き方改革を推進するための関係法律の整備に関する法律案）は、参院本会議で2018年6月29日に可決し、同年7月6日に公布されました。

この働き方改革関連法は大きく分けると**「長時間勤務の是正」**、**「柔軟な働き方の実現」**、**「公正な待遇（同一労働同一賃金）」**の3つに構成されています。

そもそも働き方改革法という法律はなく、多岐にわたる労働法のうち次の8つの法律を中心に構成されています。この8つの法律を総称して**働き方改革関連法**と呼んでいます。そのため「働き方改革法」に関連という文字が追加され「働き方改革関連法」となっていることが多いのです。

①雇用対策法
②労働基準法
③労働時間等設定改善法
④労働安全衛生法
⑤じん肺法
⑥パートタイム労働法
⑦労働契約法
⑧労働者派遣法

働き改革関連法は**2019年4月から5年間かけて順次施行**されていきます。取り組み範囲が非常に広いため、人事総務部は会社にあわせた対応を迫られていますが、

何も手をつけていない中小企業も多く見られます。

まずは、スケジュールとポイントを押さえ、働き方改革関連法に対応していきましょう。

## 働き方改革関連法のスケジュールを確認しよう

### 「えっ、2019年4月からもう施行なの？」

はじまっているのは知っているけど、何から手をつけたらいいのかわからない。また、スケジュールもよくわかっていないという人事総務担当者も多いのではないでしょうか。2019年4月から2024年4月までの間で、順次施行されるスケジュールを確認しましょう（表1、2）。

▼表1　働き方改革関連法のスケジュール

| 時期 | 改正法 | 内容 |
| --- | --- | --- |
| 2019年4月 | 労働基準法 | **残業時間の上限規制（大企業）**<br>年間720時間以内、単月100時間未満、複数月80時間未満<br>**有給休暇の取得義務**<br>年5日の時季指定義務<br>**フレックスタイム制の拡大**<br>清算期間の上限を1ヶ月から3ヶ月へ拡大<br>**高度プロフェッショナル制度の創設**<br>高収入の一部専門職は労働時間規制から除外 |
| | 労働時間等設定改善法 | **勤務間インターバル努力義務**<br>終業から出社まで一定時間の確保に努める |
| | 労働安全衛生法 | **産業医・産業保健の機能強化**<br>産業医へ労働者の労働時間に関する情報などの提供義務<br>**労働時間の把握義務**<br>監理監督者の労働時間を把握 |
| 2020年4月 | 労働基準法 | **残業時間の上限規制（中小企業）**<br>年間720時間以内、単月100時間未満、複数月80時間未満 |
| | 労働契約法・パートタイム労働法 | **同一労働同一賃金の実現（大企業）**<br>非正規と正規の不合理な待遇格差の禁止 |

| 2021年4月 | 労働契約法・パートタイム労働法 | **同一労働同一賃金の実現（中小企業）**<br>非正規と正規の不合理な待遇格差の禁止 |
|---|---|---|
| 2023年4月 | 労働基準法 | **中小企業の割増賃金比率の引き上げ**<br>月60時間超の時間外労働の割増賃金率が大企業と同じ50% |
| 2024年4月 | 労働基準法 | **残業時間の上限規制の猶予措置廃止**<br>建設業・自動車運転業務・医師等に上限規制が適用 |

▼表2　働き方改革関連法の義務・努力義務

| 改正法 | 内容 | 義務・努力義務 |
|---|---|---|
| 労働基準法 | 残業時間の上限規制 | 義務（罰則あり） |
| | 有給休暇の取得義務 | 義務（罰則あり） |
| | フレックスタイム制の拡大 | 任意 |
| | 高度プロフェッショナル制度の創設 | 任意 |
| | 中小企業の割増賃金比率の引き上げ | 義務 |
| 労働時間等設定改善法 | 勤務間インターバル努力義務 | 努力義務 |
| 労働安全衛生法 | 産業医・産業保健の機能強化 | 義務（罰則あり） |
| 労働契約法・パートタイム労働法 | 同一労働同一賃金の実現 | 義務 |

## 中小企業の定義

　働き方改革関連法では大企業と中小企業の区分によって実施時期が異なります。中小企業の定義は以下の通りとなります（表3）。資本金又は労働者数の**どちらかが基準以下**であれば中小企業に該当します。

▼表3　中小企業の定義

| | 資本金の額または出資の総額 | | 常時使用する労働者 |
|---|---|---|---|
| 小売業 | 5,000万円以下 | 又は | 50人以下 |
| サービス業 | 5,000万円以下 | | 100人以下 |
| 卸売業 | 1億円以下 | | 100人以下 |
| 製造業、建設業、運輸業、その他業種 | 3億円以下 | | 300人以下 |

# 4 働き方改革法の概要を教えてください

働き方改革法で法的には
どんなことがはじまるの？

残業の上限規制、有給の取得義務等がはじまるんだよ

## 長時間勤務の是正

　日本では長時間労働が問題となっており、長時間労働の削減が緊急の課題となっています。ただ単に月の労働時間、年間の労働時間を規制するだけではなく、有給休暇の取得義務、勤務間のインターバル、医師の面接指導の強化等、多岐にわたり長時間労働削減のための法整備が行われることになりました（図1）。

▼図1　残業時間の上限規制

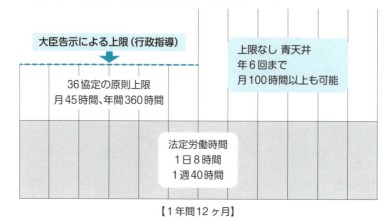

●改正前 ⇒ 法律上の上限規制無し（行政指導のみ）

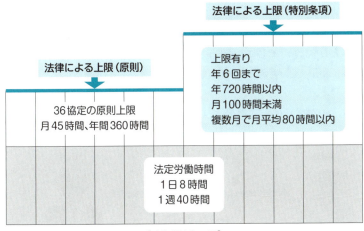

出典：厚生労働省「「働き方改革を推進するための関係法律の整備に関する法律」について」を元に作成
https://www.mhlw.go.jp/stf/seisakunitsuite/bunya/0000148322_00001.html

　長時間労働を防止しながら、仕事と生活の調和が取れる働き方を実現させる取組みの法律の概要は以下の通りです。

### ①残業時間の上限規制（大企業：2019年4月〜、中小企業：2020年4月〜）

　時間外労働は、月100時間未満（休日労働含む）、年720時間以内（休日労働含まない）、複数月平均80時間以内（休日労働含む）を上限とします。

　時間外の上限を法規制することにより、社会全体に業務の効率化及び労働生産性を向上させる狙いがあります。

残業時間の上限規制については関連ページをご参照ください。
➡ 3-1節　長時間労働は犯罪です！！
➡ 3-2節　自主的にサービス残業をしてくる良い社員？

### ②有給休暇取得の義務化（2019年4月〜）

　年間10日以上の有給休暇がある労働者に5日以上の有給休暇を取得させることが、中小企業、大企業の区分に関係なく**全ての会社**に対して義務づけられました（図2）。

従前の法律では労働者が取得時季を申出て取得をしていましたが、「仕事や職場への配慮がある」といった理由から、労働者からの取得希望の申出がしにくいという状況にありました。今回の改正では、使用者は労働者の希望を聴きながら、年5日については使用者が時季を指定して取得させることが必要となりました。ただし、年次有給休暇を5日以上取得済みの労働者に対しては使用者の時季指定は不要になります。

▼図2　年次有給休暇取得のイメージ

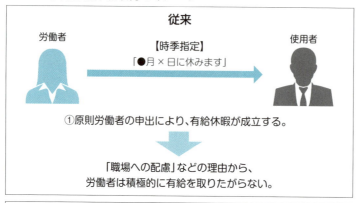

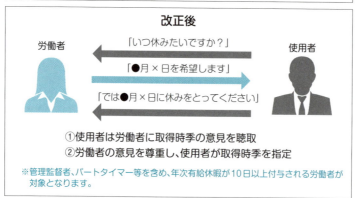

出典：厚生労働省「「働き方改革を推進するための関係法律の整備に関する法律」について」を元に作成
https://www.mhlw.go.jp/stf/seisakunitsuite/bunya/0000148322_00001.html

**有給休暇の取得義務については関連ページをご参照ください。**
➡ 5-4節　年次有給休暇を取らせていないと罰金があるのですか？
➡ 5-5節　パートタイマーにも有給休暇を取得させましょう

### ③勤務間インターバルの努力義務(2019年4月~)

「勤務間インターバル」とは、勤務終了時間と翌日の勤務開始時間の間に、一定時間以上の「休息時間」を設けることで、休息時間を確保し、労働時間を短縮させるという制度です(図3)。

現在はあくまでも努力義務であり、義務ではありません。また、休息時間を何時間にするのかも決まっていませんが、近い将来には勤務間インターバル制度は義務化される可能性があります。

▼図3 例 勤務間インターバル制度

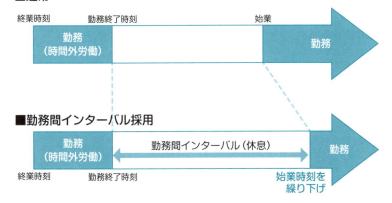

出典:厚生労働省のHPの内容を元に作成
https://www.mhlw.go.jp/seisakunitsuite/bunya/koyou_roudou/roudoukijun/jikan/interval/interval.html

### ④中小企業の割増賃金比率引き上げ(2023年4月1日~)

2010年4月1日の労働基準法の改正により、大企業では1ヶ月に60時間を超える法定時間外労働を行わせた場合、50%以上の割増賃金を支払うことになっています。ただし、中小企業は2023年3月まで猶予されています。今回の改正によって猶予期間が終了となり、2023年4月1日より大企業と同じく中小企業でも、1ヶ月に60時間を超える法定時間外労働を行わせた場合、**50%以上**の割増賃金を支払う義務が課せられることとなります。

### ⑤産業医・産業保健の機能強化(2019年4月~)

事業主は衛生委員会・産業医に対して健康管理等に必要な情報を提供することが

義務付けられました。2019年4月1日から、労働者の申出による面接指導の対象が時間外労働**100時間超から80時間超**に引き下げられます。事業主は労働者ごとの時間外労働時間を算定しなければなりません。これには管理監督者等も含まれ、労働時間等の適用除外を受ける労働者の安全配慮についても考える必要があります。

また、事業主は産業医に労働者の労働時間や健康管理に必要な情報を提供し、産業医から勧告を受けた場合は、講じた措置の内容を衛生委員会に報告しなければなりません。

さらに、労働者が面接指導を受けやすくするための環境整備について考える必要があります。事業主は産業医の業務や役割、面接指導の方法などを労働者へ周知しなければなりません。また、労働者の健康情報の取扱いはその目的の範囲内で収集し、保管・使用することが求められます。

**産業医・産業保健の機能強化については関連ページをご参照ください。**
➡ 3-1節　長時間労働は犯罪です！！

## 柔軟な働き方の実現

グローバル社会の到来、ITによる技術革新、労働者の意識等によって働く場所や時間も多様化しています。産業構造が変化し、ハードからソフトへ経済の中心が移行しているため、高度で専門性のある様々な業務に従事するものが増えてきています。そのため、一律の労働時間管理、働く場所の限定ではそぐわない状況が発生しています。各々の仕事の手順、方法が裁量に任せられるケースが増えてきており、能動的に自由度の高い働き方で生産性を向上していく柔軟な働き方のための法整備がされました。法整備の概要は以下の通りになります。

### ①フレックスタイム制の拡大（2019年4月～）

労働者が始業・終業を自分の裁量で調整して柔軟に働くことができる「フレックスタイム制」の清算期間の上限が**1ヶ月から3ヶ月**に延長されました（図4）。

「フレックス」＝「出勤・退勤時間が自由」ということで若い世代の労働者には人気の制度です。しかし、導入企業は2018年の厚生労働省の就労条件総合調査によると全体の5.6％（1,000人以上は24.4％）にとどまっております。

より柔軟な働き方を実現し、育児や介護といった生活上のニーズに合わせて働くことができるようフレックスタイム制が改正となりました。

▼図4　フレックスタイム制の拡充

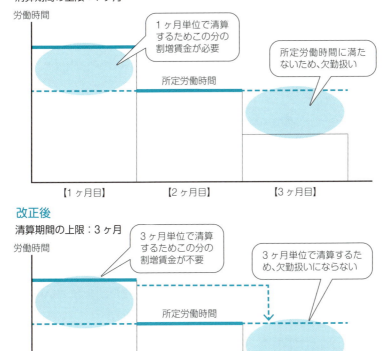

出典：厚生労働省「「働き方改革を推進するための関係法律の整備に関する法律」について」を元に作成
https://www.mhlw.go.jp/stf/seisakunitsuite/bunya/0000148322_00001.html

フレックスタイム制の拡大については関連ページをご参照ください。
➡ 3-11節　フレックスタイム制に変更があったのですか？

## ②高度プロフェッショナル制度（2019年４月〜）

　高度プロフェッショナル制度では、高度に専門的な職務に就き、年収1075万円以

上の労働者について、本人の同意などがあれば労働時間等の規制の対象外とすることができます。賃金を働いた時間ではなく成果によって支払うという考え方のもとで、一定の成果報酬を約束するものです。そのため、対象労働者は労働時間等の適用を受けることなく、高い収入を確保しながらも時間に縛られない働き方ができるのが大きな特徴です。一方で長時間労働や過労死を助長するのではないかという健康確保面での懸念もありますが、制度の導入には様々なルールと制約が定められています。

> **高度プロフェッショナル制度の対象者**
> (1) 対象は高度専門職のみ
> ・金融商品の開発業務、ディーリング、アナリスト、コンサルタント、研究開発など
> (2) 対象は希望者のみ
> ・「職務記述書」で同意
> (3) 対象は高所得者のみ
> ・年収は1075万円以上

高度プロフェッショナル制度の創設については関連ページをご参照ください。
➡ 3-12節　高度プロフェッショナル制度ってどんな制度ですか？

## 公正な待遇（同一労働同一賃金）

　日本ではまったく同じ仕事をしていても、パートタイマー（非正規雇用労働者）という名称だけで正社員とは賃金が異なるということが一般的です。会社側からみると非正規雇用労働者は単なる雇用の調整弁的な役割と位置づけていますが、実際には正社員と同じ仕事をしているケースが多くみられ、非正規雇用労働者のやる気を失わせる側面があります。
　そのため、雇用形態にかかわらない公正な待遇の確保を目指すために、法整備がされることになりました。

### ①同一労働同一賃金の実現（大企業：2020年4月～、中小企業：2021年4月～）
　同一労働、同一賃金とは正規雇用労働者と非正規雇用労働者（パートタイマー、契約社員、派遣社員）を比較して職務内容等が同じなら待遇も同じ（均等待遇）、前提が異なるなら、バランスのとれた待遇（均衡待遇）を求めることをいいます（表1）。

昨今の日本では、正規雇用労働者（正社員）と非正規雇用労働者（パートタイマー、契約社員、派遣社員）の待遇差が大きな社会問題となっています。雇用形態の有無に関係のない同一労働同一賃金の考え方は、ドイツやフランスなどのEU諸国ではすでに普及しており、日本も対応を迫られています。

▼表1　均等待遇と均衡待遇

| 均等待遇 | 均衡待遇 |
| --- | --- |
| **差別的な取扱いの禁止**<br>・職務内容・責任等が同じなら同じ待遇 | **不合理な待遇差の禁止**<br>・職務内容・責任等が異なるならバランスのとれた待遇 |

同一労働同一賃金については関連ページをご参照ください。
➡ 4-8節　正社員とパートタイマーが同じ賃金？？

# 第2章
## 危険がいっぱい採用業務
### 【採用・入社】

# 1 問題社員を入り口からシャットアウト

「やる気ある方、募集します！」って こういうキャッチコピーで人が集まりますか？

これ、いつの時代？ 手抜きもいいとこじゃない

## 丸腰の対応では採用で問題社員が集まってしまいます

現在、日本のビジネス社会では労働トラブルを引き起こす問題社員が増殖中です。働き方改革の波もあってか自分流に勝手な解釈で仕事をする人が…

**「病気療養で休職中ですが、海外旅行に出かけてきまーす」**
**「茶髪がいけない？　中学生じゃあるまいし、個人の自由ですよね」**
**「今日は二日酔いなので会社お休みします」**

会社からすると「なんだと!?　この野郎！　お前みたいな奴はクビだ！　出ていけ！」と一刀両断で解雇。20年前ならこれで通用したかもしれません。

でも、今の世の中、そんな発言で解雇をしたら、一体いくらの補償が必要になるのか？　想像するのも恐ろしいです。

個別の労使紛争が激増している昨今です。問題社員が入社することで、そのリスクは高まります。逆にいうと、採用の段階で「問題社員を採らない」と気を付けて、入り口で振るいにかけておけば、後が格段に楽になるのです。

したがって、採用の入り口、求人広告が重要になってくるのです。

例えばよく見かけませんか？　「ヤル気のある方、募集します！」などという求人広告のキャッチコピー。なんとなくいいような誘い文句に見えますが、実はこのような求人広告は問題社員が集まりやすいのです。

会社の具体的な情報が入っていない求人広告には、働くことに対して明確な目的意識をもたない問題社員が応募してくる傾向が強いです。

いくつかのポイントを押さえ、危険な求人広告ではなく魅力ある求人広告を完成させ、問題社員の入社を阻止していきましょう。

## 実務上のコツ　ココを押さえろ

### ●なぜ問題社員が集まってしまうのか

「書類選考でも面接でもバッチリだ！　と思って採用したのに、実際に入社してみると権利ばかり主張して、挙げ句の果てに会社の文句ばかり……思っていた人物と違って、使えない奴だったんですよ。採用って難しいですね」

筆者の契約をしている会社の人事担当者から、こういった愚痴をよく聞きます。採用って本当に簡単にはいきません。

採用した人物が、ろくに仕事もせずに、社員としての権利ばかり主張し、少しでも自分の権利が侵害されるとヒステリックに騒ぎ出す**モンスター社員**だったり、**気力無し・やる気無し・能力無しのダメ社員**だったり、いわゆる**問題社員**ということが、入社早々にわかったりします。

会社にとっては大きなダメージです。どんな社員でも一旦入社をさせてしまうと退職させるのも一苦労です。

しかし、このような失敗が起きるのは、採用したい人物像が絞り込めていない会社に要因があるのです。会社と応募者がうまくマッチングしない理由として、応募者にとって欲しい情報が求人広告等に掲載されていないため、ということも少なくありません。

単に「ヤル気のある方、募集します！」というようなありきたりな表現では、他の会社と差別化ができず、応募者の集まりも鈍くなり、働くことに目的意識を持たないような問題社員が結果的に応募してくるのです。そんな時、応募者が少なく採用に焦っている会社は、しっかりとした見極めもせずに、その人物を採用してしまうという負のスパイラルに陥るのです。人材難の時代だからこそしっかりと見極めて採用しないと大変なことになるので注意しましょう。

### ●丸腰はNG！　採用計画をしっかり立てる

求人において採用計画を立てることは非常に大切です。**「出たとこ勝負！」**の求人では、時間的・金銭的なロスやその他雇用のリスクが生じます。

例えば、入社直後に退職されたら、もう一度採用のやり直しですし、勤務態度が悪い問題社員は既存の社員に悪影響を与えるというデメリットがあります。また、問題社員が増えると、会社はトラブルのための会議や打ち合わせ、あるいは問題社員に対する余計な教育・研修の実施等で本来の業務が滞ってしまい、無駄な労力や時間を使うことになってしまいます。

時間が無いから人が来ないからといって、**その場限りの採用**をしてはいけません。採用に時間がかかるのは当たり前のことです。問題社員を雇用しないためにも、しっかりとした採用計画を立てるべきです。

採用計画の策定にあたっては、会社を取り巻く内部・外部の環境について分析を行い、将来のビジョンを念頭に中長期的な視点で「採用したい人物像」を設定していきましょう。

● **任せたい仕事、採用したい人物像を詳細に記載する**

「採用したい人物像」を具体的に表現するには、同じ職種で社内に居る「こういう人を（もう一人）採用したい！」と思えるモデルを見つけ特徴を洗い出していくとよいでしょう。そして次に設定したモデルに対し「これから任せたい仕事は何か」「どのような成果を期待しているか」を明確にしてみると、「採用したい人物像」が見えてくるはずです。

そこに、従事してもらう業務に必要な資格、雇用形態（正社員、パート）、属性（学歴、居住地等）、経験の有無等をプラスして「採用したい人物像」をさらに絞り込んでいきましょう（表1）。

▼表1　採用したい人物像

| チェック欄 | 項目 | 希望する人物像 |
|---|---|---|
| ☐ | 必要な資格 | 普通自動車運転免許 |
| ☐ | 雇用形態 | 正社員 |
| ☐ | 経験の有無 | 法人営業の経験者（3年以上） |
| ☐ | 属性 | 男女・大学卒<br>通勤30分圏内に在住 |
| ☐ | 性格 | ベンチャー精神のある人 |

● **仕事の内容を具体的かつ詳細に記載する**

前述したように、魅力ある求人広告を作るポイントは、第一に「採用したい人物像」を明確にした上で、労働条件を具体的に記載することにつきます。第二に会社の基本情報（会社の特徴、経営方針等）を具体的に数値等も入れて記載することです。

実際に記載する際には、採用したい人物がどのような情報があれば会社に興味を持つのかを念頭に置き作成していきます。例えば応募者が営業職を希望している場

合は、「顧客層はどうか（個人か法人か）、経験者のみの募集か未経験でもOKか、新規開拓かルート営業かetc」というような情報のある求人広告は具体性があり目を引くでしょう。

応募者が欲している情報が多く掲載された求人広告は、会社の総合的なイメージがわき、応募者の入社への不安を払拭し、入社後のギャップを少なくすることになります。

● **自社ホームページを強化する**

最近は求人媒体だけでなく、採用チャネルの一つとして自社サイト内に採用ページを設置し、採用活動を行うケースが増えてきています。

**「たくさんの応募が来ても会社の社風や仕事内容にマッチしている人が来ない」**

こんな悩みを抱えていませんか？　求人媒体だけではそこに掲載されている一般的な情報だけでその会社を判断される可能性があります。そのため、業種、職種、仕事内容、賃金だけの限られた情報だけでは「この会社で働きたい」という応募は少なくなってしまいます。

また、せっかく良い人材を採用できたと思ったのに退職に至る原因として、応募者の入社前のイメージと、入社後のイメージのギャップがあるというケースが多くあります。そのようなことがおこらないためにも自社サイトはコストがかかりますが、強化するのも一つの手です。

自社サイトには会社の思いや本当の現状をのせ共感できる人を応募者につなげていきましょう。できればスタッフ紹介等を載せて、自分はどんな人達と一緒に働くのか具体的なイメージが強くなると、より意識の高い人から応募がくる確率が高くなります。

● **リファラル採用を強化する**

日本ではまだそれほど普及していませんが、海外では主流になっている採用手法に「**リファラル採用**」があります。「リファラル（referral）」とは紹介・推薦等を意味します。リファラル採用とは、社員の人脈を介し適性のありそうな友人や元同僚等を紹介してもらう採用活動のことです。

求人媒体や、人材派遣会社を通しての人材紹介による募集等、従来の採用方法と比べて、大幅にコストが抑えられ、質の高い人材を確保できるという採用方法として注目されています。

採用候補者がその会社に入社し継続して勤務した場合は紹介した社員に報酬（インセンティブ）を払うことが一般的です。

ただし、この制度は運用によっては**職業安定法第40条**に違反する可能性があります。社員に対して人材の紹介料として報酬を与えることは職業安定法第40条により原則禁止されています。ただし、「**賃金、給料その他これらに準ずるものを支払う場合**」は除くとなっているため就業規則、賃金規程にて明確に規定しておく必要があります。また、支給額が人材紹介の手数料並みに高額の場合は違反の可能性がでてきます。

> **就業規則記載例**
> **（社員紹介手当）**
> **第〇〇条** 社員紹介手当は、社員が会社に転職を希望する知人を紹介し、当該知人が就業規則に定める正社員として会社に就職した場合に、勧誘に要した時間分の手当として社員紹介手当として次の額を支給する。
>
> | 職種 | 手当の額 |
> | --- | --- |
> | 会社の募集要項に該当する職種 | 300,000円 |
>
> 2　社員紹介手当は、当該知人が会社に就職し、継続して勤務3ヶ月以上経過した日の賃金計算期間を基準として給与支給日に支給する。

● 求人広告はどこに出せばいいの？

長い間求人広告といえば求人雑誌等の紙媒体が主流でしたが、現在ではインターネットが主流となってきています。会社としては採用したい人物がどの求人媒体を選択しているのかを見極めていく必要があります。

①ハローワーク

無料で全国のハローワークに求人票を掲載することができます。ハローワークの紹介で採用した場合には、助成金が受給できる可能性もあります。ただし、法人等の場合、ハローワークを利用するには、社会保険に加入していることが条件となります。

②折り込みちらし・情報誌

　地域を限定して募集活動を展開することができます。イラストや写真を掲載することにより会社のイメージを具体的に持ってもらうことも可能です。また、早目に仕事を見つけたい求職者がチェックしている可能性が高いといわれており、急ぎの募集やパート募集には効果的です。

③インターネットの求人サイト

　広域に情報を発信することができ、全国からの応募が期待できます。インターネットは通信費を除けばパソコンやスマホ等で無料でいつでもどこでも手軽に利用することができることから、急速に利用者が増えています。会社のホームページがある場合には、リンクを貼ることにより、求人効果がアップします。また、応募者への自動送信機能やスカウトメール等、採用担当者にとって利便性のある機能が充実しています。

④人材紹介

　ニーズに合った求職者を業者の登録者の中から選出し紹介を受けることができます。ただし、採用が決まった場合には、人材紹介会社に成功報酬として年収の20%〜30%の手数料を支払う必要があります。

### 実務上のコツ　ポイント

採用の入り口段階でポイントを押さえ、問題社員の入社を阻止しましょう。

## 法律上のツボ　ココを押さえろ

### ●会社が社員を募集・採用する際の禁止事項

　求人広告を作成する上で、次のような求人は、法律で禁止されています。

①男女差別

　雇用の分野における男女の均等な機会及び待遇の確保等に関する法律(**男女雇用機会均等法**)により男性のみ女性のみを対象とした求人は禁止されています。例えば、「独身女性歓迎」というような表現も法律に抵触します。もちろん、「男性のみ」などの差別も禁止となっていますので注意しましょう。

> **男女雇用機会均等法**
> **第5条（性別を理由とする差別）**
> 事業主は、労働者の募集及び採用について、その性別にかかわりなく均等な機会を与えなければならない。
>
> **第7条（間接差別）**
> 事業主は、募集及び採用並びに前条各号に掲げる事項に関する措置であって労働者の性別以外の事由を要件とするもののうち、措置の要件を満たす男性及び女性の比率その他の事情を勘案して実質的に性別を理由とする差別となるおそれがある措置として厚生労働省令で定めるものについては、当該措置の対象となる業務の性質に照らして当該措置の実施が当該業務の遂行上特に必要である場合、事業の運営の状況に照らして当該措置の実施が雇用管理上特に必要である場合その他の合理的な理由がある場合でなければ、これを講じてはならない。

②**年齢限定**

　**雇用対策法**の改正により2007年以降、原則として年齢制限を設ける求人はできなくなりました。例えば、「20歳から30歳まで」というような表現も法律に抵触します。ただし、以下の場合は例外的に年齢制限を行うことができます（表2）。

▼表2　例外となる場合（雇用対策法施行規則第1条の3）

| | |
|---|---|
| 例外事由<br>1号 | **定年年齢を上限**として、当該上限年齢未満の労働者を期間の定めのない労働契約の対象として募集・採用する場合<br>例<br>「60歳未満の方募集」（定年60歳の会社）⇒ ○<br>「60歳未満の方募集」（定年65歳の会社）⇒ × |
| 例外事由<br>2号 | 労働基準法その他の**法令の規定**により年齢制限が設けられている場合<br>例<br>「18歳以上の方募集」（警備業法第14条の警備業務）⇒ ○ |
| 例外事由<br>3号イ | **長期勤続による職業能力の習得**を図る観点から、若年者等を期間の定めのない労働契約の対象として募集・採用する場合<br>例<br>「35歳未満の方募集」（経験不問）⇒ ○<br>※対象者の職業経験を不問にし、新卒者と同様の教育等をもって育成しようとするものであること。 |

※表内の○は合法を、×は法違反を示しています。

| | |
|---|---|
| 例外事由<br>3号ロ | 技能・ノウハウの継承の観点から、**特定の職種において労働者数が相当程度少ない特定の年齢層**に限定し、かつ、**期間の定めのない労働契約**の対象として募集・採用する場合<br>例<br>**「30～39歳の方募集（金型製造技術者）」**⇒ ○<br>※特定の年齢層（30～49歳）のうち5～10歳幅で同じ年齢層の上下の年齢層と比較して労働者数が1/2以下であること。 |
| 例外事由<br>3号ハ | **芸術・芸能の分野**における表現の真実性等の要請がある場合<br>例<br>**「16歳以下を募集（演劇子役）」**⇒ ○ |
| 例外事由<br>3号ニ | **60歳以上の高年齢者又は特定の年齢層の雇用を促進する施策（国の施策を活用しようとする場合に限る）**の対象となる者に限定して募集・採用する場合<br>例<br>**「助成金対象者の60歳以上の方募集」**⇒ ○ |

---

**雇用対策法**
**第10条（募集・採用における年齢制限の禁止）**
事業主は、労働者がその有する能力を有効に発揮するために必要であると認められるときとして厚生労働省令で定めるときは、労働者の募集及び採用について、厚生労働省令で定めるところにより、その年齢にかかわりなく均等な機会を与えなければならない。

---

③あまりにも労働条件格差のあるもの

求人広告の条件と実際の労働条件が著しく異なる求人は禁止されています。例えば「月収100万円以上」と掲載したにも関わらず、実際の条件は月収30万円というように大きく格差がある場合には、故意に誤解を与える求人として法律に抵触します。ただし、**求人はあくまで目安**であり、実際の労働条件と完全に一致する必要はありません。

● **募集要項にも記載しなければならない項目**

求人の募集要項には、**職業安定法第5条の3及び同施行規則第4条の2**により以下の労働条件を明示しなければなりません。ハローワークや職業紹介事業者の場合には、それらの明示がない求人申込みは受け付けられません。折り込みチラシや情

報誌の場合には、スペースの制約もあり、必要な労働条件(表3)を明示していないケースも見受けられますが、これらの情報は求職者が求人に応募するかどうかの重要な判断材料となりますので、採用後のトラブルを避けるためにも必ず記載すべきです。

### ▼表3　明示すべき労働条件（※2018年1月職業安定法改正）

| | |
|---|---|
| ① | 業務の内容 |
| ② | 契約期間 |
| ③ | 試用期間　※1 2018年1月職業安定法改正 |
| ④ | 就業の場所 |
| ⑤ | 始業・終業の時刻　※2 2018年1月職業安定法改正 |
| ⑥ | 所定労働時間を超える労働の有無 |
| ⑦ | 休憩時間及び休日 |
| ⑧ | 賃金の額　※3 2018年1月職業安定法改正 |
| ⑨ | 健康保険・厚生年金保険・労災保険・雇用保険起用の有無 |
| ⑩ | 募集者の氏名又は名称　※4 2018年1月職業安定法改正 |
| ⑪ | 派遣労働者として雇用する場合はその旨　2018年1月職業安定法改正 |

---

#### 2018年1月　職業安定法の改正

■(※1) 試用期間
試用期間の有無、および、試用期間が発生する場合はその期間、期間中の労働条件

■(※2) 始業・終業の時刻
裁量労働時間を採用している場合は1日のみなし時間

■(※3) 賃金の額
固定残業代制を採用する場合は、下記内容を記載する必要があります。
(1)　固定残業代の金額
(2)　固定残業代に充当する時間
(3)　固定残業時間を超える労働をおこなった場合は追加支給する旨

■(※4) 募集者の氏名又は名称
求職者は誰と労働契約を結ぶのか、きちんと把握する必要があります。

---

#### 法律上のツボ　ポイント

「欲しい人材を詳しく書く」と一口にいっても、求人広告には様々なタブー（規制）がある。

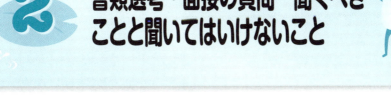

## 2 書類選考・面接の質問　聞くべきことと聞いてはいけないこと

履歴書は面接当日に持参してもらえばいいよね

え？　それじゃ事前の書類選考ができないよ！

### フィーリング重視の面接は危険！

　書類選考もしないで、**面接はフィーリング重視**。こんな採用プロセスをとっていては問題社員を見極めることは難しいです。

　まず第一に書類選考を行いましょう。書類選考というハードルを設定することによって、問題社員の応募に一定の歯止めをすることができます。また、あらかじめ合否の判断基準を決定しておけば、応募書類の選考がしやすいものです。

　次の段階である面接では、「フィーリングが合うかどうか」を確認するだけに留まっている場合が意外と多いものです。つまり事前の準備なく、出たとこ勝負のようなものです。

　履歴書、経歴書等は書類選考時に提出され、すでに手元にあるのですから、目を通すだけで終わりにせず、それらを元に面接の構成を考えましょう。

　また、面接後に採用者を決定した後も大切な仕事があります。ここで気を付けないと問題社員が出てきてしまいますよ。採用者決定後の実務等についてもしっかり見ていきましょう。

### 実務上のコツ　ココを押さえろ

●書類選考で問題社員の応募に一定の歯止めをしましょう

　効率的に採用選考を行うためには、まず書類選考を実施しましょう。全ての応募者の面接を行っていては、多大な時間のロスが発生します。

以前、ある会社の方から「書類選考なんてしたらうちの会社には応募者がきませんよ」と言われました。
　確かに、書類選考というハードルをつけることにより、応募者が減る可能性はあります。しかし、このハードルを設けることにより、**入社後にもめ事を起こしてやろうと考える問題社員**が応募してくる可能性は格段に減るのです。選考基準に達しない応募者のために時間を使って面接をしたり、入社したけれどすぐに退職してしまい、再度採用活動を行う等ということがおきたら、会社は多くのロスを負うことになります。
　あらかじめ書類選考で選考基準に達しない応募者を不合格とすることにより、その後に行う面接でのミスマッチを解消することができます。また、応募者情報を事前に確認することにより、面接時の選考効率をあげることができます。
　応募者から送られてきた履歴書からは、応募者が面接に向けてどれだけ時間をかけて丁寧に、真摯な姿勢で準備しているかをチェックすることもできます。書類選考チェックポイント表を使って確認をしていきましょう（表1）。**履歴書の適正なチェック**を行うだけでも問題社員となるような応募者をカットすることができます。また、若い世代はSNS投稿していることもあるため、応募者のSNSマナーもチェックしておきましょう。

▼表1　書類選考のチェックポイント

| | チェック項目 |
|---|---|
| ☐ | 日付は記載されているか？ |
| ☐ | フリ仮名は抜けていないか？ |
| ☐ | 誤字脱字がないか？ |
| ☐ | 修正液は使用していないか？ |
| ☐ | 写真はきちんと撮影されたものか？ |
| ☐ | 志望動機は自分の言葉で会社の業態に沿った動機か？ |
| ☐ | 職歴は空白なく記載されているか？ |

●**面接で聞く質問は事前に準備するのがあたりまえ**

　面接に際しては会社の選考基準をふまえ、質問内容をあらかじめ決めた面接チェックシート（図1）を作成しておくべきです。「その人の何を知りたいか？」を念頭に置き、履歴書の内容から質問内容を決め、面接の流れ、時間を設定しておきましょう。履歴書の経歴の期間には特に注意をしてください。卒業後、退職後から空白の期間が長い場合や短い期間で転職を繰り返している場合は理由をしっかりと聞く

ように面接チェックシートに記載をしておきましょう。また、茶髪、ピアス等を会社が禁止している場合は、面接時に伝えておくことにより事後のトラブルも軽減されます。その他、前職の退職理由を確認するのに「退職証明書」の提出を求めることも問題社員の排除には有効でしょう。これで段取りはバッチリです。くれぐれも**丸腰で面接**に臨むことがないようにしましょう。とりとめのない会話の応酬ではもったいないですよ。

### ▼図1　面接チェックシート例

| 氏　名 | 吉田　太郎 | 男・女 | ○○○○年○月○日　生まれ |
|---|---|---|---|
| 面接担当者名 | 人事部　中村　次郎 | 面接日 | ○○○○年○月○日（第○次面接）<br>時　分から　　分間 |

#### 1. 面接内容

| | 質問内容 | 備考・メモ |
|---|---|---|
| 1 | 簡単に1分程度で自己PRをお願いいたします。 | |
| 2 | あなたが抱いている弊社のイメージを聞かせてください。<br>何故、弊社を志望したのですか？ | |
| 3 | あなたの長所や経験で特に弊社で活かせるところはありますか？ | |
| 4 | 今までに挫折したことはありますか？その挫折から何を学びましたか？ | |
| 5 | この業界の現状（将来性・問題点）をどう思いますか？ | |
| 6 | あなたのキャリアプラン（どの様な仕事をしていきたいか、どの様な立場になりたいか等）を聞かせてください。 | |
| 7 | ○○職とは、あなたにとって、どの様な仕事ですか？ | |
| 8 | 大学卒業から就職までの半年ほどの空白期間がありますね。<br>何をされていました？ | |
| 9 | 前職での業務内容・退職理由を教えてもらえますか？<br>（前職以外の経歴についても質問） | |
| 10 | 前職での給与はどれくらいでしたか？給与額に不満はありましたか？<br>給与希望額はありますか？ | |
| 11 | 前職で残業は月平均どれくらいありましたか？<br>残業の許容範囲は何時間ですか？ | |
| 12 | 前職で手がけたプロジェクトではどんな役割をしていましたか？<br>またどのような点で苦労しましたか？ | |
| 13 | その他（茶髪、ピアスの禁止の有無。転勤の有無。健康状態 etc） | |

■申し送り事項（次回面接で確認又は質問する事項等）

> 8以降は履歴書に沿った質問をします

※履歴書に沿った質問はもっと増やしてもいいでしょう。
※パート採用、新卒採用は内容が変わってきます。

## 2. 印象・評価

| | 評価項目 | 観察事項 | 評価 | | | | 点数 |
|---|---|---|---|---|---|---|---|
| 1 | 身だしなみ | 衣服にしわ、汚れがない。爪・頭髪は整っている。ピアスをしている。 | +2 優 | +1 良 | 0 可 | -1 否 | |
| 2 | 元気・健康 | 笑顔で声に張りがあって明朗である。 | +2 優 | +1 良 | 0 可 | -1 否 | |
| 3 | 聴き取り力 | 質問した内容・意味を理解している。 | +2 優 | +1 良 | 0 可 | -1 否 | |
| 4 | マナー | 姿勢がよく、はっきりとした挨拶ができ、敬語を正しく使っている。 | +2 優 | +1 良 | 0 可 | -1 否 | |
| 5 | 回答力 | 適切でわかり易い回答を迅速に行っている。 | +2 優 | +1 良 | 0 可 | -1 否 | |
| 6 | 誠実性 | 受け答えや経歴に矛盾がなく、責任感がある。 | +2 優 | +1 良 | 0 可 | -1 否 | |
| 7 | 協調性 | 上司や後輩、同僚と良好な協力関係を築くことができそうである。 | +2 優 | +1 良 | 0 可 | -1 否 | |
| 結果 | A.ぜひ採用したい。　B.採用してよい。 C.保留　D.不採用 | | 合計点数 | | | | |

### ●実は使える！　適性検査

　面接の際は、せっかく応募者が来社しているのですから、適性検査も行うことを強くお勧めします。適性検査の結果によって、面接ではわからなかった性格や特徴をみることができます。本人すら認知していないような特徴がわかることもあります。ここまでは通常の適性検査の使い方です。

　実は適性検査にはもっと興味深い使い方があります。

　それは既に在籍している社員に対し適性検査を実施し、その結果から社内での良い人材と悪い人材の傾向を分析します。会社にとって良い人材のデータと一致する適性検査の結果が出た応募者が、会社の採用したい人物に近い人といえるでしょう。

　また、適性検査の実施は、応募者に「ここはしっかりした会社」という印象を与えることもできます。

## ●入社前にやるべきことは行っておく

　もうこの段階までくると問題社員も減ってきていると思います。ただし、次に注意したいのが、面接で採用者を決定したその後の対応です。入社前に採用内定通知書を送らなかったり、雇用契約書を締結しなかったりすると採用者は会社に対して不信感を抱くものです。また入社してみたら、会社に就業規則が存在しない等の杜撰な労務管理の実態が発覚し、更に不信感は高まり会社と社員のボタンの掛け違いが発生します。このボタンの掛け違いがまさに問題社員を作り出してしまうのです。

　問題社員となりうる人物は最初から問題を起こそうとする先天性の問題社員と後から問題をおこす後天性の問題社員に分かれます。先天性の問題社員に関しては今までの採用手順を踏んでいれば十二分にカットができるでしょう。そして、後天性の問題社員を作り出さないためには、社内整備を会社はしっかり強化していくことが大切です。そこを怠ると会社と社員の溝は深まるばかりです。

　せっかく採用した社員を生かすも殺すも会社にかかっています。社員を魅力ある社員にするには会社の社内整備が急務なのです。

### 実務上のコツ　ポイント

フィーリング重視の面接は問題外です。事前準備をして効率よく人材採用に臨みましょう。

## 法律上のツボ　ココを押さえろ

### ●会社が面接で質問してはいけない事項

　面接に際して何でも質問していいわけではありません。**職業安定法第5条の4及び平成11年告示第141号**により表2の事項が禁止となります。

▼表2　面接で質問してはいけない質問

| | |
|---|---|
| ① | 本籍・出生地に関する質問・生活環境（生い立ち）・住宅環境（間取り）に関する事項 |
| ② | 家族構成、家族の職業、地位、収入、資産に関する事項 |
| ③ | 思想、信条、宗教、尊敬する人物、支持政党、労働組合に関する事項 |

### 職業安定法
**第5条の4（求職者等の個人情報の取扱い）**
公共職業安定所等は、それぞれ、その業務に関し、求職者、募集に応じて労働者になろうとする者又は供給される労働者の個人情報（以下この条において「求職者等の個人情報」という。）を収集し、保管し、又は使用するに当たっては、その業務の目的の達成に必要な範囲内で求職者等の個人情報を収集し、並びに当該収集の目的の範囲内でこれを保管し、及び使用しなければならない。ただし、本人の同意がある場合その他正当な事由がある場合は、この限りでない。

### 平成11年告示第141号抜粋
**法第5条の4に関する事項（求職者等の個人情報の取扱い）**
1 個人情報の収集、保管及び使用
(1) 職業紹介事業者等は、その業務の目的の範囲内で求職者等の個人情報（1及び2において単に「個人情報」という。）を収集することとし、次に掲げる個人情報を収集してはならないこと。ただし、特別な職業上の必要性が存在することその他業務の目的の達成に必要不可欠であって、収集目的を示して本人から収集する場合はこの限りでないこと。
イ 人種、民族、社会的身分、門地、本籍、出生地
　　その他社会的差別の原因となるおそれのある事項
ロ 思想及び信条
ハ 労働組合への加入状況

● **健康状態について、ここまでは質問できる**

「危険な質問に注意！」といっても、会社としては健康状態についてはきちんと確認はしておきたいところです。労働の対価として、賃金を支払っていくわけですから、健康状態を把握することは大切です。最高裁の判例（**三菱樹脂事件　最判・昭和48年12月12日**）ではどのような労働条件でどのような者を雇用するかは特別な制限が無い限りは会社の自由とされています。

つまり、今後の労務提供を身体的、能力的に行うことができるかどうかを確認する目的であれば健康状態を質問することは可能と考えられます。

長期雇用を予定した正社員が精神疾患となった場合、遅刻、欠勤等により通常の労務提供ができなくなる可能性がありますから、精神疾患の病歴については確認しておきましょう。

また、トラブルを避けるためにも口頭での質問ではなく、書面に記載をしてもらう方が良いでしょう（図2）。

入社した後で、「実は持病があって…」と告白されても困るんだよね！

▼図2　健康（病歴）状態告知書例

健康（病歴）状態告知書

株式会社リンケージゲート
代表取締役　東京　太郎　殿

　貴社への入社を希望するにあたり、過去の傷病歴ならびに現在の健康状態を下記の通り告知します。
　また、この健康状態告知書に事実と異なる虚偽の記載が判明した場合は、採用取消または解雇の処分を受けても、異議申し立てを行いません。
※健康状態告知書の内容により、医師の診断書の提出を求める場合があります。

① 過去の主な既往歴を記載してください。　有・無
　　（「有る」場合のみ記載）
　　　傷病名

② 現在医師の診断を受けていますか？　有・無
　　（「有る」場合のみ記載）
　　　傷病名

③ 過去3年以内に、1ヶ月以上に渡り医師からの療養の指示を受けたことはありますか？
　　有・無
　　（「有る」場合のみ記載）
　　　傷病名

④ 睡眠時によく寝汗をかく、何度も起きてしまう、起きている際に、口が渇く、頭痛がするなどの症状はありますか？　有・無
　　（「有る」場合のみ記載）
　　　具体的な症状

上記記載内容に相違ありません。<br>
○○○○年○月○日<br>
氏名　吉田　一郎　

## 知っておきたい判例

**【B金融公庫事件（東京地判・平成15年6月20日）】**
**入社前の健康診断の有効性を問われた事案**
この事件で裁判所は、入社前に実施した健康診断の有効性について、雇用契約は社員に対して一定の労務提供を求めるものであるから、会社が、社員を採用するに際して、労務を提供できる程度の一定の身体的能力等を有するかを確認する目的で、応募者に健康診断を行うことは、予定される労務内容に応じて、その必要性を肯定できると述べています。ただし、この事件における検査（B型肝炎）については必要性を否定し、違法と判断しました。

## 法律上のツボ　ポイント

知りたいからといって何でも聞けると思ったら大間違いです。面接での様々なタブー（規制）をおさえておくこと。

面接の段階で健康状態については事前に確認しておいた方がいいよ。書面でとることがベストだね！

# 3 必要書類を提出してくれない社員

必要書類を提出しない社員がいて困ってます……

それ！ それが問題社員ですよ。
書面で警告してみたらどう？

## 何事も事前の準備が大切です

　採用が決定して社員になると、会社は入社の諸手続きを行います。これは単なる事務手続きなので、情報さえ手に入ればなんの問題もなく終えることができます。しかし、情報源である各種書類を提出しない問題社員が時折いるのです。

　採用内定時に「入社の際に必要な書類」を伝えた時には「はい、持ってきます」と笑顔で頷いていたのに、いざ入社してみると、待てど暮らせど持ってこない。会社としては、仕事がなかなか整わなくて落ち着かないのに、本人に催促しても、一向にどこ吹く風で動きがない。本当に困ったものです。

　こういうタイプには、**書面での通知**が有効です。採用内定通知書の文書の中に必要書類の提出を盛り込みましょう。書類を提出しないことにより、業務遂行上の諸手続きに影響がでる場合は解雇も有効となってきます。

## 実務上のコツ　ココを押さえろ

●採用内定通知書に必要書類を盛り込みましょう

　社員が入社してから必要書類の提出を依頼しても、提出しない社員がたくさんいます。

　そんな時は**内定の段階**で必要書類を通知しておきましょう。

　採用内定通知書の文書内に入社時必要書類を記載することで、入社時の手続きの流れの告知をすることができます（図1）。事前に告知することにより採用される社

員も書類を集めやすくなり、提出スピードがあがります。特に身元保証書のような本人以外のサインや捺印が必要な書類は内定通知書に同封をする等しておきましょう。

## ▼図1　採用内定通知書例

○○○○年○月○日

吉田一郎　様

株式会社リンケージゲート
代表取締役　東京太郎

【株式会社リンケージゲート】

### 採用内定通知

時下、益々御清栄のこととお慶び申し上げます。
先日は当社社員募集に応募いただきまして、有り難うございました。
慎重かつ厳正なる選考の結果、貴殿の採用を内定することと致しました。
つきましては下記にご留意の上、指定日にご来社くださいます様ご通知致します。
なお下記3の書類が所定期日までに提出されない場合、下記4の事項に該当する場合は採用内定を取り消すことがあります。また下記1の日時までに連絡なく出社されないときは、採用を辞退したものとみなしますので念のため申し添えます。

記

1. 来社指定日　　○○○○年○月○日
　　　　　　　　午前　9時00分

2. 来社場所　　　当社事務所

3. 持参するもの　持参日　○○○○年○月○日
　①身元保証書
　②誓約書
　③年金手帳コピー

4. 採用内定取り消し事由
　①採用予定日までに卒業できないとき若しくは所定の免許、資格を取得できないとき
　②健康診断の結果または心身の病気その他健康上の理由により勤務が困難であると認めるとき
　③履歴書その他の提出書類に虚偽の記載があったとき
　④面接時に不実の陳述があったとき
　⑤犯罪行為のあったとき
　⑥暴力団に所属し若しくは関係しているとき
　⑦当初に知りえていれば採用を見合わせたと思われる事実が判明したとき
　⑧採用を取り消すべき経営上重大な理由があったとき

以上

## ● 入社時の手続きには段取りが必要です

入社時にはいくつもの手続きを短期間のうちに行う必要があります。法令に関わることも多く、手続きを怠ったために、その後に社員とのトラブルに発展することも

あります。これには正確さ、スピードが要求されますので、事前に**入社チェックリスト**を作成しておくとスムーズに対応することができます。

法律では新入社員への提出すべき書類の規定はありません。それぞれの会社の就業規則等で定められることになります。

一般的には、入社チェックリストに記載された回収書類があげられます（表1）。個人情報保護の観点から、戸籍謄（抄）本や住民票については、提出を求めないようにしなければなりません。ただし住民票記載事項証明書を求めることは可能です。

▼表1　入社チェックリスト

| 入社時の交付する物品、貸与品の引渡し | | チェック欄 |
|---|---|---|
| ① | 制服、名札 | |
| ② | 名刺、事務用品 | |
| ③ | 会社の鍵 | |
| ④ | その他 | |
| 社員から回収する書類 | | |
| ① | 入社誓約書 | |
| ② | 身元保証書 | |
| ③ | 資格証明書、卒業証明書 | |
| ④ | 通勤に関する届出書 | |
| ⑤ | 年金手帳のコピー　本人・配偶者 | |
| ⑥ | 雇用保険被保険者証 | |
| ⑦ | 給与振込依頼書 | |
| ⑧ | 健康診断書（3ヶ月以内のもの） | |
| ⑨ | 給与所得者の扶養控除等（異動）届 | |
| ⑩ | 前職の源泉徴収票 | |
| ⑪ | マイナンバー | |
| 社員と締結する書類並びに会社が整備する書類 | | |
| ① | 雇用契約書の締結 | |
| ② | 就業規則の交付 | |
| ③ | 労働者名簿の作成 | |
| ④ | 出勤簿の作成 | |
| ⑤ | 賃金台帳の作成 | |
| 官公庁への手続 | | |
| ① | 社会保険加入 | |
| ② | 雇用保険加入 | |

> **実務上のコツ　ポイント**
>
> 必要書類は採用内定通知時に書面でしっかり伝えましょう。

## 法律上のツボ　ココを押さえろ

### ●必要書類を提出しない社員の解雇

　再三呼び掛けても必要書類を提出しない者に対して、就業規則に必要書類の提出期限を定め、懲戒処分になることを定めておけば処分することも可能です。

　まずは、書類提出の必要性を説明し、それでも社員が提出に応じない場合には、懲戒処分もあり得ることを書面で警告します。

　ただし、解雇となると、合理的かつ社会通念上の相当の理由が必要となってきます。判例によると、金融機関への就職における身元保証書等の必要書類を提出しないことで業務遂行上の諸手続きに支障が出たとして、提出をしないことを理由とする解雇は有効と判断されたものがあります。しかし、業務上の必要性が低い提出書類の不提出に際して解雇した場合は、解雇相当とは認められない可能性もあるでしょう。

### ●解雇予告金の不要な期間

　法律では、入社して試みの使用期間中の社員は14日を超えないものについては、解雇予告が不要です。

　試みの試用期間は、いわば労働契約上の一態様ですので、就業規則において明確に定められる必要があり、これを定めないで直ちに本採用した場合は、採用後１４日以内であっても解雇予告の適用があります。

　就業規則等で試みの試用期間を１ヶ月又は３ヶ月と定めることは差し支えありません。しかし、このような期間の定めがあっても14日を超えた場合は解雇予告の規定が適用されます。

　よって入社時の書類提出の締切りを「入社後14日まで」として、それを怠った場合に解雇とすると、解雇予告は不要となります。

### ●マイナンバーの提出拒否

　2016年１月から国民一人一人に割り当てられたマイナンバー制度が開始されまし

た。会社は社会保険、雇用保険、年末調整の手続きを行うためにマイナンバーの提出をしてもらう必要があります。

しかし、個人情報の流出の懸念から**マイナンバーの提出を拒否する社員**も中にはいます。社員は会社にマイナンバーを提出する義務がありますが、強制ではありません。そのため社員が提出を拒否したことによって法律上の罰則はありません。会社はマイナンバーをどのような目的で利用し安全な管理を行っていることを説明して提出を求めていきましょう。それでも本人がマイナンバーの提出を拒否する場合は、公的な手続の際に任意の書式で**マイナンバー提出拒否に関する理由書**を添付し手続を行いましょう。

---

**知っておきたい判例**

【シティズ事件（東京地判・平成11年12月16日）】
身元保証書の提出を拒否したことから社員が解雇された事案
裁判所は、会社の業務内容が、金銭貸付けを扱う業務であるがゆえに、横領などの事故を防ぐため、社員に自覚を促す意味を込めて、身元保証書の提出を社員の条件としていたことから、その不提出は、社員としての適格性に重大な疑義を抱かせる重大な服務規律違反又は背信行為であると判断し、解雇を有効としました。

---

**法律上のツボ　ポイント**

必要書類を提出しないことで業務遂行上の諸手続きに支障が出る場合は、提出をしないことを理由とする解雇は有効となりやすい。

---

書類を提出しない社員は今後のことも考えて
厳しく対処しましょう。
そういう社員は最初に「ガツン」と言っておかないと、
何度も繰り返すんだよね！

# 4 雇用契約の締結は必要？

「え？　そんな労働条件は聞いていませんよ」って…
入社時に口頭で説明したでしょ

聞いてないですよ。
伝えた証拠もないでしょう？

## 口頭での雇用契約なんてありえません

　人間関係において「言った！」「いや、言ってない！」論争はつきものですね。証拠がそれぞれの記憶上にしかない以上、どちらが本当だったのか、真実はわかるものではありません。

　実は、同じようなことが会社でも起きていることがあります。それも最初の一番大事な雇用契約の締結の時です。

　「労働条件は求人広告にあった通りだからね」とだけ伝えて「はい！　今日から社員ね」なんてやっている会社がまだまだ存在します。そして後になってから社員に「社長！　そんな労働条件は聞いていません！」と糾弾されたりするのです。

　「求人広告の内容イコール個人の労働条件」ではないので、当然にそういったことは起こり得ます。また、労働基準法では書面で通知しなければならない事項も定められていますので、口頭で契約なんて有り得ないのです。何事も初めが肝心です。書面でしっかり契約し、会社も社員も互いに納得して雇用のスタートを切りましょう。

## 実務上のコツ　ココを押さえろ

● 労働条件通知書と雇用契約書はどっちがいいの？

　社員の採用に際しては労働条件を書面で交付することが労働基準法第15条で義務付けられています。その際、労働条件通知書がいいのか、雇用契約書がいいのか迷うところですよね。法律では労働条件通知書を交付するだけでもよいのですが、契

約内容の行き違いでトラブルになるケースが増えてきています。このようなトラブルを防ぐためには、労使共に署名する契約形式を選択する方がよいでしょう（図1）。

### ▼図1　雇用契約書例

#### 雇用契約書

雇用条件は次の通りとします。

| 社員氏名 | 吉田　一郎 |
|---|---|
| 契約期間 | ■雇用契約開始日：○○○○年○月○日～<br>期間の定め無 |
| 雇用形態 | 正社員 |
| 就業の場所 | 本社　※転勤等の異動あり |
| 従事する業務の内容 | 営業、その他付随する業務　※職種変更あり |
| 始業・終業の時刻及び休憩時間 | 1　始業・終業：(始業) 9時00分～(終業) 18時00分<br>2　休憩60分　※詳細は、就業規則による。 |
| 所定外労働の有無 | 1　所定時間外労働の有無　：　有<br>2　休日労働の有無　：　有 |
| 休日 | 1　原則：毎週日曜日、土曜日、国民の祝日<br>※その他会社が定めた日 |
| | （※給休暇発生日○月○日） |
| 賃金 | 1　基本賃金及び諸手当（※大卒…<br>4　賞与　：　有（8月、12月）<br>5　退職金　：　無 |
| 退職に関する事項 | 1　自己都合退職の手続　：退職する1ヶ月以上前に届け出ること<br>2　定年60歳（嘱託65歳）<br>3　休職期間満了<br>4　解雇の事由及び手続　※詳細は、就業規則による。 |
| 社会保険加入 | 社会保険・雇用保険・労災保険 |
| 賃金改定への判断基準 | ・賃金査定期間満了時の業務量・従事している業務の進捗状況<br>・社員の能力、業務成績、勤務態度・会社の経営状況 |
| 備考 | 1　故意又は重大な過失により重大な損害を与えた場合、損害賠償を行わせることがある<br>2　本契約書に記載のない事項に関しては就業規則による |

上記について承諾しました。

　　　　　　　　　　　　　　　　　　○○○○年○月○日

　　　　　　　　　　　　　　　　　　株式会社リンケージゲート
　　　　　　　　　　　　　　　　　　代表取締役　東京　太郎　

　　　　　　　　　　　　　　　　　　社　員　吉田　一郎

●求人時に提示した労働条件と違う場合はどうする?

　求人広告の記載事項が当然に雇用契約の内容となるわけではありません。本人と会社との間で結ばれた個別の雇用契約が労働条件となります。例えば、求人広告には「月給25万円」と記載していても、会社と本人の話し合いにより「月給23万円」と決定した場合は、その金額が労働条件となります。

　あくまで求人広告は応募者に対する「**申込みの誘引**」となります。求人広告を見た本人が応募して初めて「**契約の申込み**」となり、会社が選考し採用を決定した段階で「**申込みの承諾**」となり、申込みと承諾があって初めて雇用契約の締結となります。求人はあくまで目安であり、実際の労働条件と完全に一致する必要はありません。同様に面接時に提示したものと異なっていても、雇用契約締結時のものが、労働条件となります。

●雇用契約書を締結し忘れたら?

　労務トラブルの予防策としても雇用契約書は有効なので必ず入社時に締結しましょう。しかし、総務・人事部も人間です。忘れることもあります。ご安心ください。こういったケースは取り返しがつくものです。

　例えば入社日が4月1日で締結忘れに気づいた時が7月31日の場合。

　雇用契約書日付欄に、気づいた時の日付、つまり7月31日と記入して締結し、『**この雇用契約書の効力発生日は〇〇〇〇年4月1日とし、相互に確認いたします**』との一文を追記します。

　この一文のおかげで、実際の入社から締結前までの期間の契約をフォローすることができます。決してバックデートでの虚偽の記述は行わないようにしましょう。

　実務上のコツ　ポイント

雇用契約書を締結しましょう。核となる賃金面や労働時間については、社員が理解できるまで説明し、納得してもらいましょう。

## 法律上のツボ　ココを押さえろ

### ●書面で通知しなければならない事項

会社にとって都合の良いことだけを記載して、都合の悪いことは記載しないなんてことはできません。

**労働基準法第15条**では以下の事項①～⑤は書面交付による明示が義務付けられています（表1）。ただし、④賃金のうち「昇給」に関する事項は除きます。

▼表1　必ず記載しなければならない事項

| | |
|---|---|
| ① | 雇用契約の期間 |
| ② | 就業の場所、従事すべき業務※1 |
| ③ | 始業及び終業の時刻、所定労働時間を超える労働の有無、休憩時間・休日・休暇、就業時転換 |
| ④ | 賃金（退職金、賞与等を除く）の決定・計算・支払いの方法、賃金の締切・支払の時期、昇給に関する事項 |
| ⑤ | 退職に関する事項（解雇の事由を含む※2） |

※1　従事すべき業務は、具体的かつ詳細に明示すべきですが、将来従事させようという業務を併せて網羅的に明示することは差し支えありません。

※2　退職に関する事項は、退職の事由及び手続、解雇の事由等を明示しなければなりません。しかし、明示すべき事項の内容が膨大なものとなる場合には、社員の利便性をも考慮し、社員に適用される就業規則上の関係条項名を網羅的に示すことで足ります。また、退職には、退職手当に関する事項は含みません。

### ●パートタイマーの条件明示

会社はパートタイマーを雇い入れの際に、表1の明示以外に下記の項目も文書の交付等により明示をすることが義務づけられています（表2）。

▼表2　パートタイマーの条件明示

| | |
|---|---|
| ① | 昇給の有無 |
| ② | 退職手当の有無 |
| ③ | 賞与の有無 |
| ④ | 雇用管理の改善等に関する事項に係る相談窓口 |

※　パートタイマーは表1の明示事項に表2も加える必要があります。

### ●労働条件通知書の電子化が解禁

2019年4月より、書面での通知に代わり、労働条件通知書を電子上で配布することが可能になります。ただし、電子化を行うには以下の条件があります。

①**労働者側が希望したこと**
　会社側から本人の意思を確認せずに労働条件通知書を一方的に電子メール等で送ることはできません。労働者が電子メール等での交付を希望することが条件となっています。また、本人が書面を希望した場合は書面による交付となります。

②**電子メール等の記録を出力することにより書面に印刷できる形でなくてはならないこと**
　電子メール等により送信した労働条件通知書は、労働者側が紙に印刷（プリントアウト）できるものに限ります。印刷を前提としないツールによる送信は違反となります。

③**受信を特定の者に限る電気通信による送付であること**
　複数労働者への一斉送信、会社内の共有を前提とするファイル等に入れておくことは、違反となります。労働者本人のためだけにネットワークを通じて送信されることが要件として定められています。具体的には電子メール（Webメールサービス含む）、LINEやFacebook等のSNSのメッセージ機能等を利用した電気通信がこれにあたります。

　書面だけでなく電子メール等による方法で労働条件の明示ができるようになり利便性は高まります。ただし、労働条件通知書の授受のトラブルを避ける為にも、本人から受領した確認のメール等の返信の義務付け等はおこなっていくべきでしょう。

● **明示条件が事実と相違する場合**
　明示された労働条件が事実と相違する場合には、労働者は、即時に雇用契約を解除することができます。
　この場合、就業のために住居を変更した労働者が、契約解除の日から14日以内に帰郷する場合には、使用者は、必要な旅費を負担しなければなりません。必要な旅費には、家族の旅費も含みます。ここでいう家族の範囲は、労働者により生計を維持されてきている同居の親族（内縁を含む）をいいます。

## ●外国人との雇用契約はどうする？

　日本に長期滞在する外国人の方は「**在留カード**」が交付されています。「在留カード」には、氏名、生年月日、性別、国籍・地域、住居地、在留資格、在留期間、就労の可否などが記載されているので、事前に外国人との雇用契約には在留カードの原本で確認を行いましょう（図2）。

　なお、特別永住者の方については「在留カード」ではなく「**特別永住者証明書**」が交付されていいますので注意してください。

　その他、原則として大学や専門学校に通う留学生などの「留学」という在留資格では就労することは認められていません。しかし、外国人のアルバイトを見かけることが多いのは何故だろうと思われるかもしれません。

　それは、在留資格で認められている活動以外の活動をするために「**資格外活動**」という許可を受けているからです。学業に差し障りが出ない範囲でアルバイトを許可されたことになりますが、労働時間に制限があります。原則として1週28時間、その外国人が在籍する教育機関が長期休業期間中であれば、1日8時間、1週40時間までの就労が可能です。

▼図2　在留カードの確認

（カード表面）
- 在留カード番号
- 住居地
- 在留資格
- 在留期間（満了日）
- 有効期間
- 就労制限の有無
- 顔写真　在留カードの有効期間の満了日が16歳の誕生日までとなっているカードには写真は表示されません。

（カード裏面）
- 住所を変更したときに、変更後の新しい住所が記載される欄です。
- 在留期間更新許可申請・在留資格変更許可申請をしたときに、これらの申請中であることが記載される欄です。申請後、更新又は変更の許可がされたときは新しい在留カードが交付されます。
- 資格外活動許可を受けたときに、許可の内容が記載される欄です。

出典：法務省入国管理局
　　　http://www.immi-moj.go.jp/tetuduki/zairyukanri/whatzairyu.html

※偽造カードを使用している事件がありますが、法務省で本物の特徴を公開しています。
　https://lapse-immi.moj.go.jp/ZEC/appl/e0/ZEC2/pages/FZECST011.aspx

●未成年者との雇用契約はどうする？

　未成年者であっても雇用契約は直接本人と締結しなければなりません。本人以外の者と雇用契約を締結しても無効となります。

　一方で雇用契約が未成年者本人にとって不利であると認められる場合、親権者や後見人等はその雇用契約を将来に向かって解除することができます。

　せっかく採用しても「親が反対して辞めることになった」ということがないように、雇用契約時に保護者の同意を求めることをしても差し支えありません（表3）。

　なお、2022年の民法改正により成年年齢が現行の20歳から18歳に引き下げられます。これにより労働基準法の未成年者、年少者の年齢の定義も改正される可能性があります。

▼表3　未成年者等を雇い入れる際に必要な書類

| 未成年者（満20歳未満）の場合 ||
|---|---|
| 必要な書類 | ・親権者や後見人の同意書 |
| 親権者や後見人が本人に代わってできないこと | ・雇用契約の締結<br>・賃金の請求 |
| 親権者や後見人が本人に代わってできること | ・雇用契約の解除 |
| 年少者（満18歳未満）の場合 ||
| 必要な書類 | ・親権者や後見人の同意書<br>・年齢を証明する書面（「住民票記載事項証明書」等。運転免許証、パスポートは不可） |
| 制限されること | ・時間外労働・休日労働・深夜労働<br>・変形労働時間制（※一定の制限付）<br>・坑内労働・危険有害業務 |
| 解雇した場合 | 労働者が解雇の日から14日以内に帰郷するときは、帰郷に必要な旅費を負担しなければならない。 |
| 児童（15歳に達した日以後の最初の3月31日が終了していない者） ||
| 必要な書類等 | ・親権者や後見人の同意書・年齢を証明する書面（「住民票記載事項証明書」等。運転免許証、パスポートは不可）<br>・修学に差支えがないことを証明する学校長の証明書<br>・労働基準監督署長の許可 |
| 13歳以上 | 工業的事業は使用することができない |
| 13歳未満 | 映画・演劇業に限り使用することができる |
| 労働時間の制限 | 修学時間を含めて、1日7時間、週40時間以内 |

― 知っておきたい判例 ―

**【八洲測量事件（東京高判・昭和58月12月19日）】**
**求人票の明示条件が事実と相違したが違反ではないとした事案**
求人票に記載してある初任給見込み額は、採用内定者に対し、賃金支給を保障したものとまでは認められない。ただし、求人者はみだりに求人票記載の見込額を著しく下回る額で賃金を確定すべきでないことを示したうえで、結果的には会社に義務違反はないと判断しました。

法律上のツボ　ポイント

雇用契約書の記載事項は網羅されていますか。

# 2

口頭での雇用契約なんてトラブルのもとだよね。
そんな杜撰な労務管理やっていると、
採用した社員が辞めていってしまいますよ！

# 5 試用期間中なので辞めさせてもいいですか？

新しく入社した人イマイチで……
試用期間だから辞めさせたいな

試用期間でも辞めさせるのは、そう簡単ではないですよ

## 試用期間中でも解雇は慎重に

「『試用期間』は所詮『お試し期間』だから、もしも新入社員が使えないとわかったら、採用を取り消してしまえばいい」なんて考えている方いませんか？　残念ながらそれは甘すぎます。一度採用して雇用契約を締結したら、試用期間であろうと何であろうと、社員を辞めさせることは簡単ではありません。

そもそも「使えなさそうだから辞めてもらう」というのは**解雇権の濫用**に当たります。試用期間中に期待していたような成果を得られない場合は、社員の同意を得て試用期間を延長し、その期間中にさらに教育する等手を尽くします。その上で「能力や適性について見込みが無い」と判断した場合に初めて解雇を検討するのが妥当です。解雇はいつでも最終手段ですから、無期雇用契約を有期に見直す検討をする等、他の対策も試みましょう。

## 実務上のコツ　ココを押さえろ

● 試用期間の説明をきちんと行おう

雇用契約書を締結する際に、試用期間がいつまでであり、基準はどうなっているのか説明を行っておきましょう。併せて就業規則の記載箇所にも触れ、試用期間があることを相互に確認しておきましょう。

試用期間は一般的には3ヶ月間程度が多く、長くても6ヶ月間程度になります。合理的な理由もなく、長期間の試用期間を定めた場合は、無効となる可能性もありま

す。
　試用期間は終了すれば自動的に本採用となりますので、期間を延長する際には必ずその期間を定め、同意書等を取り付けます。
　その際には就業規則等に「試用期間を延長する場合がある」の文言を記載しておくことが第一条件です。
　試用期間中の社員に対して問題がある場合は指導・注意は徹底していきましょう。

### ● 14日以内なら無条件に解雇できる？？

　入社日から14日以内に社員を解雇する場合は、労働基準法第21条の規定により、解雇予告義務及び解雇予告手当支払義務は生じません。しかしこの規定を勘違いして14日以内であれば、**解雇を自由にできる**と考えている人が多いようです。当然ながら14日以内であっても解雇に客観的に合理的な理由がなかったり、社会通念上相当でなければ、解雇権を濫用したものとして**解雇は無効**となるので注意が必要です。

### ● 有期契約の活用

　試用期間ではなく**雇用期間を定め有期で契約する**ことも可能です。有期契約の場合は、期間が到来した時点で雇用契約は終了し解雇には当たりません。ただし、有期契約を試用期間のように説明し、雇用契約を結ぶことは問題が出てきます。「試用期間＝契約期間」とし、その期間中の勤務状況、職務遂行能力等に問題があると判断した場合には有期契約満了にて終了、問題がなければ正社員として本採用を行う方法は実際の運用では注意する必要があります。一見すると会社が負うリスクがない方法に思えますが、有期契約であっても、それが試用期間と解されると判断された場合には、通常の試用期間と同様の取り扱いになります。

　運用としては本人には契約期間が到来した時点で契約が終了となる有期契約であることを説明し、納得をしてもらった上で雇用契約を締結しましょう。

> **実務上のコツ　ポイント**
> 
> 試用期間があることを会社と本人で相互に確認をしておきましょう。

## 法律上のツボ　ココを押さえろ

● 試用期間であっても「解雇」は「解雇」

試用期間中の雇用契約は「**解約権留保付労働契約**」と言われ、解雇できる権利を会社側が持っているというものです。

試用期間満了時に会社が本採用を拒否した場合の退職は、期間満了による退職ではなく、解雇扱いとなります。

解雇事由についても、試用期間だからというだけでは、簡単に解雇できるわけではありません。社会通念上当然とされ、合理的理由として認められるものでなければなりません。

判例によると、次のような事由が本採用拒否の要素と判断されています。

- 出勤率不良で遅刻・欠勤を繰り返す場合
- 勤務態度が極めて悪く、注意を受けても改善されない場合
- 担当職務の変更や配置転換を行っても改善が無く能力不足の場合
- 重大な経歴詐称や虚偽の事実がある場合

---
知っておきたい判例

【テーダブルジェー事件（東京地判・平成13年2月27日）】
試用期間の解雇が違法無効とされた事案
会社の会長が事務所を訪れた際、試用期間中の社員が声を出して挨拶しなかったことから解雇が行われました。裁判所は、社会通念上相当として是認することはできないから、解雇権の濫用として無効であるとしました。

---

### 法律上のツボ　ポイント

試用期間中だからといって簡単に解雇はできません！

正社員で採用したからには
会社には採用した責任があるんだな。
試用期間を設けていても「本採用はしません」
なんて軽はずみなことは言えませんよ

# 6 契約社員の期間が5年を超えると正社員になるのですか？

契約社員が5年を超えると自動的に無期雇用になるの？

本人からの申出が条件みたいだよ

## 契約期間が通算5年を超えると本人の申込みにより無期雇用契約に転換できる

**えっ、契約社員が通算5年を超えると正社員に転換しないといけないんですか？**
いえいえ、自動的に正社員転換されるわけではありませんよ。

2018年4月から、契約社員、パートタイマー、派遣社員といった有期契約労働者（以下、契約社員という）を対象に、「無期転換」の申込みが始まりました。これは**2013年4月の改正労働契約法の施行**により「**無期転換ルール**」が導入されて5年を経過したことによります。この無期雇用転換ルールとは、同じ会社との間で、契約期間が通算5年を超えて繰り返し更新された場合、契約社員からの申込みにより、期間の定めのない労働契約（無期労働契約）に転換されることをいいます。これは会社側が契約更新をせずに契約社員を辞めさせる「**雇い止め**」の不安を解消し、雇用を安定させる目的で導入された制度です。この通算5年のカウントは2013年4月1日以降に開始した有期労働契約が基準となるため、5年後の2018年4月から「無期転換」の申込みが始まっているのです。

契約社員の約30％が、通算5年を超えて働いているというデータもあります。契約社員が多く、まだ無期転換のルールを準備していない会社は早急に整備しましょう。

## 実務上のコツ ココを押さえろ

### ●会社の契約社員の現状を確認しよう

パートタイマー、契約社員、準社員等の名称に関わらず、期間の定めの有る契約社員の人数、契約期間、更新回数等を確認し、無期転換申込権の発生時期等を確認していきましょう。通算契約期間5年は、2013年4月1日以降に開始した契約が基準と

なるため、2013年以前の契約は通算契約期間のカウントには入りません。また、前の契約期間と後の契約期間の間が6ヶ月以上空いているときは、その空白期間より前の有期労働契約は通算期間に含めません。

なお、自動的に無期契約に転換するわけではなく、**契約社員からの申込み**が必要です。つまり、契約社員の申込みがない場合は、無期契約に転換する必要はありません。**申込みがあって初めて無期転換ルールが適用される**ことが重要なポイントです（図1）。具体的には、申込み時の有期労働契約が終了する日の翌日から、無期労働契約が始まります。なお、無期転換申込み権が発生した契約社員に、会社から通知する義務はありませんが、実務上は周知し、無期転換の申込み時期の設定等のルールを作ることをお勧めします。

▼図1　無期転換ルール

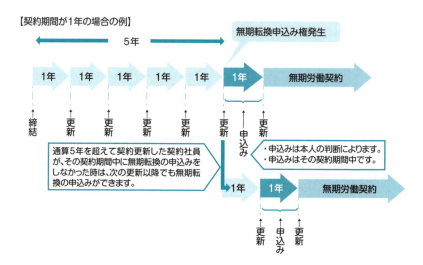

出典：厚生労働省「労働契約法改正のあらまし」をもとに作成
https://www.mhlw.go.jp/seisakunitsuite/bunya/koyou_roudou/roudoukijun/keiyaku/kaisei/pamphlet.html

● 転換申込み後は正社員？？

無期転換すると、必ずしも正社員になるというわけではなく、契約期間の定めの無い契約になるだけです。別段の定めが無い限りは無期転換後の労働条件が**従前の有期労働契約**と同一になります。

契約期間の定めの無い契約になる点を除いて、それ以外の労働条件は変わらない

ことが多いのですが、就業規則、個別の雇用契約書で別段の定めをすることにより変更することは可能です。

なお、無期転換の申込みは口頭でも有効ですが、トラブルを防ぐためにも、書面での形式を選択する方が望ましいでしょう（図2）。

▼図2　無期雇用社員転換申込書

|  |  |
|---|---|
|  | 年　　月　　日 |

**無期雇用社員転換申込書**

株式会社　リンケージゲート
代表取締役　東京　太郎　殿

私は、現在の有期雇用契約の契約期間の末日までの通算契約期間が5年を超えるため、労働契約法第18条の規定に基づき、期間の定めの無い労働契約への転換を申し込みます。

| 申請日 | 年　月　日 | |
|---|---|---|
| 氏　名 | ㊞ | 生年月日 |
| 所　属 | | 入社年月日 |
| 期間満了日 | 年　月　日 | |
| 無期雇用転換日 | 年　月　日 | |
| 無期雇用形態 | 無期雇用社員　・　無期雇用パート社員 | |
| 現在の労働条件 | 契約社員　・　パート社員<br>勤務日（月・火・水・木・金）<br>勤務時間帯（　：　～　：　） | |
| 備考 | 無期雇用社員、無期雇用パート社員の労働条件は　直前の雇用契約と同一となります。 | |

【会社記入欄】

| 承認日 | 人事担当印 | 総務担当印 | 所属長印 | 直属上司印 |
|---|---|---|---|---|
| 年　月　日 | | | | |

## ●就業規則を整備しよう

無期転換した無期雇用社員の就業規則の適用については、正社員の就業規則、契約社員の就業規則のどちらかを適用するか、または無期転換した無期雇用社員のた

めの新たな就業規則を作成する必要があります。

正社員に転換した場合は、正社員の就業規則を適用することになりますが、労働条件等が従前の有期労働契約時と同一である場合には、従来の**契約社員の就業規則を修正**して適用するか、または**新たな無期雇用社員の就業規則**を作成するかのいずれかで対応します。正社員の就業規則を適用しない場合は、正社員の就業規則の適用対象から無期雇用社員を除外する必要がありますので、注意しましょう。従来の契約社員の就業規則の修正、または新たな無期雇用社員の就業規則を作成する場合は、定年、休職を忘れずに規定しましょう。無期雇用に転換されることにより、**定年、休職**の規定が無いと後でトラブルになる可能性があります。

### 就業規則記載例
**（定年等）**
第○○条　無期雇用社員、無期雇用パート社員の定年は、満60歳に達した日の属する賃金締切日とする。ただし、本人が希望した場合は、満65歳に達した日の属する賃金締切日まで、1年以内ごとの雇用契約を締結し、更新する。

**（定年）※第2定年、第3定年**
第○○条　無期雇用社員、無期雇用パート社員の定年は、満60歳に達した日の属する賃金締切日とする。ただし、本人が希望した場合は、満65歳に達した日の属する賃金締切日まで、1年以内ごとの雇用契約を締結し、更新する。
　2　60歳を超えて無期雇用となった者の定年は、満65歳に達した日の属する賃金締切日とする。
　3　65歳を超えて無期雇用となった者の定年は、満70歳に達した日の属する賃金締切日とする。

**（休職）**
第○○条　無期雇用社員、無期雇用パート社員の休職は、正社員の就業規則の休職規定を適用する。

### 実務上のコツ　ポイント

無期雇用＝正社員ではないですよ！

## 法律上のツボ　ココを押さえろ

### ●定年後再雇用者も適用されるのか？

定年後に引き続き雇用している期間の定めのある嘱託者についても同様の無期雇用転換ルールは適用されます。つまり、**65歳（通算5年）を超えて契約更新をした場合**は、この嘱託社員は**無期雇用の申込み権**が発生します。このような不合理なことが無いよう、適切な雇用管理に関する計画を作成し、都道府県労働局長の認定（**第2種計画認定**）を受けた場合は、特例として定年後に引き続き雇用される期間は、無期転換申込み権が発生しません。

なお、契約社員が、既に会社が定めている定年の年齢を超えた後に無期雇用転換申込み権を行使した場合についても、無期雇用転換ルールは適用となります。そのため、中途採用で高齢者が多い会社は、**第2定年**、**第3定年**を規定しておくことをお勧めします。

### ●5年間での雇用契約満了

契約期間満了を理由とする雇い止めは、原則的に違法ではありません。5年を超えると無期雇用転換の申込み権が発生することから、5年で期間満了退職として処理しようとする会社もあるでしょう。

ただし、雇い止めの理由が不当な場合は無効になることもあります。これは、労働契約法第19条の雇い止め法理が関係し、「客観的に合理的な理由を欠き、社会通念上相当であると認められないとき」は雇い止めが認められません。

なお、無期雇用転換ルールを避ける為に、無期転換申込み権が発生する前に雇い止めを考える会社もあるかもしれませんが、**直前の雇い止めは大きなトラブル**が起きる可能性が高く、雇い止め無効をめぐる民事訴訟となるケースも考えられます。入社時の第1回目の契約から契約更新の有無及び無期雇用転換についての説明を行い、会社と契約社員がコミュニケーションをとっておく必要があるでしょう。

### ●クーリング期間

同一の会社との有期労働契約の間に、契約が無い期間（空白期間）が**6ヶ月以上**ある時は、それ以前の契約期間は通算対象から除外されます。この空白期間を「**クーリング期間**」といいます。なお、契約が無い期間が6ヶ月未満の場合は、クーリング期間とはならずに通算されることになります。

また、契約が無い期間の前の通算契約期間が1年未満の場合はクーリング期間が異なり、下表①の契約が無い期間の前の通算契約期間に応じて、契約が無い期間が

それぞれ表1の②に挙げる期間に該当する時は、契約が無い期間より前の有期労働契約は通算契約期間に含まれません。

この場合、契約が無い期間の次の有期労働契約から、通算契約期間のカウントがスタートします。

### ▼表1　契約期間が1年未満の場合

| ①契約が無い期間の前の通算契約期間 | ②契約が無い期間 |
| --- | --- |
| 2ヶ月以下 | 1ヶ月以上 |
| 2ヶ月超〜4ヶ月以下 | 2ヶ月以上 |
| 4ヶ月超〜6ヶ月以下 | 3ヶ月以上 |
| 6ヶ月超〜8ヶ月以下 | 4ヶ月以上 |
| 8ヶ月超〜10ヶ月以下 | 5ヶ月以上 |
| 10ヶ月超〜 | 6ヶ月以上 |

### ●無期雇用転換後の労働条件の変更

有期契約であれば契約更新時に所定労働時間、休日、賃金等の見直しを行うことができますが、無期雇用転換後は労働条件の見直し、変更の機会が無くなります。そのため、就業規則、雇用契約書等に別段の定めを設けて定期的に労働条件の見直し、変更ができるようにしておきましょう。

### 法律上のツボ　ポイント

無期転換ルールは定年後も適用されるので、労働局に第2種計画認定を受けておきましょう。

---

**知っておきたい判例**

【高知県立大学後援会事件（高知地判・平30年3月6日）】
**更新期待の合理的理由は認められないとした事案**

会社と社員との間で9ヶ月の期間雇用契約を締結し、その後、2回にわたり契約（雇用期間は各1年）を更新した。それ以降は契約を更新しなかったことについて、雇用契約上の権利を有する地位にあることの確認等を求めた事案である。

会社の就業規則には更新上限の明記があり、3年を超えて雇用された契約社員が存在しなかった。また、契約更新時には意向確認の実施を行っていたことから、有期契約の全期間において更新への期待を生じさせるような事由がなかった。これら事情から期間の定めのない労働契約を締結している社員に対する解雇と社会通念上同視できるとは認められず、また、3年を超えて有期雇用契約が更新されるものと期待することについて合理的な理由があるとは認められないとした。

# 第3章 長時間労働対策まったなし【労働時間】

# 1 長時間労働は犯罪です！！

残業時間に規制ができるみたいだけど、前からあったんじゃないの？

以前までは法律じゃなかったんで、残業は青天井だったんだよ

## 月と年間の残業時間に規制がかかります

「残業時間が月100時間？？」今でもたまにこんな**過重労働の会社**をみかけます。これでは完全なブラック企業と言われても仕方ありません。それに対して会社側は「残業代はしっかり支払っているから、そんなに問題ないんじゃないですか？」と反論してきます。

しかし、残業代を支払っていればいいという単純な問題だけではないのです。大企業は2019年4月、中小企業は2020年4月から残業時間の上限規制がスタートしました。以前までは残業ができる限度時間が、「**告示**」という形式で示されていました。告示とは、公的な機関（厚生労働省）が広く一般に事項を伝える手段で、国会の議決を必要とせず、省庁の判断で出せるものです。今回は**残業時間の限度基準が「告示」から「法律」へ改正**され、従わない場合は罰則がつくことになります。

また、長時間労働は度を過ぎると労働者の健康を害し、疲労の蓄積から「**過労死**」がおきることもあります。

特に「過労死」は、業務上の労災として取り扱うのか、業務外として補償しないのかを巡って訴訟が起きたり、安全配慮義務違反の問題や不法行為の責任等を理由に、遺族が企業に対して訴訟を起こすことも考えられます。今後は残業時間の上限規制を遵守していたかどうかが争点にもなってきます。まさに一大事です。

よって、今回の改正は告示から法律に変更されたことにより、労働時間の管理をより厳格に法律を踏まえて行うことが必要となってきます。早期に対策して、大切な社員の健康や会社の社会的信用をしっかり守っていきましょう。

## 実務上のコツ　ココを押さえろ

### ●残業時間の上限を確認しよう

　従前までも残業時間に上限規制はありましたが、強制力がないために行政官庁が行うことができるのは助言指導のみでした。また、労使合意による「特別条項」を設ける（「特別条項付き36協定」）ことで、実際には無制限の残業が可能となっていました。今回の改正で**「告示」**から**「法律」**になり、具体的な上限の時間の規制は以下の通りとなっています（表1）。

▼表1　具体的な上限の時間の規制

| | |
|---|---|
| 原則 | 法定労働時間<br>1日8時間以内・1週間40時間以内 |
| 例外 | 労働基準法第36条に基づく労使協定（36協定）を締結<br>月45時間以内・年間360時間以内<br>限度基準告示が法律へ（罰則適用） |
| 臨時的な特別な事情<br>（特別条項） | 臨時的な特別の事情がある場合（特別条項付き36協定）<br>・月100時間未満（休日労働を含む）<br>・2〜6ヶ月平均　月80時間以内（休日労働を含む）<br>・時間外労働が年間720時間（休日労働を含まず）<br>・時間外労働が月45時間を超えるのは月6回まで |

※建設事業、自動車運転業務、医師については、2024年3月までは適用を猶予され、新技術・新商品等の研究開発業務については、適用除外
※法違反の場合は6ヶ月以下の懲役又は30万円以下の罰金

### ●WEB勤怠システムを導入しよう

　残業時間は、原則月45時間、年360時間までとし、臨時的な特別の事情のある場合の月単位の上限は、1ヶ月で100時間未満（休日労働を含む）、2〜6ヶ月の平均で80時間以内（休日労働を含む）、最長でも年720時間の規制が開始されます。
　ここで注目して欲しいのは1ヶ月で100時間未満、2〜6ヶ月の平均で80時間以内には**「休日労働を含む」**という点です。法改正前までは時間外労働と休日労働は区別されており、限度基準では**時間外労働にしか**定められていませんでした。
　今回の改正により時間外と休日労働の各々の時間及び合算した時間を把握する必要があります。また、事前対策として月の途中での把握も必要となってきています。
　このような労働時間管理をしていく上で、手書きの出勤簿や表計算ソフトでは対応が困難になってくるため、**WEB勤怠システム**は不可欠となってくるでしょう。

ただし、長時間労働の是正を数字あわせで法規制を回避するのではなく、抜本的にどのようにすれば効率性が上がり、労働時間が短縮するかを考えていく必要があります。

　残業の上限規制は2019年4月から大企業では既に適用されています。中小企業では2020年4月から適用になります。もうまったなしです。根本から長時間労働削減にむけて考えていきましょう。

【具体的な労働時間管理の例】
①リアルタイムに打刻データの集計を行い、月中での労働時間の把握
②アラート基準を設け一定の残業時間を超えた社員のみを抽出し注意喚起を行う
③事前の残業申請をWEB上で適正に取り扱う
④残業時間と実績との乖離がある場合は乖離理由申請を行ってもらう

● 長時間労働奨励主義の会社風土を変える

　会社は「残業は頑張っている証拠！」というような風土は変えるべきです。社員一人ひとりの能力を存分に発揮させるには、本人の努力はもちろんですが、働く環境も大きく関係してきます。残業の原因は、第一に「仕事量が多い」ことがあげられますが、仕事量が変わらなくても、管理職の指導とルール運営が変わることで、社員の仕事に対する心構えや態度、業務の効率化が進み、残業時間を必要最小限に抑えることができます。

　会社は、全社的に長時間労働を抑制する施策をとっていきましょう。

【長時間労働を抑制する例】
①ノー残業デーの導入
②仕事の洗い出しによる仕組みづくり
③人事考課査定項目に業務効率化を組み込む
④帰社時刻の宣言制度
⑤移動時間削減のため、在宅勤務・Web会議を導入
⑥チャイムの導入（例12時、15時、17時、19時）
⑦朝メールの導入（1日業務スケジュールを上司に報告）

社員は「時間が限られている！」と思えば、誰でも自ずから仕事の段取りをするようになるものです。
　それが定着すれば、朝デスクに向かった15分で「今日はこの順番でやっていこう」と仕事を洗い出し、業務効率を考えて段取りをするようになるのではないでしょうか。そして、それが習慣になり、どういう流れで業務をやるのが、自分にとって効率的かが自ずとわかるようになれば、一石二鳥いや三鳥というものです。また、会社のルールとして１日業務スケジュールを上司に報告することは長時間労働の抑制には有効でしょう。

● 勤務間インターバル制度を導入しよう

　長時間労働を是正するには**勤務間インターバル制度**の導入は効果を発揮します。働き方改革関連法により2019年4月より勤務間インターバル制度が努力義務となりました。おそらく５年後辺りには義務化に改正されていくかと思われます。勤務間インターバル制度はEU加盟国では、すでに1993年より**最低連続11時間**のインターバル設定が義務化されています。勤務終了時間と翌日の勤務開始時間も間を、一定時間以上の「休息時間」を設けることで、必然的に労働時間は短縮されることになります。
　現在はあくまで努力義務であり、義務ではありませんが、労働時間の短縮には早めに取り組んでも損はありません。

> **実務上のコツ　ポイント**
>
> 長時間労働奨励主義は時代遅れです！　残業を常態化しないルール作りで、仕事の効率化も進めていきましょう。

## 法律上のツボ　ココを押さえろ

● 安全配慮義務が問われます

　残業時間の規制が大企業は2019年4月、中小企業は2020年4月から残業時間の上限規制がスタートしましたが、この規制の時間は「過重労働による健康障害防止のための総合対策」(2006年3月17日付け基発、2016年4月1日基発改正) を基準に決定されたものです。

残業規制の罰則とは別に長時間労働を放置していると、社員が健康を害した場合にも**管理責任**は当然問われます。疲労の蓄積により脳・心臓疾患を発症又は慢性疲労や過度のストレスにより精神疾患等の発症が起こるといわれる長時間労働とは、何時間の残業時間を指すのでしょうか。医学的な観点から見ると図1のようになります。

▼図1　健康障害のリスク

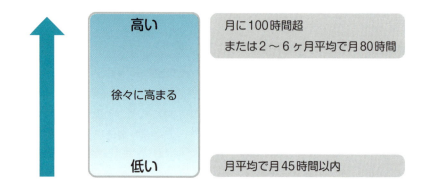

### ●長時間労働者に対しては面接指導が義務付けられる（月100時間⇒月80時間へ）

　今回の働き方改革関連法により2019年4月1日から「長時間労働者に対する面接指導」と「産業医・産業保険機能」(後述)が強化されました。

　従前までは時間外・休日労働をあわせて月100時間を超えた労働者が医師の面接を申出た場合は面接指導を実施する必要がありましたが、2019年4月からは**時間外・休日労働をあわせて月80時間を超えた場合**に引き下げられることになりました。医師から必要な措置について意見聴取を行い、必要と認める場合は、適切な事後措置が必要となります。

　安全配慮義務のある会社にとって、労働者の健康障害防止は肝に銘じなければなりません。労働時間は客観的な指標となりますから、きちんと把握しておきましょう。そして、数値が高い労働者に対しては、しっかり個別対策をとっていきましょう。限定された労働者以外は医師による面接指導はあくまで**申出があった場合のみ**ですが、申出がなかったとしても労働者の健康障害防止のためにも医師による面接指導を実施していきましょう（表2）。

▼表2　長時間労働者の医師の面接指導の要件

|  | 全ての労働者 | 研究開発業務従事者 | 高度プロフェッショナル制度適用者 |
|---|---|---|---|
| 対象者 | 時間外・休日労働があわせて月80時間超 | 時間外・休日労働があわせて月80時間超 | 時間外・休日労働があわせて月80時間超 |
| 実施の要件 | 労働者からの申出があった場合に実施 | 労働者からの申出に関係なく実施 | 労働者からの申出に関係なく実施 |
| 罰則 | 無し | 有り | 有り |

●産業医・産業保険機能の強化

　従前から産業医には労働者の健康管理や事業場の安全衛生を推進するための権限というものが与えられていますが、法改正に伴い、産業医がより積極的に参加できるよう、事業主は必要な情報を提供する必要がでてきました。改正点の主な内容は以下の通りです。

①会社（事業所）は、産業医に対し、健康診断、面接指導結果や長時間労働（時間外・休日労働1ヶ月80時間超）を行っている労働者の情報等を提供しなければならない。
②会社（事業所）は、産業医から勧告を受けたときは衛生委員会又は安全衛生委員会に労働者の健康管理等に関する措置の内容を報告しなければならない。
③会社（事業者）は、労働者に対し、産業医の役割、事業場における健康情報の取扱方法について、労働者が常時内容を確認できる状態によって周知しなければならない。

　産業構造や経営環境の変化によって、産業医や産業保健の機能に求められる役割も変化しています。労働者の健康管理等を効果的に行うためにも、事業場における産業医の役割はますます重要性が高まってきています。
　産業医にだけまかせるのではなく、会社（事業者）と産業医が協力して健康管理等を行えるような体制作りを考えていく必要があります。

【産業医の選任条件】
　産業医とは厚生労働大臣が定める研修を修了し、労働衛生コンサルタント試験に合

格した医師で、労働者の健康管理等について、専門的な立場から助言・指導を行います（表3）。

▼表3　産業医の選任条件

| 業種 | 事業所の規模 | 産業医の選任 ||
|---|---|---|---|
| | | 産業医の人数 | 産業医の選任が必要な事業場 |
| すべての業種 | 50人未満 | 産業医の選任義務なし ||
| | 50人〜499人 | 1人 | 嘱託産業医で可 |
| | 500人〜999人 | | |
| | 1,000人〜3,000人 | | 専属産業医 |
| | 3,001人以上 | 2人 | |

【衛生委員会】
　業種を問わず、常時50人以上の労働者が在籍している場合には、産業医、衛生管理者、事業場の労働者で衛生に関し経験を有する者等からなる衛生委員会の設置をする必要があります。衛生委員会では労働者の健康防止や健康の保持増進に関する取組み等の重要事項について調査審議を行います（表4）。

▼表4　必要な衛生管理体制

| 常時使用する労働者数 | 必要な衛生管理体制 ||
|---|---|---|
| 10人〜49人 | 衛生推進者1人 | ー |
| 50人〜200人 | 衛生管理者1人 | |
| 201人〜500人 | 衛生管理者2人 | 産業医1人 |
| 501人〜1,000人 | 衛生管理者3人 | |
| 1,000人〜2,000人 | 衛生管理者4人(内1人専任) | 専属産業医1人 |
| | 統括安全衛生管理者1人 | |
| 2,001人〜3,000人 | 衛生管理者5人(内1人専任) | |
| | 統括安全衛生管理者1人 | |
| 3,001人以上 | 衛生管理者6人(内1人専任) | 専属産業医2人又は専属産業医1人＋産業医 |
| | 統括安全衛生管理者1人 | |

● 長時間労働で訴えられるリスクがある

　長時間労働を原因とする社員の脳系疾患、精神疾患は増加傾向にあります。労災認定も増加していくでしょう。国が、「**病気を発症した（自殺した）のは会社側（業務上）の責任**」と認めた場合、民事による会社側の安全配慮義務違反を追及する損害賠償訴訟が起こることが予想されます。

　「長時間労働を行わせ、なおかつ安全配慮義務を欠いていた」と認められた場合は、会社は何千万、何億という賠償を支払う必要が出てきます。

> **法律上のツボ　ポイント**
>
> 社員の健康障害を防ぐことは会社の責務です。怠れば刑事裁判で有罪にもなります。

---

**知っておきたい判例**

【電通過労自殺事件（最判・平成12年3月24日）】
過労死が会社の責任によるものと認められた事案
長時間にわたる残業を恒常的に伴う業務に従事していた社員（当時24歳）がうつ病に罹患して自殺した事案です。業務遂行とうつ病罹患による自殺との間に相当因果関係があると認められました。最終的には、会社が自殺した社員の遺族に対し、1億6,800万円を支払うとの和解が成立しています。

---

**知っておきたい判例**

【システム・コンサルタント事件（最判・平成12年10月13日）】
過労死が会社の責任によるものと認められた事案
コンピュータソフトウェア開発業務に従事していた社員が、脳幹部出血により死亡した事案です。死亡した前月と前々月が月100時間超、死亡直前の一週間にいたっては73時間超の残業を行っており、裁判所は、会社に安全配慮義務を尽くさなかった債務不履行があることを認めました。なお、原審（東京高裁）は3,200万円の損害賠償責任を認めました。

> **知っておきたい判例**
>
> **【大庄事件(京都地判・平成22年5月22日)】**
> **過労死が会社等の責任によるものと認められた事案**
>
> 本件は、全国チェーンの大衆割烹店を経営する会社の新入社員が、急性左心機能不全により死亡した事案について、会社に対し安全配慮義務違反による損害賠償責任を認め、会社の取締役に対しても、長時間労働を前提とした勤務体系や賃金体系をとり、社員の生命・健康を損なわないような体制を構築していなかったとして、会社法の役員等の第三者に対する損害賠償責任を認めました。
>
> この会社では、賃金体系において、最低賃金を基準に設定された基本給に、80時間の時間外労働時間を組み込んだ役割給が支給額でした。時間外労働については月80時間に満たない場合は、ここから不足時間分を控除する仕組みをとっていました。また、36協定では、時間外労働について、過労死の危険のある1ヶ月100時間(年6回を限度)としており、特段の繁忙期でもない時期においても、100時間に近いあるいはそれを超える時間外労働が行われていました。
>
> 当該新入社員は死亡前の1ヶ月間、総労働時間約245時間、時間外労働時間約103時間、2ヶ月目は総労働時間約284時間、時間外労働時間約116時間、3ヶ月目は総労働時間約314時間、時間外労働時間約141時間、4ヶ月目は総労働時間約261時間、時間外労働時間約88時間となっていました。
>
> 裁判所は、会社の安全配慮義務違反に基づく損害賠償責任を認め、さらに、社長ほか3名の取締役について、労働時間が過重にならないように適切な体制をとらなかっただけでなく、一見して不合理であることが明らかである体制に基づいて社員が就労していることを十分認識していたものであるから悪意又は重大な過失があったとして、会社および取締役らに対して約7,860万円の支払いを命じました。

# 2 自主的にサービス残業してくれる良い社員？

うちの社員は残業代も出ないのに夜遅くまで働いてくれて重宝してます

社長！ それ危ないです。
後日未払い残業代を請求されるパターンかも…

## 会社に貢献？　まとめて未払い残業代を請求されますよ！

　いやな顔ひとつせずに、終業時間後に仕事を片付けていってくれる社員がいます。「うちの会社は残業代も出ないのにいつも会社のために頑張ってくれる従順な社員だなあ」と思っていませんか？　残念ながら、そんなサービス残業を好意的に感じていい時代はとっくに終わっています。「**サービス残業＝賃金不要**」という社内での暗黙のルールは、世間では通用しないのです。

　初めは献身的にサービス残業していても、いつどこで急に知識を得て「これまでの未払い残業代をまとめて請求します！」とまくしたててくるかもしれません。「会社は残業の指示をしていない」なんて対抗しても駄目です。社員のサービス残業を上司が知っていれば「黙示の時間外労働」となります。そして、未払い賃金は2年分まで遡って請求することができますから、もうのんびりはしていられません。**残業申請書**の導入等を初め、社内の残業ルールを確立し、対策を練っていきましょう。

## 実務上のコツ　ココを押さえろ

●サービス残業が当たり前は通用しない

　「公務員は知らないけど、民間企業はサービス残業なんて当たり前でしょ」なんていう声をよく聞きます。気持ちはわからなくもないですが、そもそもサービス残業は、「時間外労働にかかる賃金の支払いをしていない」という会社の**労働基準法第37条違反**です。

この法違反を放っておくと、社員側から思わぬしっぺ返しを喰らう可能性があります。従順にみえていた社員も、ちょっとしたトラブルから豹変し、「過去のサービス残業分を支払ってください！」と訴えることもあり得ます。「わかったよ。今月分を計算しなおすよ」というわけにはいかないのです。実は、**未払い残業代は過去2年分まで遡って請求**することができるのです。規模によっては、未払い残業代の請求で、会社の存続が厳しくなるほどの事態になることもあります。法律を踏まえた残業時間の管理について対策が急務です。

### ●残業申告制（許可制）を導入しましょう

　社員の愛社精神からくる自主的なサービス残業だけではなく、会社全体が「サービス残業は当たり前」という環境のため、本人はしたくないのに、サービス残業をせざるを得ないというケースもあるように、サービス残業には様々なタイプがあります。

　「自主的なサービス残業」については、まずは社員の自己判断で勝手に残業することを禁止しましょう。サービス残業については、「どうせ賃金を貰っていないんだから自分の裁量で働いてもいいでしょ」という考えに社員はなりがちです。しかし、本来は残業には賃金支払いが発生するため、誰でも彼でもしていいものではないのです。

「どうして今日残業をする必要があるのか？」
「その業務内容」
「予定する所要時間」

を書面で申告して、会社の許可を得た者だけができるようにするのです（図1）。
　そして、許可を得て行った残業に対しては、きちんと割増賃金を支払っていきます。「今まで無料だったのに…」と嘆くことはありません。許可制を運用していくと、自ずと残業は減っていきます。「残業せざるを得ない環境」については次節でふれていきます。図1のような書面でなくてもWEB上の勤怠システムからの許可制でも問題ありません。

## ▼図1　残業申請書例

**残業申請書**

○○○○年○月○日

| 所　属 | 経理 | 氏　名 | 吉田　一郎　㊞ |
|---|---|---|---|

下記の通り（㊀残業・早朝出勤・土曜出勤・日曜出勤・祝日出勤・その他）を申請します。

| 月　日 | ○○○○年○月○日（木曜日） |
|---|---|
| 予定時間 | 18時00分　～　20時00分（2時間00分） |
| 業務内容 | 経費処理 |
| 申請理由<br>（具体的に） | 今週末が今年度経費処理の締切りであるため、本日分を終了させる必要があります。 |

| 管理者不承認 | 不承認の理由 | 管理者承認 |
|---|---|---|
|  |  | ㊞中村 |

**残業報告書**

○○○○年○月○日

下記の通り（㊀残業・早朝出勤・土曜出勤・日曜出勤・祝日出勤・その他）の実績を報告します。

| 実績時間 | 18時00分　～20時30分（　2時間30分） |
|---|---|
| 業務内容 | 経費処理は完了しましたが、予定外の電話の処理が入り予定時間を30分オーバーしてしまいました。 |

| 管理者確認 |
|---|
| ㊞中村 |

● ルールを徹底しましょう

残業の事前許可制のルールは作ったのに、社員は残業申請書を提出せずに残業をしている…。ルールだけを制定しても、形骸化していくものは意外と多いものです。目的が仕事なのか、プライベートなのか定かでない状況で、在社する社員を管理者が放置していると、未払い残業代のリスクが残ってしまいます。導入したからには徹底していく努力を怠ってはいけません。

会社としては、第一に上司に対しての指導から始めましょう。まずは、未払い残業代のリスクや時間マネージメントの必要性を教育します。そして、実際の残業申請書の内容に対して、**どこをポイントに許可、却下するか**をしっかり共有します。上司が必要性を理解し本腰で動いていくと、社員も作業効率の大切さを学んでいくはずです。このように、最初に上司の意識改革を行えば「残業せざるを得ない環境」も変わっていきます。

なおルールを徹底するには、次のように就業規則に残業の事前許可制の条文を記載することが肝心です。ルールが徹底されていないと在社時間通りの残業代を申請される可能性が高くなります。

**就業規則記載例**
**（残業事前申請制度）**
第○○条　社員は、業務を所定労働時間内に終了することを原則とするが、仕事の進捗によりやむを得ず時間外労働・休日労働の必要があると自ら判断した場合は、事前に会社に申出て業務命令を受けなければならない。
　　2　第1項の事前の許可がない場合は，業務命令に基づく時間外労働・休日労働ではないことを社員が認めたものとする。

**実務上のコツ　ポイント**

残業事前許可制を導入してサービス残業を抑制しましょう。

## 法律上のツボ　ココを押さえろ

### ●黙示の残業にも残業代支払義務があります

　基本的に会社の残業命令がなく、社員が自己の判断で作業している場合はその残業を**時間外労働**として取り扱う必要はありません。

　しかし、上司が残業している部下を容認している場合や時間外労働をせざるを得ない理由がある場合には黙示の時間外労働命令があったとされる可能性があります。

### ●持ち帰り残業はどうなるの？

　インターネット環境の普及や、IT機器の発展により自宅に仕事を持ち帰るケースが増えています。持ち帰り残業は在宅で仕事をするわけですから、会社の指揮命令下にはないため（場所的な拘束、労働時間の拘束等も無いため）原則として残業代支払いの対象にはなりません。

　ただし、上司が自宅での作業を指示した場合や黙認している場合、上司が指示した業務量が膨大で持ち帰り残業をせざるを得ない場合等は、指揮命令下の残業とされる可能性がありますので注意が必要です。

　また残業代とは別の観点から、持ち帰り残業では通勤の際に社外秘の書類を紛失する、個人用のパソコンで業務用の情報を扱ったことで情報が漏えいする等のリスクも高いため、避けた方が無難でしょう。

### ●未払い残業代の請求権は2年

　**労働基準法第115条**では、賃金（退職手当を除く）、災害補償その他の請求権は**2年間**、この法律の規定による退職手当の請求権は**5年間**行わない場合においては、時効によって消滅すると記載されています。

　このように、賃金の請求は2年間となっていますが、必ずしも2年で区切られるわけではありません。会社が長年にわたり、意図的に社員の労働時間把握を怠った場合などは、不法行為と認定されて、期間が3年間に延びることもあります。また、民法が改正され、消滅時効が権利を行使することができることを知ったときから5年に変更されたことに伴い、労働基準法の改正議論もが進んでおり、こちらも消滅時効を**5年に変更する議論**が慎重に行われています。

> **法律上のツボ　ポイント**
>
> 指示を出していなくても上司が容認していれば、サービス残業・持ち帰り残業には残業代支払い義務があります。

### ●時間外60時間超の割増率が変更になるの？

既に大企業では2010年4月1日から1ヶ月に60時間を超える法定時間外労働を行わせた場合、50％以上の割増賃金を支払うことになっていますが、中小企業は2023年3月まで猶予されています。今回の改正によって2023年4月1日より中小企業でも、1ヶ月に60時間を超える法定時間外労働を行わせた場合、**50％以上の割増賃金**を支払う義務が課せられることとなります（表1）。これは長時間労働を抑制することを目的としています。

そのため1ヶ月60時間を超えて時間外労働を行わせた場合は、労使協定を締結することにより、法定割増賃金率の引き上げ分の割増賃金の支払いに代えて、有給休暇を与えることができます。

▼表1　60時間を超えた割増賃金率（2023年4月1日）

| 時間外労働（1ヶ月） | 改正前 | | 改正後 | |
|---|---|---|---|---|
| | 60時間以下 | 60時間超 | 60時間以下 | 60時間超 |
| 大企業 | 25％ | 50％ | 25％ | 50％ |
| 中小企業 | 25％ | 25％ | 25％ | **50％** |

---

**知っておきたい判例**

**【とみた建設事件（名古屋地判・平成3年4月2日）】**
**残業が会社の黙示の指示によるものと認められた事案**
裁判所は、原則論として時間外労働といえども、会社の指示に基づかない場合には割増賃金の対象とならないとしつつ、そもそもその業務が所定労働時間内に終了できるものではなく、残業が恒常的となっていたと認められるような場合には、会社の具体的な指示がなくても、黙示の指示があったと解すべきであると認定しました。
客観的に残業が必要な状況がある場合には、黙示の指示があったものと取り扱われています。

―― 知っておきたい判例 ――
【北洋銀行事件(札幌地判・平成18年2月28日)】
「持ち帰り残業」が残業であると認められた事案
システム統合のためのマニュアルや事務取扱要領を覚えるため、資料を持ち帰って習得せざるを得ない状況であったことから、その習得について業務性が認められるとして、いわゆる「持ち帰り残業」を、業務の延長である労働時間と認定しました。なお、この事件は、くも膜下出血による死亡が、この持ち帰り残業も含めた過重な労働によるものと認めています。

ベンチャー企業ではサービス残業は当たり前なんて風潮があるけど、社員から訴えられたら、会社の存続が危ぶまれちゃいますよ

# 3 仕事が残っているのに残業拒否ってありですか？

残業命令を出しているのに
「僕は残業はしない主義ですから」
と言って、定時で帰る社員がいるんです……

大丈夫、明確なルールがあれば
会社が残業命令に従わせることができますよ

## 残業指示の効力

　「プライベートの用事があるのでもう帰ります。僕の労働時間は9時〜18時までですよね」と上司の残業命令を拒否する社員がいます。会社の命令は絶対とされていた頃からすると、考えられないようなことが現場では起きているのです。

　働き方改革関連法が徐々に世間に浸透していくと残業を拒否する社員がでてくるでしょう。

　時間通りに仕事を効率よくこなし、定時で帰宅することは問題もありませんが、働き方改革を逆手にとって自分流の主張で残業を拒否されたのであれば会社は大変です。

　法律では、会社が残業に関して必要な手続き（**36協定の締結**、**就業規則の整備**、**雇用契約の締結**等）を踏んでいれば、社員に残業を拒否されたとしても、業務命令で残業をさせることが可能（残業拒否の理由が社会通念上妥当とされる場合を除く）になっています。しかし社員が納得して残業するかどうかは、制度面の整備だけではままなりません。

　業務命令を出す時ばかりでなく、普段から上司は部下との良好なコミュニケーションを心がけておくことも大切です。普段から意見交換などがスムーズに行える関係でいれば、必要な時に業務命令に従わせることもスムーズになるでしょう。

　それでも「**残業拒否！**」を続ける社員については、懲戒処分とすることも一つの手です。社員が義務を果たすことが当然にできるよう、実務と法律のポイントを押さえて対策していきましょう。

> **就業規則記載例**
>
> **(時間外労働・休日労働)**
>
> 第○○条　会社は、業務の都合により必要がある場合は、所定労働時間を超え、または所定休日に労働させることがある。
> 2　社員は前項の命令を正当な理由なく拒んではならない。
> 3　本条に定める時間外労働、休日労働は、会社に申出て業務命令を受けた場合のみを対象とする。
> 4　本条の時間外労働、休日労働は原則として労働基準監督署長に届出た労使協定の時間の範囲内とする。

## 実務上のコツ　ココを押さえろ

### ●残業の必要性をまずは説く

　残業を拒否する社員には、**「なぜ今日残業をしなくてはならないのか？」**という必要性を丁寧に説明する必要があります。拒否する理由は様々あると思います。例えば、その社員が単純に仕事よりプライベート重視である場合は、基本に返って、社員には業務遂行義務、業務命令に従う義務があることを説きましょう。また、社員自身がその残業の意義を理解していない場合は、その業務の締め切りが早まったこと等をはじめとした、残業の必要性を個別にじっくり説明しましょう。社員の残業拒否に正当な理由がある場合は、その理由を忘れずに聴きましょう。

　なお、業務命令といっても、相手はロボットではなく感情を持つ生身の人間です。いざというときに話がしやすいように、普段から上司は部下とのコミュニケーションをはかっておくことが大切です。

### ●拒否し続ける社員をどう処する

　会社が必要な諸手続きを踏んでいて、上司がその仕事についての重要性や目的、期限等をきちんと伝えた上でも、社員が残業を拒否することが続いた場合は、人事考課での降格や懲戒処分を行うことも可能です。

　ただし、社員に残業を**拒否する正当な理由**がある場合には、残業命令の有効性が認められない可能性がありますので、社員の拒否理由をきちんと聴くようにしましょう。なお、降格や懲戒処分を行うには、就業規則への記載が必要です。また、残業拒否が続いたからといって自動的に降格や懲戒処分というのではなく、まずは書面等で注意を喚起し、指導を行っていきましょう。

> **実務上のコツ　ポイント**
> 説得しても残業を拒否するなら降格や懲戒処分を検討しましょう。

## 法律上のツボ　ココを押さえろ

### ●残業をさせるには36協定があればいい？

**36協定**は労働基準法の第36条（時間外及び休日の労働）に規定されていることから、通称「**サブロク協定**（36協定）」と呼ばれています。

社員に法定労働時間（1日8時間1週40時間）を超えて労働させる場合や、休日に労働させる場合には、36協定を提出する必要があります。ただし36協定はあくまでも社員に法定時間外労働をさせることの**免罰効果**（処罰されないための手続き）に過ぎないため、法定労働時間を超えて労働させる場合や、休日に労働させる場合には就業規則、雇用契約書にその旨を記載することが必要となります。また、本社と工場のように事業場が異なる場合は、それぞれで締結します。

なお、残業時間や日数には限度があり、何時間でも何日でも設定して良いというものではありません。

前述の3-1節で記載しましたが、以前まで残業ができる限度時間が、「告示」という形式で示されていましたが、2019年の改正（中小企業は2020年）により残業時間の限度基準が告示から法律へ改正され、臨時的な特別な事情がある場合にも上回ることのできない上限が設けられました。

残業時間の上限規制がスタートすることから、36協定も新様式が適用されることになりました。新様式が適用されるのは、2019年4月1日（中小企業は2020年4月1日）からです。2019年3月31日を含む期間について定めた36協定については、その協定の初日から1年間は引き続き有効となり、上限規制は適用されません。

### ●新しい36協定届の締結

時間外労働又は休日労働を行わせる必要がある場合には、以下の事項について協定した上で、36協定届（様式第9号）を所轄労働基準監督署長に届け出る必要があります。

【協定事項】
①労働時間を延長し、又は休日に労働させることができる場合
②労働時間を延長し、又は休日に労働させることができる労働者の範囲
③対象期間（1年間に限る）
④1年の期間日
⑤有効期間
⑥対象期間における「1日」「1ヶ月」「1年」について、労働時間を延長して労働させることができる時間又は労働させることができる休日
⑦時間外労働＋休日労働の合計が「月100時間未満」「2～6ヶ月平均80時間以内」を満たすこと

　臨時的な特別の事情があるため、原則となる時間外労働の限度時間（月45時間・年360時間）を超えて時間外労働を行わせる必要がある場合には、さらに以下の事項について協定した上で、36協定届（様式9号の2）を所轄労働基準監督署長に提出する必要があります。

　限度時間を超える時間外労働を行わせることができるのは、通常予見することのできない業務量の大幅は増加など、臨時的な特別の事情がある場合に限ります。恒常的な長時間労働を招くおそれがあるものは認められないことになっております。

【特別条項の協定事項】
①臨時的に限度時間を超えて労働させる必要がある場合における
　「1ヶ月の時間外労働＋休日労働の合計時間数（100時間未満）」
　「1年の時間外労働時間（720時間以内）」
②限度時間を超えることができる回数（年6回以内）
③限度時間を超えて労働させることができる場合（具体的事由）
④限度時間を超えて労働させる労働者に対する健康及び福祉を確保するための措置
⑤限度時間を超えた労働に係る割増賃金率
⑥限度時間を超えて労働させる場合における手続

● 労働者の代表の選任

　36協定を労働基準監督署へ提出するには、労働者の過半数を代表する社員による意見書を添付する必要があります。
　ここで十分注意したいのは、代表する社員の選定方法です。まず、この選定の際、会社の利益を代表すると思われる管理監督者等を選んではいけないということです。

また、代表選定時の母集団の「労働者」の範囲は、社員のみならず、パートタイマーやアルバイト、管理監督者や休職者も含め、労働基準法の労働者の定義に該当するすべての者を含みます。
　過半数代表者の選任に当たっては、下記の点に注意をしてください。

【過半数代表者の選任の留意点】
①管理監督者でないこと
②36協定締結をする者を選出することを明らかにした上で、投票、挙手等の方法で選出すること
③使用者の意向に基づいて選出された者でないこと
（会社による指名や、社員親睦会の代表が自動的に選出されること等は不適切な選出となります）

【過半数代表者の選出方法】
●投票又は挙手等
・挙手…社員が集まる機会に挙手を行い、過半数社員の信任を得たものを選出する
・投票…社員が集まる機会に投票を行い、過半数社員の信任を得たものを選出する
・その他…あらかじめ候補者を決定し、投票又は挙手で過半数社員の信任を得たものを選出する

【認められない選出例】
●経営者が一方的に指名する方法
●親睦会の代表者を自動的に社員代表とする方法
●一定の役職者を自動的に社員代表とする方法
●一定の範囲の役職者が互選により社員代表を選出する方法

● 残業を命じる時の注意点

　上述のように手続きを行った場合は、その残業命令が「**正当なもの**」である限り、社員は拒否できなくなります。なお、判例によると残業命令が「正当なもの」とされる条件は以下の通りです。これらが整っていれば残業拒否は業務命令違反となり、懲戒処分が可能になります。

①就業規則等に残業をさせる内容が記載されていること
②36協定の届出があり、その範囲内の残業であること
③時間外労働をさせる業務上の必要性があること

なお判例（**トーコロ事件　東京高判・平成19年11月17日**）によると、眼精疲労がひどく残業拒否を継続した社員に対する懲戒処分が無効となっています。このように、社員にやむを得ない事情がある場合は、残業命令を拒否することができるとされています。また、社員の健康、生活設計（家族の保育や病人への配慮）を害さないことも重要になってきます。

---

**知っておきたい判例**

【日立製作所武蔵工場事件（最判・平成3年11月28日）】
**残業拒否した社員に対する懲戒解雇を有効とした事案**
時間外労働について36協定が締結され所轄労働基準監督署に届出があり、就業規則に当該協定の範囲内で一定の業務上の事由があれば雇用契約に定める労働時間を延長して社員を労働させることができる旨定めているときは、当該就業規則の規定が合理的なものである限り、それが具体的雇用契約の内容をなすから、この就業規則の規定の適用を受ける社員は、その定めるところに従い、雇用契約に定める労働時間を超えて労働をする義務を負うとし、会社の残業命令を拒否した社員に対する懲戒解雇を有効と判断しました。

---

**法律上のツボ　ポイント**

36協定、就業規則、雇用契約書の3本柱でぬかりなく！

# 4 夜の接待は労働時間になる？

「会社の飲み会に参加すると残業代が出ますか？」という社員がいます……

へえ！　時代は変わったなぁ。飲み会が業務だっていうの？

## 接待営業を強制するのは要注意

　最近では接待飲食や接待ゴルフ等は格段に減っているようですが、もちろんゼロになったわけではありません。先日「**顧客を接待する時間は労働時間ですか？**」という質問をある社長から受けました。顧客との飲食に同席させた社員から言われたそうです。

　接待が労働時間となる場合は**事業運営上緊急**なものと認められ、かつ事業主の**積極的特命**がある場合に限られているので、飲食が中心の接待の席は、労働時間では無いとするのが適当です。

　「会社のために時間をとったんだから、残業代をくれ！」という認識の社員もいるかもしれませんが、残業代の支払い義務が無いのが通常です。とはいえ、強制は禁物です！　最近はプライベートを重視する社員が増えてきており、終業後上司に飲みに誘われても「それって残業代出ますか？」と真顔で聞く社員もいるらしいので、慎重に対応していきましょう。

## 実務上のコツ　ココを押さえろ

### ●接待の席では仕事の話はそこそこに

　先に述べた通り、夜の接待は原則として労働時間とはなりません。接待が業務の遂行に必要な行為であっても、それは間接的なもので、業務遂行そのものではないため、労働時間と認められることは無いでしょう。飲食をしながら契約の件が話題に

のぼることがあるかもしれませんが、それも間接的なものとみなされます。

ただし、接待の席で仕事の話が中心になる場合は注意が必要です。上司の特別な命令があり、そこで具体的に重要な商談を行う場合には、労働時間となる場合があるので気をつけましょう。接待はあくまで顧客との親睦を深め円滑な取引き関係を構築することが目的であるということを忘れず、仕事の話はそこそこにしておきましょう。

● **社員には事前にコンセンサスをとっておく**

「え？　そんなつもりじゃなかったのに」「労働したつもりだったのに、賃金にならないの？」なんて、あらゆる揉め事は（訴訟もしかり）お互いの認識の違いやコミュニケーションの不足から生じるものです。そんなことにならないためにも、会社の接待等に対する考え方を社員に示しておくことが大切です。

また、**連日連夜の接待**が続くと社員のプライベート時間を奪うことになり、不平不満が出てくる可能性が高くなります。顧客と飲食を共にするのは気を使うものですから、適度な頻度で行うよう、会社も留意しましょう。

> **実務上のコツ　ポイント**
> 接待に対する会社側のスタンスを、社員にもしっかり定着させましょう。

## 法律上のツボ　ココを押さえろ

● **いったい何が労働時間なの？**

労働時間とは、社員が会社の**指揮命令下**に置かれている時間をいい、労働時間に該当するか否かの判断は、社員の行為が会社の指揮命令下に置かれたものと客観的に判断されるかどうかによります。一般的には、社員が個人的なつきあいを積極的に深め、今後の契約が有利になるというような意味合いの接待は労働時間とされることはありません。

接待が労働時間となる場合は、事業運営上緊急なものと認められ、かつ事業主の積極的特命がある場合に限られています。社員は接待の時間に直接的な業務（契約書の締結等）はしておらず、間接的な業務になるので、飲食が中心の接待の席は労働時間では無いとするのが適当です。

● 費用は会社持ちでも労働時間にならない？

接待が行われるのは夜ばかりではありません。休日の取引先とのゴルフはよく聞く話です。接待ゴルフは、費用を会社が負担することも多いですが、接待飲食と同じように、上司の特別な命令があり、そこで具体的に重要な商談をしない限りは労働時間にはなりません。経費の計上と労働時間とは一致していないのがポイントです。

ゴルフ自体はあくまでも趣味やスポーツの領域に属すると判断され、取引き関係の円滑化を目指して親睦をはかることは業務上有効でも、間接的な利益に過ぎず、労働時間とはならないとされています。

### 法律上のツボ　ポイント

今ある社内活動や接待が、法律上労働時間にあたるのか否か、確認しておきましょう。

#### 知っておきたい判例

**【高崎労基署長事件（前橋地判・昭和50年6月24日）】**
**接待ゴルフは労働ではないと認定された事案**
ゴルフコンペへの出席が業務の遂行と認められる場合もあることは否定できないとしたうえで、その要件として、その出席が事業主の通常の命令によるもので、費用も事業主負担であるというだけでは足りず、事業運営上緊急なもので、事業主の積極的特命によって出席した場合のみであるとしました。

夜の接待や休日のゴルフが労働時間にカウントされたら、会社は残業代の支払いが大変そうだよね

# 5 休憩？ 接客業の休憩は難しい

うちの会社は、お昼休みはお客さんが来なくなった時を見計らってとらせてます

それじゃあ、忙しい時は休憩がなかなかとれないですね。対策しないとね…

## 休憩時間は社員が労働から離れることが保障される時間

　昼休みの時間帯に訪れる来客や電話の応対のために、一部の社員に居残りをさせることがありますよね。休憩時間中にこのような待機をさせることは、法律上許されることなのでしょうか？　これは当然ながら休憩時間にはならず「手待ち時間」とみなされ、労働時間になります。休憩時間は、社員が権利として労働から離れることを保障されている時間、すなわち実質的に会社の指揮命令から完全に離れることを保障されている時間なのです。

　労働基準法第34条では、

①勤務の**途中で付与**し疲労を回復させることができる
②社員に**一斉に付与**し全員でしっかり休むことができる
③労働から完全に離れ**自由に利用**することができる

の三点を満たしているものが休憩時間とされています。そうはいっても、実質的に沿えない会社も多いはずです。労使協定を締結して法律に抵触しない範囲なら、アレンジは可能ですから、会社の実態にあった休憩時間を設定できるようポイントを押さえていきましょう。

## 実務上のコツ　ココを押さえろ
● 休憩は業務効率性をあげる

　仕事の内容によっては、顧客対応等が続いて計画した通りの休憩時間が確保できないこともあるでしょう。

　しかし、休憩をとらずに長時間集中力を保つことなんてできません。適度な休憩を労働時間の合間に与えることで、ミスや仕事の効率の低下を防ぐことができます。休憩をとらずに長時間労働をしていると、疲れて無意識のうちに態度や表情に表れてしまいます。そういった社員の態度や表情は社内の雰囲気を悪くするだけでなく、顧客に対しても悪影響を与えることになります。休憩は、会社にとって数字には表れない非生産的な時間ではありますが、適切に与えることが生産力アップにつながります。

　本来は会社が余裕をもって人員を確保すべきですが、現実問題としてそれが難しいことも十分考えられます。まずは休憩時間を分割し仕事の合間、合間に入れる、またアルバイトの人数を増やすなどの対応をとっていきましょう。

### 実務上のコツ　ポイント

労働時間（手待ち時間）と休憩時間をきちんと分けて、しっかりすっきり休憩させましょう。

## 法律上のツボ　ココを押さえろ
● 休憩は何分与えればいい？

　表1の通り、社員の労働時間が6時間を超え8時間以内の場合は少なくとも45分、8時間を超える場合は少なくとも1時間の休憩時間を労働時間の途中に与えなければなりません。労働が長時間継続すると、社員の心身に疲労をもたらす上、災害が起きやすくなったり、能率が低下したりするおそれもあるので、疲労回復のために休憩時間を与えることとしたものです。

▼表1　労働時間と休憩時間

| 労働時間 | 休憩時間 |
| --- | --- |
| 6時間未満 | 0分 |
| 6時間を超え8時間以内 | 45分 |
| 8時間を超える | 1時間 |

行政通達によると、休憩時間とは、一般に労働時間の途中に置かれた、社員が権利として労働から離れることを保障された時間であると定義されています(**昭和22年9月13日　発基17号**)。そして、権利として労働から離れることを保障されているか否かは、社員がその時間を自由に利用できるかどうかという観点から判断するとされています(**昭和39年10月6日　基収6051号**)。なお、休憩時間は労働時間の途中に与えなければなりません。

### ●休憩は一斉にとるのが原則

　休憩時間は、一部の事業を除き、原則として一斉に与えることとされています。

　一部の事業とは、一斉にとることが難しい旅客や貨物の運送事業、金融・保険の事業、旅館や飲食店等です(表2)。また、これら以外の事業でも労使協定を締結することによって、休憩時間を交替制とすることができます。よって、休憩時間の交替制が必要な事業の場合には、その条文を就業規則に記載しておくと良いでしょう。なお、この労使協定には、休憩時間を交替で与える社員の範囲や、休憩時間の与え方等について記載することになります(図1)。

▼表2　一斉休憩の例外(労働基準法施行規則第31条)

| | |
|---|---|
| ① | 運送業 |
| ② | 商業(小売・卸売・理美容) |
| ③ | 金融業・保険業・広告業 |
| ④ | 映画・演劇業 |
| ⑤ | 郵便業・通信業 |
| ⑥ | 保健衛生業(病院) |
| ⑦ | 接客娯楽業(旅館・飲食) |
| ⑧ | 官公署の事業 |

▼図1　一斉休憩の適用除外に関する労使協定書例

一斉休憩の適用除外に関する労使協定書

株式会社リンケージゲートと社員代表吉田一郎は、一斉休憩の適用除外に関し、次の通り協定する。

（適用範囲）
第1条　会社に従事するすべての社員に適用する。

（休憩時間）
第2条　休憩時間60分とし、所定労働時間の途中で休憩をとることとする。

（施行日）
第3条　本協定は、○○○○年○月○日より施行する。

○○○○年○月○日

株式会社　　リンケージゲート
代表取締役　　東京　太郎

社員代表　　吉田　一郎

## ●休憩の自由利用の例外

　会社は、休憩時間を社員に対し自由に利用させなければなりません。しかし、次の社員には**労働基準法施行規則第33条**により休憩時間を自由に利用させないことができます。

（1）警察官、消防吏員、常勤の消防団員、児童自立支援施設に勤務する職員で児童と起居をともにする者（所轄労働基準監督署長の許可は不要）
（2）乳児院、児童養護施設、知的障害児施設、盲ろうあ児施設、肢体不自由児施設に勤務する職員で児童と起居をともにする者（所轄労働基準監督署長の許可を受けた者）

> **法律上のツボ　ポイント**
>
> 休憩は一斉にとるのが原則です。個々にとっている場合は労使協定が必要です。

# 6 休日も携帯の電源をONにしなさい

緊急連絡があるかもしれないから、社員に休日も携帯の電源をONにさせてます

連絡をとる頻度にもよりますが、基本的には問題ないですよ

## 休日での携帯電話はON/OFFどちら？

　携帯電話の普及により会社では仕事の連絡をとるための手段として必要不可欠となっています。このような状況のなか「休日ぐらいは携帯の電源を切って業務から離れたい」という社員が出てきているのも事実です。24時間、365日会社に管理されていては社員もストレスが溜まり、賃金の支払いの問題もでてきます。しかし、会社としては緊急の事態には連絡をとりたいという考えから、携帯の電源はONにしてほしいとの考えがあります。携帯の電源をONにすることを業務命令とした場合、賃金の支払いはどうなるのか等の問題が出てくることが考えられます。

## 実務上のコツ　ココを押さえろ

● 携帯への連絡は一定のルールを

　「休日でも仕事上で緊急性のある連絡をとる可能性があるので電源をONにしてください」という会社からの業務命令。
　携帯電話の利用により業務が便利になることはありますが、休日にまで及んで仕事を要求していくと労働トラブルに発展していきます。
　相手が休日であるにも関わらず、些細なことで連絡を入れることは上司と社員の信頼関係に歪みが出てくる可能性があるので、「携帯電話だから」と安易に連絡をとるのはやめましょう。休日であっても緊急の場合のみ連絡をとる旨を互いに事前に確認しておきましょう。頻繁に連絡をとると社員が面倒に思い携帯の電源をOFFに

する可能性も出てきます。

「どうして休日まで携帯の電源をONにしなくちゃならないの？」という不満が出る前に、緊急時の携帯電話連絡について就業規則に記載しておきましょう。

> **就業規則記載例**
> **（緊急時の携帯電話連絡）**
> 第○○条　会社は社員に対し、業務上の必要がある緊急連絡の場合に、就業時間外および休日に携帯電話の電源を入れておくように命じることがある。
> 　　２　携帯電話の貸与を受けた社員は、その携帯電話を私的に利用してはならない。

### 実務上のコツ　ポイント

電源ONの業務命令も大事ですが、連絡は緊急性のあるものに限りましょう。

## 法律上のツボ　ココを押さえろ

### ●休日に携帯電話の電源を入れることは自宅待機になるの？

労働時間とは「会社の指揮監督下にある時間」にあたるため、ただ単に携帯電話の電源をONにしているだけでは通常の労働時間には当たりません。

しかし、場所的拘束はないものの、業務対応について「いつでも携帯から呼び出しがあれば、すぐに出勤もしくは現場に行かなければならない」と義務を負うような状況で、その頻度が常識の範囲を超えるようであれば、自宅待機期間をある程度、労働時間として認める必要もあるといえます。

呼び出しにより勤務する可能性が高いとわかっている場合は、日直・宿直などを基準とした賃金を手当として支給するのが良いでしょう。

### 法律上のツボ　ポイント

携帯電話の電源ONだけでは通常の労働時間には当たりません。

# 7 タイムカード（WEB勤怠システム）の時間はすべて労働時間？

「タイムカードの打刻通りに残業代を払って貰えませんか？」という社員がいるんです

タイムカードの打刻＝(イコール)労働時間ではないですよ。ルールを明らかにしましょう

## 必ずしもタイムカードの時間が労働時間ではない

　会社における労働時間の管理方法は様々ありますが、少し前なら紙のタイムカード、現在ならWEB勤怠システム（以下、タイムカードという）の打刻が普及しているといえるでしょう。

　タイムカードを活用している会社の中には、タイムカードで打刻されている時間によって労働時間が計算され、そのすべてに賃金を支払わなければならないと思い込んでいる方が多いようです。

　判例によると、タイムカードの打刻時間は社員の社内における滞留時間を示しているに過ぎず、労働時間と完全にイコールではないとされています。つまり、労働時間として賃金の対象とすべきか、残業時間として残業手当の対象とすべきかは、タイムカードの打刻時間だけで画一的には決められないことになります。

　ただし、別の判例では、タイムカードの打刻時間が実際の労働時間とされているケースもあります。

　2017年1月に**「労働時間の適正な把握のために使用者が講ずべき措置に関するガイドライン」**が改正されました。タイムカードと実際の労働時間に乖離がある場合は自己申告等のルール適正に行い管理をしていきましょう。

## 実務上のコツ　ココを押さえろ
● **タイムカードの罠**

　タイムカードは出社時刻、退社時刻を正確に記録するのに役に立ちます。単純な

システムなので間違いがありませんが、単純だからこそ、社員に悪気はなかったとしても、労働時間が膨らんでしまうこともあります。

　例えば、始業の打刻をしてから社員が雑談をしたり、トイレ休憩に行ったりしていることもあるでしょう。同じようなことは終業後の打刻にも起こります。このように、タイムカードの打刻は実労働時間と一致しないことがあります。

　タイムカードで実労働時間を把握したい場合には、作業開始前、作業終了後すぐにタイムカードを打刻することをルール化し、習慣化させることが必要です。

## ●タイムカードの活用方法

　前述の通り、タイムカードのみで正確に労働時間を管理することが望ましいのですが、正確な記録を徹底することは、なかなか難しいのが実情ではないかと思います。

　厚生労働省における職員の勤務時間に関しても、タイムカードでは職員の正確な勤務時間が把握できないと政府は国会で答弁しています。

　タイムカードの利用については会社によって、遅刻、早退、欠勤、滞留時間等を把握する目的であったり、入退場を管理する目的であったりします。

　利用の際にはタイムカード導入の目的を明らかにし、社員からの業務日報、残業報告書を元に労働時間把握のルールを詳細に決め、①就業規則に記載をし、②社員に説明しておきましょう。合意をとることによって、タイムカードの時間＝労働時間と認定される可能性は低くなると考えられます。

　今後はＷＥＢ勤怠システム（3-1節参照）が主流となってくると思われますが、ＷＥＢ上で残業、休日の申請を行うことができますので、紙のタイムカードと同様に残業申請等の処理を適切に行っていきましょう。

---

**就業規則記載例**

**（タイムカード及び労働時間）**

第○○条　タイムカードは社員の遅刻、早退、欠勤、滞留時間を確認するために使用する。

　　2　社員の始業終業時刻の把握については、社員から提出された業務日報、残業報告書を元に労働時間を算出するものとする。

> **実務上のコツ　ポイント**
>
> 勤怠管理はＷＥＢタイムカードで管理していきましょう！

## 法律上のツボ　ココを押さえろ

● 労働時間の適正な把握のために使用者が講ずべき措置に関するガイドライン（平成29年改正）

　労働基準法には労働時間の適正な把握について明確な規定はありませんが、会社は社員の労働日数や労働時間数を、できるだけ正確に把握し、記録する義務があります。会社による労働時間の把握義務について、2001年に「労働時間の適正な把握のために使用者が講ずべき措置に関する基準」（2001年4月6日　基発339号「**46通達**」）を策定していましたが、2017年に改正ガイドラインができました。その内容は以前のものを踏襲しつつ、「自己申告による労働時間と入退場記録などで把握した在社時間との間に乖離が生じている場合には労働時間を補正すること」等、一歩踏み込んだものになっています。なお、46通達による旧基準は、改正ガイドラインの策定に伴い廃止されています。今後会社には、ガイドラインに沿った労働時間管理が求められます。

　なお、ガイドラインではタイムカード、ICカード等の客観的な方法が望ましいとされていますが、それ以外の方法でも問題は無いとされています。

● 新ガイドラインのポイント①

　新ガイドラインの一つ目のポイントは、**最判平成12年3月9日（三菱重工業長崎造船所事件）** 判例を用いて「労働時間」の考え方を改めて説明している点がポイントとしてあげられます。「労働時間」とは、使用者の指揮命令下に置かれている時間のことをいい、使用者の明示又は黙示の指示により労働者が業務に従事する時間は労働時間に当たるとしています。なお、新ガイドラインでは使用者の指揮命令下に置かれているかどうかの判断は、具体的な労働時間に該当する事例として、以下の点を挙げています。

> **労働時間の適正な把握のために使用者が講ずべき措置に関するガイドライン抜粋①**
> ①使用者の指示により、就業を命じられた業務に必要な準備行為（着用を義務づけられた所定の服装への着替え等）や業務終了後の業務に関連した後始末（清掃等）を事業場内において行った時間
> ②使用者の指示があった場合には即時に業務に従事することを求められており、労働から離れることが保障されていない状態で待機等している時間（いわゆる「手待時間」）
> ③参加することが業務上義務づけられている研修・教育訓練の受講や、使用者の指示により業務に必要な学習等を行っていた時間

　労働時間としての判断としては、使用者による義務づけ（明示又は黙示の指示）られたものかといえるか否かなどの基準によって判断されることになります。断ることができない状況や黙示の指示があった場合等は労働時間として取り扱われるためルールを徹底しておきましょう。

### ●新ガイドラインのポイント②

　新ガイドラインの二つ目のポイントは、自己申告制による管理に関してより具体的に詳細な内容を追加した点にあります。

　自己申告により把握した時間と実態時間が合致しているか否かを必要に応じて実態調査を行うことは、旧基準から求められていましたが、その具体的に詳細な内容として、以下のような内容が追加されました。

> **労働時間の適正な把握のために使用者が講ずべき措置に関するガイドライン抜粋②**
> ①入退場記録やパソコンの使用時間の記録等、事業場内にいた時間の分かるデータを有している場合に、労働者からの自己申告により把握した労働時間と当該データで分かった事業場内にいた時間との間に著しい乖離が生じているときには、実態調査を実施し、所要の労働時間の補正をすること
> ②自己申告した労働時間を超えて事業場内にいる時間について、その理由等を労働者に報告させる場合には、当該報告が適正に行われているかについて確認すること
> ③使用者は労働者が自己申告できる時間外労働の時間数に上限を設け、上限を超える申告を認めない等、労働者による労働時間の適正な申告を阻害する措置を講じてはならないこと

労働時間管理者に対し、新ガイドラインに従った措置に関する十分な説明を行うことが要求されています。自己申告の場合は過少申告等でルールが厳格に徹底されていないケースが見受けられます。自己申告が適正に管理を行うことが求められています。

● 労働時間は1分単位で計算しないといけないの？

タイムカードによる管理で、疑問に思うことは、打刻された時間の分単位まで計算しなくてはならないということです。この件に関しては前述したタイムカードのルール作りで対応はできるかと思いますが、ルールが無かった場合どうなるのでしょうか。

労働基準監督署等ではタイムカードでの時間管理において**1分単位で計算**を行うように指導されるケースがあります。しかし、社員は就業中の休憩以外に雑談したり、ネットを閲覧したり、トイレに行く等、実際の就業ではない時間もあるため、1分単位で管理を行わせるのには矛盾があります。上記のことを盾に始業前、終業後の分単位を切り捨てることも可能かと思われますが、1日の労働時間を15分単位、30分単位で切り上げ、切り捨てすることはできません。労働基準法では1日は分単位で残業時間を計算し、1ヶ月の合計の30分未満の端数を切り捨て、30分以上を1時間に切り上げることとなります。

―― 知っておきたい判例 ――
**【三好屋事件（東京地判・昭和63年5月27日）】**
**タイムカードの打刻時間＝労働時間ではないと認められた事案**
裁判所は、タイムカードの打刻の意味について、一般的には、会社が社員の出退勤を確認することにあり、その打刻時間が所定の労働時間の始業もしくは終業時刻よりも早かったり遅かったとしても、それが即、管理者の指揮命令の下にあったとすることはできないとしました。
そのうえで、タイムカードによって時間外労働時間を認定できるといえるためには、残業が継続的になされていたというだけでは足りず、会社がタイムカードで社員の労働時間を管理していた等の特別の事情の存することが必要であると判示しました。

## 知っておきたい判例

**【三晃印刷事件（東京地判・平成9年3月13日）】**
**タイムカードの打刻時間＝労働時間であると認められた事案**

営業部の社員に対して固定残業制を定め、実際の時間外労働や深夜労働の有無および長短にかかわらず、それ以上の賃金を支払っていなかった会社に対して、営業部員が差額の賃金等を請求した事例です。

裁判所は、出・退勤時にタイムカードを打刻することが義務付けられており、会社作成の個人別出勤表の「始業時間」欄、「終業時間」欄、「所定内時間」欄、「所定外時間」欄、「実働時間」欄の各記載はいずれもタイムカードの記録を基に記載されていること、会社は、タイムカードの記録に基づいて、社員の遅刻等による一時金からの賃金カットをするなど、タイムカードの記録により社員の労働時間を把握していたこと、本件固定残業制度の適用を受けていなかった社員の時間外労働等の割増賃金の計算は、営業部員を含めて、タイムカードの記載を基礎になされていたと考えられることなどの事実認定のもと、タイムカードを打刻すべき時刻に関して労使間で特段の取決めのない本件においては、タイムカードに記録された出社時刻から退社時刻までの時間をもって実労働時間と推定すべきであるとし、その労働時間分の未払い賃金の支払いを命じました。

## 知っておきたい判例

**【ヒロセ電機事件（東京地判・平成25年5月22日）】**
**タイムカードの打刻時間＝労働時間であると認められなかった事件**

会社の就業規則には、始業時刻、終業時刻、休憩時間が明示されており、始業時刻と終業時刻においてチャイムが鳴らされ、始業時刻のチャイムが鳴るまでは自由時間とされていることが認められる。入退館記録表に記載された入館時刻から労働に従事していたと認めることはできず、始業時刻前の時間外労働については認めることはできない。時間外勤務は、就業規則によれば、直接所属長が命じた場合に限り、所属長が命じていない時間外勤務は認めないこと等が規定されていた。時間外勤務については、本人からの希望を踏まえて、毎日個別具体的に時間外勤務命令書によって命じられていたこと、実際に行われた時間外勤務については、時間外勤務が終わった後に本人が「実時間」として記載し、翌日それを所属長が確認することによって、把握されていたことは明らかであった。

したがって、時間外労働時間は、時間外勤務命令書によって管理されていたというべきであって、時間外労働の認定は時間外勤務命令書によるべきであるとされました。

―― 知っておきたい判例 ――

**【福星堂事件（神戸地判・平成28年9月29日）】**

**タイムカードの打刻時間＝労働時間であると認められなかった事件**

所定の就業開始時刻前のタイムカードの打刻時間を始業時刻として主張する場合（早出残業）には、使用者が明示的には労務の提供を義務付けていない始業時刻前の時間が、使用者の指揮命令下にある労働時間に該当することについての具体的な主張立証が必要であると解するのが相当である。社員が早出残業を繰り返していたのは、会社の業務のためではなく、会社から貸与されている携帯電話を使って、女性社員に長時間プライベートな電話をかけるためであったことが窺われる。また、この社員は会社側の早出に関する日報の提出要請を拒否していた。よって、早出残業を余儀なくされていたとは認められないとされました。

### 法律上のツボ　ポイント

どんな方法でも、拘束時間ではなく実労働時間を把握していきましょう。

労働時間を把握するのにタイムカード等と自己申告制を併用している場合は、きちんとしたルールが必要だよ！

# 8 社員の裁量に委ねられるみなし労働時間って何?

裁量労働時間制は残業代がつかないんですね

ちょっと誤解があるんじゃないかな。
そうとも限らないよ!

## 特定の業務には裁量労働制が使える

「IT系の会社はみなし労働時間制が適用されて残業代がつきませんから…」こんな話を聞いたことはありませんか?

おそらく**専門業務型裁量労働制**(以下、裁量労働制という)のことを指しているのですが、少し誤解もあるようです。

業務の性質上、業務遂行の手段や方法、時間配分等を大幅に社員に委ねる必要がある業務については、会社と社員であらかじめ定めた時間を労働時間とみなす方法があります。これが裁量労働制です。

どんな業務が当てはまるのかというと、例えば「携帯アプリの開発」、「コピーライター」等のふいに沸いたひらめきや、ぐるぐると思考をめぐらした結果に出たアイデア等を発端に創作が始まるような業務のことです。このような業務についての、「労働時間」は拘束時間だけでは図ることができないため、裁量労働制があるのです。

この制度をうまく利用すれば会社も社員もうまく回っていくのですが、導入には様々な制限や留意点がありますので、誤解のないようにしっかり理解していきましょう。

## 実務上のコツ ココを押さえろ

● 就業規則と労使協定の整備が必要

特定の業務にあたっているからといって、自動的に裁量労働制を取り入れられる

わけではもちろんありません。制度導入の際は、就業規則に始業・終業時刻の例外であることを記載する他に、社員の過半数代表者との労使協定において、以下の事項について定め、所轄労働基準監督署長に届け出ることが必要になります。専門業務型裁量労働制の労使協定に定める事項は次の通りです。

> ①対象業務
> ②みなし労働時間
> ③業務遂行の手段および時間配分の決定等に関し、会社が具体的な指示をしないこと
> ④労働時間の状況に応じた当該社員の健康および福祉を確保するための措置について
> ⑤社員からの苦情の処理に関する措置について
> ⑥協定の有効期間
> ⑦④⑤に掲げる措置に関する社員ごとの記録を協定の有効期間中および当該有効期間の満了後3年間保存すること

●時間管理はどうなる？

　時間管理を社員に任せ会社は指示をしない、と協定で定めますが、だからといって会社がほったらかしにしていいということではありません。むしろその逆です。制度上、実際の労働時間は無制限となり、当然過労のリスクも高まりますし、「時間」ではなく「成果」を求められることで、社員に精神的負担が増えることもあります。会社は社員の健康管理のために労働状況の把握を怠ってはなりません。そのためにも、勤務時間については「何時から何時まで会社に来て、仕事のできる状態であった」という所在時間の把握は最低限必要です。休日や深夜の勤務については法律上のツボを確認してください。

　なお、この制度を導入すると、遅刻という概念がなくなるわけです。だからといってこれもほったらかしというわけにはいきません。裁量労働制を導入したからといって会社の社員に対する安全配慮義務がなくなるわけではないので、目安となる始業時間だけは定めておく、というのも運営上やりやすいのではないかと思います。

> **実務上のコツ ポイント**
> 裁量労働制だからこそ、社員に対する安全配慮義務をしっかり果たしましょう！

## 法律上のツボ ココを押さえろ

● 対象となる業務

現在、裁量労働制の対象業務は以下の19業務に限定されています。

① 新商品、新技術の研究開発、人文科学・自然科学に関する研究の業務
② 情報処理システムの分析・設計の業務
③ 新聞・出版・テレビ・ラジオ等の取材、編集の業務
④ デザイナー
⑤ プロデューサー、ディレクター
⑥ コピーライター
⑦ システムコンサルタント
⑧ インテリアコーディネーター
⑨ ゲーム用ソフトウェアの創作の業務
⑩ 証券アナリストの業務
⑪ 金融工学等の知識を用いて行う金融商品の開発の業務
⑫ 大学の教授研究の業務
⑬ 公認会計士
⑭ 弁護士
⑮ 建築士
⑯ 不動産鑑定士
⑰ 弁理士
⑱ 税理士
⑲ 中小企業診断士

なお、これらの業務であってもプロジェクトチームなどで、リーダーの管理下で業務を行う場合や対象業務に付随するアシスタント業務、雑用、補助的な業務は対象外となります。

●休憩・深夜・休日はどうなる？

休憩・深夜・休日については裁量労働制の特例はなく、他の業務の社員と同様の扱いになります。法定の休日や深夜に働いた場合には裁量時間ではなく実労働時間に対する、残業代の支払いが必要になります。なお、法定休日以外の所定休日における労働時間は適用させることができ、その場合は所定休日であってもあらかじめ定めた時間を労働時間とみなすことができます。

> **法律上のツボ　ポイント**
> 裁量労働制でも法定休日や深夜に働いた場合は、実労働時間に対する割増賃金が必要です。

> 労働時間を社員の裁量にまかせる制度なので、遅刻や早退があっても賃金を控除することができないのが難点なんだよね

# 9 在宅勤務って流行っているのですか？

他社でも在宅勤務の導入が進んでいるようですが……

制度を確立しないと管理が大変だよ

## 在宅勤務だと管理が難しいのですが…

　最近はインターネットの高速接続環境の普及や、IT機器の発展により、電車内、カフェ、自宅等場所を問わず仕事ができる環境が整ってきています。そのため、育児や介護を理由に出社できない社員に対する福利厚生制度としての位置づけや、通勤時間の負担軽減として、在宅勤務を導入している会社も増えてきています。

　しかし、運用においては自宅内というプライベートな空間のため会社の目が行き届かないという問題があり、労働時間管理等の労務管理の難しさがあります。また、在宅勤務とはいえ労働基準法関連の法令は適用されることになるので注意が必要です。

　会社としては就業規則等でしっかり制度を整え、運用していきましょう。

## 実務上のコツ　ココを押さえろ

### ● 在宅勤務を活用しよう

　「在宅勤務は他の会社でも増えているみたいだから、うちも導入しようかな」なんていう軽い気持ちで手をつけると失敗してしまいます。一言で在宅勤務といっても、導入する目的やねらいによって様々なやり方があるのです。

　育児や介護中の社員に対して限度を決めて許可し、教育してきた社員を手放さずに働き続けてもらうことを目的として、一定の期間は毎日在宅勤務にするもの（**常時型在宅勤務**）や、長い通勤時間と労働時間で日々消耗されがちな社員の良きリフレッシュとなるように、週や月に限度を定めて許可制で行うもの（**随時型在宅勤務**）等が

あります。

このように、目的やねらいがはっきりわかった上での導入は、制度のルールもたてやすく、運用もうまくいくといえるでしょう。何事もそうですが、在宅勤務は特に目的をしっかり明確にしてから行いましょう。

● 在宅勤務を成功させるために規程を作成しよう

在宅勤務を初めて導入する際には、社内SNSの整備や会社宛の電話を携帯電話に転送する、携帯電話からの発信番号も会社の番号にする、家から共有のサーバにアクセスできるようにする等のハード面の整備と併せて、それを運用していく際の規程やルールの確立が大切です。規程といっても最初は試案のつもりで作成し、試験運用をして何度か改定を行いながら、徐々に自社に合った在宅勤務のスタイルを確立させていきましょう。

なお、始業時や終業時には上司に開始・終了の報告メールを入れる、終業の際にはメールで成果を報告し、成果物を共有のサーバに入れておく等の他に、在宅でかかる費用（光熱費や通信費）の費用区分についても記載しておきましょう。費用の面は具体的な金額を示す他に、負担割合を示す方法もあります。金銭で後々トラブルにならないように心がけていきましょう。

図1は在宅勤務申請書の例になります。

「在宅勤務」のことを
「テレワーク」とも言うんだ。
「テレワーク」はtele＝離れた所と
work＝働くをあわせた造語なんだよね！

▼図1 在宅勤務申請書例

# 在宅勤務申請書

〇〇〇〇年〇月〇日

| 社員番号 | 000001 | 所属部署 | 経理部 |
|---|---|---|---|
| 氏 名 | 吉田 一郎 ㊞ | | |

以下の期間における在宅勤務を希望したく、申請いたします。
(該当する□に✔を入れ、空欄に記入してください)

| 在宅勤務時間 | 〇〇〇〇年〇月〇日 ～ 〇〇〇〇年〇月〇日 |
|---|---|
| 申請の理由 | □ 小学校就学3年までの子を養育する者<br>✔ 育児・介護休業規程に定める休業の対象者<br>□ その他（　　　　　　　　　　） |
| 在宅勤務を行う場所 | ✔ 自宅<br>□ サテライトオフィス |
| 在宅勤務で従事する業務内容 | ・給与計算のチェック<br>・経理伝票入力<br>・経費確認・仕訳<br>・社内文書作成<br>・契約書作成 |
| 使用機器 | □ 会社の貸与のパソコン<br>✔ 個人所有のパソコン |
| 特記事項・備考 | |

### ●最後はコミュニケーション力で

ハード面や規程等が整ったとしても、運用の要はやはり、社内のコミュニケーションです。在宅勤務は、自宅でたった一人で行うものなので、上司や同僚と対面で話す以上にしっかりお互いの指示や意思を伝えあう必要があります。日頃から業務の細部にわたって内容を確認するようにし、円滑なコミュニケーションをとることに慣れておきましょう。そうすることで、在宅であっても社内と同様の働き方をすることが可能になってきます。

> **実務上のコツ　ポイント**
>
> 目的やねらいをはっきりさせて、在宅勤務を活用しましょう。

## 法律上のツボ　ココを押さえろ

### ●労働基準法関係法令の適用

在宅勤務であっても、労働基準法、最低賃金法、労働安全衛生法、労働者災害補償保険法等の労働基準関係法令が適用されます。

なお、在宅勤務者の仕事場所である自宅は「事業場」には該当しません。つまり、在宅勤務者が自宅で仕事をしているということは、在宅勤務者の本来所属している事業場の外で仕事をしているということになります。そのため、就業規則、36協定等の届出の必要はありません。

### ●みなし労働時間制

在宅勤務の場合、会社の指揮命令下にないため安易に**「在宅勤務」＝「事業場外によるみなし労働時間制」**と考えがちですが、情報通信機器を用いて勤務する在宅勤務について行政通達（**平成16年3月5日　基発第0305001号**）では次のすべての要件を満たす場合にみなし労働時間制が適用になります。

**(1) 当該業務が、起居寝食等私生活を営む自宅で行われること**

自宅はプライベート空間が混在しているので、直接的な介入指示が困難であるということからみなし労働時間制の適用となります。そのため、仕事を専用とする個室を設けているような場合はみなし労働時間制の適用とはならないことがあるので注意が必要です。

### (2) 当該情報通信機器が、使用者の指示により常時通信可能な状態におくこととされていないこと

「使用者の指示により常時通信可能な状態」とは、社員が自らの意思で通信を遮断することができず、電子メール等で随時具体的な指示を受ける状態を指します。ただし、インターネット回線が常時接続だけで、社員がパソコン等の情報通信機器から離れることが自由な場合は問題がありません。

### (3) 当該業務が、随時使用者の具体的な指示に基づいて行われていないこと

具体的指示には、「業務の目的、目標、期限」等の基本的指示は含まれません。

なお、在宅勤務の場合、原則は通常の労働時間制（原則1日8時間、1週40時間）が適用されます。また、変形労働時間制やフレックスタイム制も利用することができます。

> **法律上のツボ　ポイント**
> 在宅勤務の自宅は「事業場」ではなく「事業場外」になります。

> 在宅勤務で業務中の事故が発生したら、業務中かどうかの判断は難しそうだね

# 10 1日10時間勤務を強制するのは可能ですか？

変形労働時間制を使えば
1日9時間や10時間に労働時間を設定してもいいですか？

繁忙期と閑散期が分かれている場合や
月のシフトを組むような場合は
変形労働時間制が向いているよ

## 変形労働時間制を活用する

　原則、労働基準法では1日8時間、1週間40時間を原則として法定労働時間が定まっており、法定労働時間を超えた残業については割増賃金の支払いが必要です。

　会社によっては時季や時間帯によって繁閑の差があるもので、年間を通して固定された法定労働時間では、労働面でも非効率といえるでしょう。

　そこで労働基準法では、1週または1日の法定労働時間の規制を解除して、ある日は10時間働かせて、ある日は7時間働かせるという働き方を認める**変形労働時間制**を設けています。

　この制度を導入すると、会社としては残業代対策になりますし、社員としては会社の業態に適した働き方をすることができます。ただし、制度を導入するには、労使協定の届出等一定の要件が必要ですし、残業代の計算方法等、押さえるべきポイントがありますので、しっかりみていきましょう。

## 実務上のコツ　ココを押さえろ

●変形労働時間制の特徴を知ろう

　変形労働時間制は主に3つの制度が設けられており、それぞれに特徴があります。会社に適した変形労働時間制を選択していきましょう。

## (1) 1ヶ月単位の変形労働時間制

就業規則等に定めることにより1ヶ月以内の一定期間を単位として、期間内を平均し1週間の法定労働時間（原則週40時間、特例措置対象事業場は週44時間）の範囲内において、1日及び1週間の法定労働時間を超えて労働させることができる制度です。なお、社員規模が10人未満の商業、サービス業等（特例措置対象事業場）に該当すれば、変形期間における所定労働時間の平均は1週44時間を越えなければよいとされています。

月内で月末に業務が集中する会社や、給料日後にお客が増えるような接客業、サービス業（飲食店・カラオケ店、美容室）などに向いている制度です。

## (2) 1年単位の変形労働時間制

労使協定を締結することにより（就業規則の定めも必要）、1年以内の一定の期間を平均し1週間の労働時間が40時間以下（特例措置対象事業場も同じ）の範囲内において、1日及び1週間の法定労働時間を超えて労働させることができる制度です。

年間カレンダーを使用している製造業や年末商戦などがある小売業などに向いています。

## (3) フレックスタイム制

労使協定を締結することにより（就業規則の定めも必要）、3ヶ月以内（2019年4月改正）の一定期間の総労働時間を定め、社員がその範囲内で各日の始業及び終業の時刻を選択して働く制度です。詳細は3-11節を参照してください。

IT関連、研究職、デザイナー等、個人の裁量で仕事を進めるような働き方をしている職種に向いている制度です。

### 実務上のコツ　ポイント

会社の実態に適した変形労働時間制を選んで活用しましょう。

## 法律上のツボ　ココを押さえろ
### ● 1ヶ月単位の変形労働時間制の要件

**(1) 労使協定等の内容**

1ヶ月単位の変形労働時間制を採用するためには、労使協定または就業規則その他これに準ずるものにより、以下について定める必要があります。ただし、就業規則等に定めた場合、労使協定は不要となります。

> ①変形期間を平均し1週間当たりの労働時間が法定労働時間を超えない定め
> ②変形期間
> ③変形期間における起算日
> ④変形期間の各労働日の労働時間
> ⑤有効期間

**(2) 総労働時間**

法定労働時間の総枠は、月の歴日数によって異なります。

【計算方法】

$$40時間 \times \frac{変形期間の歴日数}{7}$$

| 変形期間の歴日数 | 法定労働時間数の総枠 |
| --- | --- |
| 31日 | 177.1時間（194.8時間） |
| 30日 | 171.4時間（188.5時間） |
| 29日 | 165.7時間（182.2時間） |
| 28日 | 160.0時間（176.0時間） |

※カッコ内の時間数は、社員規模が10人未満の商業、映画、演劇業、保健衛生業、接客娯楽業の事業場（特例対象事業場）について法定労働時間を週44時間として計算したものです。

**(3) 時間外労働の計算方法**

1ヶ月の変形労働時間制を導入している会社において、時間外労働を算定する際に1ヶ月の総枠を超えた部分しか割増賃金を支払っていないケースがあります。実際の時間外労働の計算方法は、

① 1日について（特定された時間、又は8時間を超えた時間）
　↓
② 1週について（特定された時間、又は40時間を超えた時間）
　↓
③ 変形期間について
　（総枠を超えた時間、ただし①、②で時間外労働とした時間は除く）

上記の順で算定を行い、その合計時間数が時間外労働の時間数となります。

● **1年単位の変形労働時間制の要件**

### (1) 労使協定の内容

1年単位の変形労働時間制を採用するためには、以下について定めた労使協定を締結し、届け出る必要があります。

①対象となる社員の範囲
②対象期間（1ヶ月超1年以内）
③対象期間における労働日および労働時間
④特定期間
⑤有効期間

### (2) 総労働時間

法定労働時間の総枠は対象期間において異なります（対象期間が3ヶ月を超える場合に限る）。

【計算方法】
　対象期間の所定労働時間の上限 ≦ 40時間 × 対象期間の歴日数 ÷ 7

| 対象期間 | 所定労働時間の上限 |
|---|---|
| 1年（365日） | 2085.71時間 |
| 6ヶ月（183日） | 1045.71時間 |
| 3ヶ月（92日） | 525.71時間 |

【必要な休日日数】

| 対象期間 | 必要な年間休日数 | |
| --- | --- | --- |
| | 1年365日の場合 | 1年366日の場合 |
| 8時間 | 105日 | 105日 |
| 7時間45分 | 96日 | 97日 |
| 7時間30分 | 87日 | 88日 |

(3) 時間外の計算方法

1年単位の変形労働時間制も1ヶ月単位の変形労働時間制と同様に「①1日単位⇒②1週単位⇒③変形期間単位」の順で考えます。

● フレックスタイム制の要件

(1) 労使協定の内容

フレックスタイム制を採用する場合は、就業規則その他これに準ずるものにより、始業及び終業の時刻を労働者の決定に委ねることを規定し、労使協定において、以下のことを定めます。なお、清算期間が1ヶ月以内の場合は労使協定を労働基準監督署へ届出する必要ありませんが、1ヶ月を超える清算期間の場合は届出が必要となります。

①対象となる労働者の範囲
②清算期間
③清算期間における起算日
④清算期間における総労働時間
⑤標準となる1日の労働時間
⑥社員が勤務するべき時間(コアタイム)を設ける場合はその開始及び終了時刻
⑦社員の選択により勤務することができる時間帯(フレシキブルタイム)を設ける場合はその開始及び終了時刻

※コアタイム、フレシキブルタイムは必ずしも設定する必要はありません。

(2) 時間外の計算方法

フレックスタイム制を採用した場合、1ヶ月単位、1年単位の変形労働時間制とは異なり、単純に清算期間における法定労働時間の総枠を超えた時間が法定時間外労働となります。1日単位では判断せず清算期間を単位として判断します。なお、法定労働時間の総枠の改正と1ヶ月を超える清算期間のフレックスタイム制度を導入す

る場合については3-11節を参照してください。

### (3) 労働時間の超過分の繰り越しは可能か？

1ヶ月以内の清算期間を設けるフレックスタイム制を導入し、清算期間における実際の労働時間に不足があった場合は、不足した時間分を賃金から控除することとなりますが、その月は通常の所定賃金を支払い、不足時間として翌月に清算する協定を締結することが認められています。ただし、この場合であっても、翌月の所定労働時間と不足時間を加えた時間が法定労働時間の総枠を超えてはならないこととされています。

一方、清算期間における実際の労働時間に超過があった場合、超過分を次の清算期間の総労働時間の一部に充当することは、その清算期間内における労働の対価の一部がその賃金支払日に支払われないことになるため、繰り越すことはできません。なお、1ヶ月を超える清算期間のフレックスタイム制度を導入する場合については3-11節を参照してください。

> **法律上のツボ　ポイント**
>
> 変形労働時間制によっては、労使協定の提出義務があるので、注意が必要です。

> 変形労働時間制度は会社の繁閑に合わせて長くしたり短くしたり設定することができ、残業代の抑制もつながります。
> でも、勤怠の管理が煩雑になるんだよね

# 11 フレックスタイム制に変更があったのですか？

フレックスタイム制って、前からあったんじゃないの？

今度リニューアルされたみたいだよ

## 清算期間が3ヶ月まで延長することができます

「通勤ラッシュがストレスなんだよね」「夕方からプライベートの用事があるんだよな」そんな社員の柔軟な働き方の思いを解決できるのが**フレックスタイム制**です。社員が日々の始業・終業時刻を自身の裁量で決定して働くことができ、社員の価値観やライフスタイルが多様化する中で、柔軟な働き方を実現できる制度として注目を浴びているのです。

働き方改革の一環として2019年4月施行の労働基準法の改正によりフレックスタイム制の清算期間の上限が**1ヶ月から3ヶ月に延長**されました。清算期間とはフレックスタイム制を適用する期間のことをいいます。

従前のフレックスタイム制では、清算期間の上限が1ヶ月とされているため、1ヶ月の中でしか労働時間の調整ができない点について不便であるといわれていました。それが今回の改正により、月またぎの調整ができることになりました。例えば6月、7月、8月という3ヶ月の中で6月、7月は長く働き、8月は夏休み中の子供のために仕事を早く切り上げて帰宅する、といった活用の仕方が可能となります。

この制度を上手に利用すればより柔軟な働き方が可能ですが、運用には様々なルールがあります。改正のポイントもふまえながら、どのように対応していけばよいか見ていきましょう。

## 実務上のコツ ココを押さえろ

### ●フレックスタイム制の特徴を知ろう

　フレックスタイム制は社員が日々の始業・終業時刻を自身の裁量で決定して働くことができるため、若い世代の社員には人気がある制度です。就職を希望する応募者も**フレックスタイム制の有無が就職の一条件**である場合も多いようです。ただし、導入に当たっては会社全体でフレックスタイム制の内容・意義をきちんと共有しておく必要もあるでしょう。すべてのフレックスタイム制にあてはまる内容ですが、出退社の時間がある程度自由になるため、チームで仕事をする職場では社内のコミュニケーションがとりにくかったり、取引先との連絡が上手くいかなかったりとデメリット面もあります。

### ●フレキシブルタイムとコアタイム

　**フレキシブルタイム**とは社員が日々の始業・終業時刻を自身の裁量で決定できる時間帯のことをいいます (図1)。

　始業・終業時刻をすべての勤務時間を決定させる「**オールフレックス**」の会社も中にはありますが、大抵は**コアタイム**といって、会社に出勤してもらう必要のある時間帯を作り出勤を義務づけています。このコアタイムを長く設定し、フレキシブルタイムに裁量権の幅が狭くなるとフレックスタイム制の効果が薄れてしまいます。

▼図1　フレックスタイム制の例

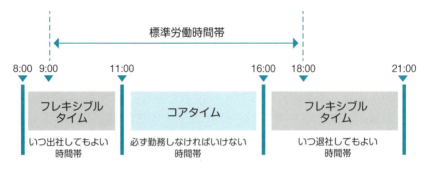

● **遅刻、欠勤はどうなるの？**

　フレックスタイム制の場合は、日々の始業・終業時刻を自身の裁量で決定するため、遅刻や早退の概念は原則としてはありません。ただし、コアタイムを設けている場合は、コアタイムに遅れて出社した場合は遅刻となります。欠勤については労働日に出勤しない場合は欠勤扱いとなります。

　通常であれば、遅刻控除、欠勤控除をするのが当たり前なりますが、フレックスタイム制の場合は問題が生じてきます。

　例えば、この欠勤又は遅刻をした社員が他の日に長めに働いて、1ヶ月に所定労働時間×労働日分の時間を働いていた場合、原則として賃金の減額はできません。賃金の減額ができるのは、清算期間における総労働時間に足りなかった場合に限られます。

　そのため、欠勤や遅刻の取扱いについては就業規則違反として懲戒処分として減給処理を行う、又は人事考課の査定に組み込み、賞与や昇給に反映させる方法がいいでしょう。

## 法律上のツボ　ココを押さえろ

● **フレックスタイム制の上限が3ヶ月まで延長される**

　これまでのフレックスタイム制は、清算期間の上限が「**1ヶ月**」までとされていましたが、今回の改正（2019年4月施行）によって、清算期間の上限が「**3ヶ月**」に延長されました。月をまたいだ労働時間の調整により社員側にとっては柔軟な働き方が可能となります。なお、1ヶ月を超える清算期間でフレックスタイム制を導入した場合は**週平均50時間**を超えると時間外労働が発生する等取り扱いが複雑です。図2の例を参照してください。

　清算期間の上限が3ヶ月に延長されたことにより使い勝手がよくなったように感じますが、遵守すべきルールの増加に伴い、事務手続き等の業務は増加されていくため、導入には慎重な検討が必要です。

▼図2　清算期間が1ヶ月を超える場合の時間外労働の取り扱い

【清算期間が1ヶ月を超える場合】
①1ヶ月ごとに、**週平均50時間**を超えた労働時間
②清算期間を通じて、法定労働時間の総枠を超えて労働した時間
　（①でカウントした労働時間を除く）
※①、②のそれぞれが時間外労働時間になります。

事例　・6月、7月繁忙期、8月閑散期な場合

|  | 6月 | 7月 | 8月 |
| --- | --- | --- | --- |
| 実労働時間<br>（実労働時間の合計） | 260.0h | 220.0h | 130.0h<br>(610.0h) |
| 週平均50時間となる時間　※1 | 214.2h | 221.4h | 221.4h |
| 週平均50時間を超える時間 | 45.8h | — | — |
| 法定労働時間の総枠 | | 525.7h | |
| 法定労働時間の総枠を超える時間 | — | — | 38.5h |
| 時間外労働 | 45.8h | — | 38.5h |

※1　週平均50時間となる時間 ＝ 50時間 × 各月の暦日数／7日

上記の場合は6月に週平均50時間を超える時間45.8時間分の時間外労働手当の支払が必要となり、8月は清算月にあたる為、実労働時間の合計時間610.0時間から法定労働時間の総枠525.7時間と6月で支払った45.8時間を差し引いた時間38.5時間分の時間外労働手当の支払が必要となります。
36協定の締結・届出だけでなく、特別条項付き36協定の締結・届出が必要となる場合があり注意が必要です。
また、期間中に年次有給休暇を使用した時は実労働時間に標準労働時間を加算して時間外労働時間を算出することになります。

● **週5日勤務の場合の特例って何？**

　例えば、完全週休2日制の会社でフレックスタイム制を導入した場合で、1日8時間相当の労働であっても、月によっては、清算期間における総労働時間が、**法定労働時間の総枠を超えてしまう場合**がありました。
　今回の改正では、週の所定労働日数が5日（完全週休2日）の労働者が対象で、労使協定を締結することによって、1日8時間で勤務している場合、「清算期間内の所定労働日数×8時間」を法定労働時間の総枠とすることが可能となりました。

● **行政官庁へ労使協定の届出が必要となる**

フレックスタイム制を実施するには事前に労使協定を締結しなければなりませんが、労働基準監督署への届出は不要でした。しかし、今回の改正により**1ヶ月を超えて**清算期間を設けた場合、**協定の締結だけでなく労働基準監督署への提出**が必要となります。就業規則には、残業代の計算ルールを記載しましょう。

> 法律上のツボ　ポイント
>
> フレックスタイム制の清算期間が1ヶ月を超える場合は、労使協定の提出義務があるので、注意が必要です。

フレックス制の清算期間の上限「3ヶ月」を運用するのはハードルが高いね

# 12 高度プロフェッショナル制度ってどんな制度ですか？

高度プロフェッショナルの対象って年収いくらぐらいなの？

年収で1075万円ぐらいみたいだよ

## 高度プロフェッショナル制度は残業ゼロ制度？

　高度プロフェッショナル制度とは社員に対し労働時間数ではなく成果に対して賃金を支払うものです。つまり、長時間働いても、短時間働いても、会社は一定の賃金を支払うことになります。労働に対する賃金は、時間を単位として支払われますが、高度プロフェショナル制度は従来の働き方のベースとなる労働時間に関する制限を撤廃した働き方になります。

　この制度により残業代や深夜の割増賃金を支払う必要がなくなるため、残業ゼロ制度という呼び方もされています。

**「じゃぁ、うちの社員にこの制度を導入すれば残業代を支払わなくていいの？」**

　残業代を支払わなくてもいいことを都合よく捉えて制度を悪用する会社が出てくる可能性もあります。しかし、導入には対象者や職種については細かな決まりごとがあり、簡単に導入できるものではありません。導入についてどのようなルールや注意点があるのか確認していきましょう。

## 実務上のコツ　ココを押さえろ

● 管理監督者、裁量労働制との違いは何？

　労働時間ではなく仕事の内容や成果で労働者を評価する制度はいくつか存在します。それは労働基準法上の管理監督者、企画業務型裁量労働制、専門業務型裁量労働

制です。裁量労働制や管理監督者も労働の質や成果によって報酬が決まるため、その点では高度プロフェッショナル制度との共通点が多いと言えます。労働時間等の適用状況の共通点と違いを見ていきましょう（表1）。

### ▼表1　労働時間等の適用状況

|  | 管理監督者 | 裁量労働制 | 高度プロフェショナル |
|---|---|---|---|
| 労働時間 | × | △（※1） | × |
| 休日 | × | ○ | △（※2） |
| 時間外（割増賃金） | × | △（※3） | × |
| 休日（割増賃金） | × | ○ | × |
| 深夜（割増賃金） | ○ | ○ | × |
| 休憩 | × | ○ | × |
| 年次有給休暇 | ○ | ○ | ○ |
| 健康確保措置 | △（※4） | ○ | ○ |
| 対象業務 | × | ○ | ○ |

※1　所定労働日の労働時間を実労働時間にかかわらず、労使委員会で決議した労働時間を働いたものとみなします。
※2　1年を通じ104日以上、かつ、4週間を通じ4日以上の休日を与える必要があります。
※3　決議した時間が所定労働時間を超えた場合や所定労働日以外に労働した場合などは、残業手当等の支払が必要となります。
※4　健康管理の観点から、労働時間の状況が客観的な方法、その他適切な方法での把握が2019年4月から義務となり、長時間働いた場合は申出による医師の面接指導を実施する義務があります。

### ●運用は時期尚早？

　高度プロフェッショナル制度では、労働時間は賃金に反映されないため、社員は成果さえ出せば好きな時間に働くことができます。時間よりも成果が重要視されることから、短時間であっても成果を出せば、より高い報酬をもらうことができます。会社にとっても成果だけを見ればよく残業代等の人件費（賃金）を気にする必要がない、ダラダラ残業による集中力や業務効率の低下、生産性の悪化などの弊害も防ぐ効果があります。

　一見すると柔軟な働き方ができる会社にとっても社員にとっても夢なような制度のように思えますが、良い面ばかりではありません。

　高度プロフェッショナル制度は年収、対象の要件など導入のハードルが高いのが特徴です。また、労働時間についても個人の裁量に任せるため長時間労働になるリスクもあります。

そのため他社の状況や今後の動向をしばらく見守ってからでの導入でも遅くはないでしょう。

> **実務上のコツ ポイント**
> 高度プロフェッショナルを安易に導入したら大変なことになるよ！

## 法律上のツボ ココを押さえろ

### ●対象の限定

高度プロフェッショナル制度の対象者は、一定の年収要件を満たし、高度な専門的な知識等を要する業務に就く社員に限られます。年収1075万円以上だからといって誰でも対象になるわけではありません。

---

**対象労働者**

**(1) 高度の専門知識等を必要とする業務**
・金融商品の開発業務
・金融商品のディーリング（株式や債券等の有価証券の売買）
・市場アナリスト
・コンサルタント
・研究開発業務　等

**(2) 対象者は希望者**
・職務を明確に定める「職務記述書」等により同意している者
　※本人からの同意撤回が可能

**(3) 年収要件**
・年収が年間平均給与の額3倍を相当程度上回る水準以上の者（年収1075万円程度）

---

### ●選択的措置

高度プロフェッショナル制度の導入には年間104日以上、かつ、4週4日以上の休日確保以外に次のいずれかに該当する措置を決議で定め実施する必要があります。

**(1) インターバル規制**
　一定の休息時間（勤務間インターバル11時間以上）を確保し、かつ、1ヶ月の深夜業は一定回数内（4回以内）とすること

**(2) 在社時間等の上限設定**
　1週間あたり40時間を超えた時間について、1ヶ月100時間以内又は3ヶ月240時間以内とすること

**(3) 2週間連続の休暇取得**
　1年に1回以上の継続した2週間の休日を与えること（本人が請求した場合は連続週間×2回以上）

**(4) 臨時の健康診断**
　1週40時間を超える健康管理時間が1ヶ月80時間を超えた場合または本人から申出があった場合

● **健康管理時間の把握**

　高度プロフェッショナル制度の残業代や深夜の割増賃金を支払う必要がなく対象者は労働時間の概念がありませんが、会社は社員の健康確保のために健康管理時間を把握する必要があります。健康管理時間とは対象者が事業内にいた時間と事業場外において労働した時間との合計時間をいいます。休憩時間も含めた在社時間となるため実際の労働時間より長くなる可能性があります。健康管理時間は時間外労働、休日労働、深夜労働の割増賃金の計算に関係なく、健康管理のために用いる時間になります。健康管理時間はタイムカードやパソコンのログイン、ログインの記録等客観的な方法で管理する必要があり、対象者であっても一般の社員と同様に勤怠管理を行っていく必要があります。

● **高度プロフェッショナル制度を導入・運用するための条件**

①**労使委員会を設置する**
　高度プロフェッショナル制度を導入するためには事業所の労使同数の委員会を設置することが必要です。

②**労使委員会で決議をする**
　労使委員会では委員の5分の4以上の多数により10項目を決議しなければなりません。

| | |
|---|---|
| 1 | 対象業務<br>高度の専門的知識等を必要とし、従事した時間と成果との関連が高くない業務<br>(具体例) 金融商品の開発業務、金融商品のディーリング業務、アナリストの業務、コンサルタント業務、研究開発業務等 |
| 2 | 対象労働者の範囲<br>年収1075万円以上 |
| 3 | 対象労働者の健康管理時間を把握すること及びその把握方法 |
| 4 | 対象労働者に年間104日以上、かつ、4週間を通じ4日以上の休日を与える事 |
| 5 | 対象労働者の選択的措置 |
| 6 | 対象労働者の健康管理時間の状況に応じた健康・福祉確保措置 |
| 7 | 対象労働者の同意の撤回に関する手続 |
| 8 | 対象労働者の苦情処理措置を実施すること及びその具体的内容 |
| 9 | 同意をしなかった労働者に不利益な取扱いをしてはならないこと |
| 10 | その他厚生労働省令で定める事項(決議の有効期間等) |

### ③決議を労働基準監督署に届け出る

　労使委員会の決議は、所定の様式により所轄の労働基準監督署に届け出る必要があります。

### ④対象労働者の同意を署名で得る

　使用者は次の内容を明らかにした書面に労働者の署名を受けることにより、労働者の同意を得なければなりません。

| | |
|---|---|
| 1 | 同意をした場合には労働基準法に定められた労働時間、休憩、休日及び深夜の割増賃金に関する規定が適用しないこと |
| 2 | 同意の対象となる期間 |
| 3 | 同意の対象となる期間中に支払われると見込まれる賃金の額 |

### ⑤対象労働者を対象業務につかせる

　運用の過程で必要なことは次の内容となります。

　また、決議から6ケ月以内ごとに1から3の状況を労働基準監督署長に報告する必要があります。

1　対象労働者の健康管理時間を把握すること
2　対象労働者に休日を与えること
3　対象労働者の選択的措置及び健康・福祉確保措置を実施すること
4　対象労働者の苦情処理措置を実施すること
5　同意をしなかった労働者に不利益な取扱いをしないこと等

### 法律上のツボ　ポイント

対象者は一定の年収要件と限られた業種だけなんだよね。

労働委員会の設置、決議、労働者への同意、労働基準監督署への届出等の要件を満たしていないと有効にならないんだよ

# 13 長時間労働に関連した労働基準監督署の調査

労働基準監督署から労働時間の件で是正勧告されたのですが……

早急に対応しないといけないですよ!

## 労働時間違反の是正勧告が増えています

「労働基準監督署から労働時間の件で是正勧告されたのですが、どう対応すればいいですか?」こんな相談が非常に増えてきています。

最近はブラック企業を撲滅するために「長時間労働抑制のための監督指導」及び「賃金不払残業の防止」等の長時間労働に関連した労働基準監督署の調査が強化されています。

そもそも労働基準監督署の調査は、**定期監督**と**申告監督**の2種類に分けられます。定期監督は業種等の絞り込みを行い、一定期間に複数の会社の労働条件を調査します。一方、申告監督は社員からの法令違反の申告があった時に調査が行われます。法令違反による是正勧告又は指導が出た場合には、誠実に対応し是正を行えば問題はありません。

## 実務上のコツ　ココを押さえろ
### ●自主点検表はどうする?

労働基準監督署の調査とは別物ですが、会社に対し、労働基準関係法令の遵守について自主的な改善を求める「**労働条件自主点検表**」というものがあり、会社に書面が送られてくることがあります。労務管理についていくつかの点検項目があり、自社で記入し労働基準監督署に郵送又はFAXをするものです。

すべて実情に合わせて答えた結果、改善が必要な項目が出てくるかもしれません

が、その後に自主的に改善を行えば問題はありません。この自主点検表を機会に会社の労務管理を見直すのもよいでしょう。

## ●調査への対応

労働基準監督署の調査には日時を指定し複数事業所を監督署に呼び出すケースと労働基準監督官自らが会社に出向くケースがあります。突然、労働基準監督官が来社するケースは稀ですが、担当者が不在の場合等はその旨を告げた上で対応を急がずに、あらためて対応を行っていきましょう。

調査の目的（定期監督や申告監督等）によっても異なってきますが、労働基準監督署が確認する書類はほぼ決まっていますので、日頃から法令順守で整備しておきましょう（図1）。

▼図1　主な確認書類

| |
|---|
| ①社員名簿 |
| ②賃金台帳 |
| ③タイムカード等の勤務時間の記録 |
| ④時間外・休日労働に関する協定届（会社控） |
| ⑤現行の就業規則 |
| ⑥変形労働時間制やフレックスタイム制・裁量労働制等の労使協定 |
| ⑦社員の年次有給休暇取得状況についての管理簿 |
| ⑧社員に交付している労働条件通知書（会社控） |
| ⑨健康診断の実施結果 |

## ●是正勧告書と是正報告書の対応

労働基準監督署の調査により、法律違反が発見された場合は「是正勧告書」が交付され、法律違反ではないが改善すべき内容があった場合は「指導票」が交付されます。

会社は「是正勧告書」で指摘された部分については是正を行い「是正報告書」にて報告しなければなりません（図2）。なお、「是正勧告書」には是正すべき期日（交付から1ヶ月～1ヶ月半程度）が記載されていますが、実務上の都合等により、期日までの是正が困難な場合は、期日の変更を申出ることが可能です。

また、「是正勧告書」で未払い賃金を指摘された場合は遡って対象となる全社員に未払い賃金を支払うことになります。この場合、明確な基準はありませんが3ヶ月程

度の遡及支払い勧告を出すケースが多いようです。これは監督機関の基本的役割が刑罰の適用を背景として現に確認し得た法違反を是正させ、再び法違反にならないよう監督指導するところにあるためだと思われます。

### ▼図2　是正報告書例

**是正報告書**

〇〇〇〇年〇月〇日

〇〇労働基準監督署長殿

事業所名　：　株式会社　リンケージゲート
所在地　　：　東京都……………………
代表取締役：　東京　太郎

[印：株式会社リンケージゲート]

　〇〇〇〇年4月1日、貴署〇〇労働監督官の臨検、検査の際、是正勧告書によって是正改善指示された事項については、下記の通り是正改善しましたので報告します。

記

| 違反法条項 | 是正年月日 | 是正内容及び結果 |
|---|---|---|
| 労働基準法<br>第15条第1項 | 〇〇〇〇年<br>4月5日 | 雇用契約書を修正しました。(別紙) |
| 労働基準法<br>第32条 | 〇〇〇〇年<br>4月30日 | 36協定届を作成し、労使双方捺印の上、〇〇労働基準監督署へ提出しました。(別紙) |
| 労働基準法<br>第37条第1・4項 | 〇〇〇〇年<br>4月25日 | 平成〇〇年1月分～3月分の勤怠に基づき、未払賃金額を算出し、平成〇〇年4月25日に支払いました。また、時間外手当未払賃金および代休割増分に関する確認書を社員と締結しました。 |
| 労働基準法<br>第89条 | 〇〇〇〇年<br>4月30日 | 就業規則および賃金規程を〇〇労働基準監督署へ提出しました。 |

以上

### ●過重労働撲滅特別対策班（かとく）って何ですか？

「過重労働撲滅特別対策班」を略して「**かとく**」と呼びます。かとくとは過重労働に関する法律違反の調査監督指導を主な業務として行う特別班のことをいいます。

労働者数が多い大企業を中心に長時間労働を取り締まるための行政機関として、2015年4月に東京、大阪の2労働局に設置されました。さらに、全国47都道府県に設置されている「労働局」に、「過重労働特別監督管理官」を配置し強化しています。

「かとく」も労働基準監督署の調査も、法違反を是正させ、再び法違反にならないよう監督指導するところは同じですが、ただし、長時間労働を撲滅するための特別班ですから、かとくの監督官には、強い権限が与えられています。

### ●長時間労働で企業名の公表

2017年5月から「過労死等ゼロ」緊急対策の取組みとして、重大・悪質な労働時間関係違反等の場合は是正指導段階での**企業名が公表**されることになっています。ブラック企業かどうかは厚生労働省のHPで確認ができてしまうのです。

罰則とは違い企業名公表は企業イメージの低下が伴い社会的ダメージは大きいと考えられます。長時間労働という企業イメージを持たれると、人手不足の採用市場においてより不利な状況になるでしょう。

> **実務上のコツ　ポイント**
>
> 労働基準監督署の調査が入る前から、長時間労働については法令順守で対策をしておきましょう。

## 法律上のツボ　ココを押さえろ

### ●労働基準監督官の権限

労働基準監督署の労働基準監督官は、司法警察官の職務を行うので、送検や逮捕をすることができます。

ただし、労働基準監督官の司法警察権を定める法律は、以下の法律に限られています。

①労働基準法
②最低賃金法
③家内労働法
④労働安全衛生法
⑤作業環境測定法
⑥じん肺法
⑦賃金の支払の確保等に関する法律

● **書類送検される可能性**

　労働基準監督官は重大な、あるいは悪質な法違反をした者、被害者等が告訴・告発した者を地方検察庁に送検します。

　重大な法違反とは、身柄を拘束し強制労働させている場合や法違反により重大な死傷者等の出る災害を発生させた場合で、この場合には送検されます。また、「是正勧告書」の是正すべき期日を守らず、再度監督指導されても是正しなかった場合や、最初から是正を行う気が無かったと判断された場合には、最悪送検に至ることもあります。

　なお、送検の場合は「**書類送検**」と「**身柄送検**」がありますが、ほとんどの場合は「書類送検」となります。送検された段階では法違反が決定されたわけではなく、地方検察庁が起訴、不起訴を決定します。たとえ送検されたとしても、法違反を是正して改善していけば不起訴となる要素の一つとなります。

> **法律上のツボ　ポイント**
>
> 監督署に対し誠実に対応をしないと書類送検になることも……

書類送検なんてあるの？
なんて思っているかもしれませんが、
実際には送検になってるケースが
あるんです。東京労働局のHPで
送検事例が公開されているよ！

# 第4章 社員と揉める一番の原因は賃金！【賃金トラブル】

# 1 賃金カットはどこまでOKですか？

会社から一方的に賃金を下げられたんですけど……

一方的な賃金カットは違法だよ！

## 一方的な賃金カットはできません！

「業績不振なんで今月から全社員の賃金を○○％カットします」

こんな中小企業の話をたまに耳にします。社員にしてみれば、

「いくら景気が悪いとはいえ、こっちだって生活があるんだから、そんなの受け入れることはできません」

なんてことになりますよね。賃金カットを行うには、それ相応のやむを得ない理由が必要であり、それを社員に説明し、納得してもらうことが必要です。

会社があらゆる手を尽くした上で、それでもなお、社員の賃金カットが必要という事情があって、初めて行われるべきものです。慎重に行っていきましょう。

## 実務上のコツ　ココを押さえろ

### ●賃金カットの前にやるべきことをやりましょう

賃金カットは、優秀な社員の退職又はモチベーションの低下をひきおこす等、大きな影響が出るため、慎重な対応が必要です。よく中小企業でみられるのが、何の対策もせずに不景気だからという理由で賃金カットを行っているケースです。賃金カットを行う前に、まずできる限りの手を尽くさなければなりません。

(1) 交際費、広告宣伝費等の社内経費の見直し
(2) 役員報酬のカット

(3) 賞与のカット
(4) 社員の賃金カット

　(1)～(3) の対策を行わないで、いきなり (4) の社員の賃金カットを行うと当然社員から不満が続出します。
　会社としては社員の賃金カット以外で、まずは努力をすることが必要です。

● 社員との話し合いは必須です
　賃金カットを行う場合には社員への説明の機会を持つようにしましょう。そこで、賃金カットを実施するに至った経緯、実施の目的、適用となる社員の範囲、カットをする賃金の対象とカット率または額、実施の期間、業績向上のための施策等を、詳細に社員に説明し話し合わなければなりません。
　会社の一方的な説明のみで決定し、後になって訴訟等を起こされた場合、会社にとって不利に働いてしまいます。
　会社には社員の生活を守る義務がありますので、誠意ある態度をもって説明し、社員からの質疑にも誠意を持って答えましょう。
　その際には会社の経営状況及び賃金についての将来的な見通しについても説明し、社員がモチベーションを維持できるように対応をしていきましょう。
　なお、この話し合いについては、書面で議事録をとるようにしましょう。

● 賃金のカットの率や期間はどうする？
　賃金カットの方法としては、全社員一律カットではなく、階層別に管理職層10％、一般職層5％というようにカット率を変えているケースが多いようです。また、賃金カットを行う場合には「期間」を設定しましょう。例えば「○○○○**年**○**月**○**日**～○○○○**年**○**月**○**日の1年間**」というように期間を明示しましょう。永続的に賃金カットを行うのではなく、一定の期間は賃金カットを受け入れてもらい、経営が改善したら元の状態に戻すというのが良いでしょう。なお、賃金カット率はカットの上限が法的には設定されておらず、労使の合意により決定がなされます。ただし、合意とはいっても40％、50％の賃金カット率は社会通念上相当ではないため、減給の制裁の限度である10％を目安に考えるとよいでしょう。賃金カットの際には必ず個別の同意をとるようにしましょう（図1）。

▼図1　賃金改定の合意書例

## 合意書

株式会社リンケージゲート（以下「甲」という）と吉田一郎（以下「乙」という）とは、甲乙間の労働条件（賃金）の変更に関して、以下の通り合意する。

乙の労働条件（賃金）を○○○○年5月1日（○○○○年6月15日支給分）より以下の通り変更する。
なお、変更期間は○○○○年○月○日〜○○○○年○月○日までとし、期間終了後は従前の労働条件（賃金）に変更を行う。

| 旧 | 新 |
|---|---|
| 賃金<br>基本給：260,000 円 | 賃金<br>基本給：247,000 円 |

○○○○年○月○日
　　（甲）株式会社リンケージゲート
　　　　　代表取締役　東京　太郎　

　　（乙）吉田　一郎　

### 実務上のコツ　ポイント

一方的な賃金カットはできません。まずは賃金カット以外で努力をしてから、社員とじっくり話し合いましょう。

## 法律上のツボ　ココを押さえろ

● 合理的な理由があれば賃金カットを行うことができる

　原則としてやむを得ない事情がない限り、会社は賃金カットをすることはできません。賃金カットの方法としては表1に挙げるものなどがあります。

▼表1　賃金カットの方法

| 方法 | 内容 |
| --- | --- |
| ① 労使合意 | 会社と本人の合意のもとに賃金の変更を行います。 |
| ② 就業規則の変更 | 手当の廃止等により賃金変更を行います。ただし、不利益変更にあたるため、変更後の就業規則を社員に周知させること、および内容の合理性が必要となります。 |
| ③ 労働協約等の締結 | 労働組合がある場合には組合との合意により個別の同意は不要となります。ただし、非組合員には個別同意が必要となります。 |
| ④ 職種変更・配置転換 | 職種変更・配置転換等のみにより賃金カットとなる場合は、社員の同意や就業規則の定めがない限り無効ですが、役職や配置ポストに伴う手当のカットは、適法な人事権行使の範囲内で有効となります。 |
| ⑤ 人事考課 | 客観的に公平な人事考課制度を運用していれば、賃金カットを行うことができます。その場合には、社員との個別合意、協約、就業規則等の人事考課規程を作成している等、労働契約法上の根拠があり、かつ内容や制度設計が合理的であることが必要となります。 |

―― 知っておきたい判例 ――
**【チェースマンハッタン銀行事件（東京地判・平成6年9月14日）】**
**業績悪化を理由とした一方的な賃金カットを無効とした事案**
銀行側が整理解雇回避のための措置として、業績悪化を理由として、社員の賃金・一時金・退職金の平均30%を一方的に減額したことに対し、裁判所は、雇用契約において賃金は最も重要な契約要素であることはいうまでもなく、これを社員の同意を得ることなく、一方的に不利益に変更することはできないとし、賃金カットを無効と判断した。

―― 知っておきたい判例 ――
**【N技術事件（東京地判・平成20年1月25日）】**
**賃金カットの明確な説明責任を果たさなかった事案**
会社の経営状況が悪化する中で賃金引下げの必要性を説明し、社員の理解を求めました。しかし、その内容は、確定的減額か一時的減額かはっきりせず、その説明方法も、文書やパソコンメールという一方的なものでした。
これに対し裁判所は、「会社から一方的に通知なり告知して、特段の異論なり反対がないから合意が確定的に成立しているというのは、あまりに身勝手な受け止め方といわざるを得ない」として賃金カットの合意は成立しておらず、無効としました。

### 法律上のツボ　ポイント

個別同意、就業規則の変更、人事考課etc.　賃金カットも合理的な方法であれば問題ありません。

## 2 残業代を基本給に組み込むことは合法ですか？

うち会社の基本給には残業代が含まれているんです

ふうん。
で、その根拠となる書面はあるんですか？

## 基本給に残業代が組み込まれている？？

「うちの基本給には残業代が含まれているんだ！」
　会社と社員は基本給に残業代が含まれているということをお互いに納得して口頭での雇用契約を行いました。
　しかし、後になってから社員に「残業代が支払われないのは違法だ。だいたい何時間分の残業が含まれているかもわからないじゃないですか」と咎められたそうです。中小企業では基本給と残業代の総額を基本給として支給するケースがよくあります。
　しかし、残業手当の額及び残業の設定時間を提示せずに基本給に残業手当を組み込む方法は無効となる可能性が非常に高く、未払い残業代の請求をされる可能性があるので注意が必要です。
　また、口頭による契約は残業代に限らず、トラブルの元となりますので雇用契約、就業規則の整備及び給与明細書に記載をしていきましょう。

## 実務上のコツ　ココを押さえろ

●定額残業代って何？

　通常、残業代については労働時間を把握し、しっかりと計算して社員に支払わなければなりません。しかし、あらかじめ毎月の固定額を定めておき、定額残業代として支払う方法があります。

この定額残業代の支払方法には大きくわけて「**定額残業手当方式**」と「**基本給組込方式**」があります。

① 定額残業手当方式（時間数支払い型）

基本給とは別に残業代を固定の定額手当として支給する方法です。この方法が一番シンプルで社員にとってもわかりやすい制度であるといえます。例えば、月に30時間分の残業代を想定する場合、固定残業の金額の定め方としては「基本給＋定額残業手当○○円（時間外労働30時間相当分）」とします。

総支給額の金額を設定してから、30時間相当分の定額残業手当を算出する場合は以下の計算式で行います（図1）。

▼図1　定額残業手当方式（時間数支払い型）

【例】
総支給 ÷（160h（1ヶ月の所定労働時間）＋ 30h × 1.25）＝ 時間単価
時間単価 × 1.25 ＝ 残業単価
残業単価 × 30h ＝ 定額残業手当

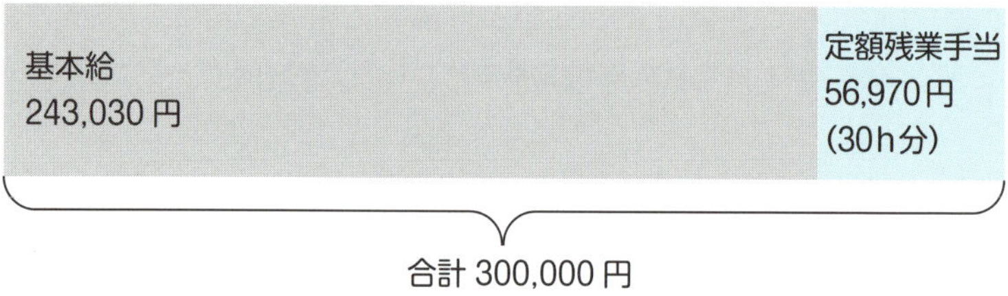

基本給
243,030 円

定額残業手当
56,970 円
（30h分）

合計 300,000 円

**就業規則記載例**
**(定額残業手当※時間数支払い型)**
第○○条　定額残業手当は、一賃金支払期間に原則として30時間分の時間外労働分に対する割増賃金相当分とする。ただし、時間外労働が30時間に満たなかった場合、割増賃金相当分より時間外労働分を差引いた額を深夜割増賃金、休日労働割増賃金の内払いとみなす。
　2　定額残業手当に含まれる時間外手当の額については、個別に定める雇用契約書又は定額残業手当確認書により定める。
　3　時間外相当分の金額を超えて時間外労働、深夜労働、休日労働をした場合は、その差額を割増賃金として支払う。

## ②定額残業手当方式（一律支払い型）

「定額残業手当30,000円」と一律の金額で支払う方法があります。この場合、社員個々によって時給単価が異なり、見込みの時間外労働時間数が異なってくるのが運用上の問題です。

時給単価の高い社員は時間外の労働時間数は少なくなります。公平に行う場合は段階の手当を定める必要があります。後々のトラブルの可能性を考えると、実務的には時間数支払い型で運用する方が有用です（図2）。

▼図2　定額残業手当方式（一律支払い型）

| 基本給 250,000円 | 定額残業手当 50,000円 |

合計 300,000円

**就業規則記載例**
**(定額残業手当※一律支払い型)**
第○○条　定額残業手当は、○○○○円とする。定額残業手当は時間外、休日、深夜労働分に対する割増賃金相当分とする。
　2　同じ
　3　同じ

③基本給組込方式

　基本給の中に残業代を組み込む方法です（図3）。基本給に残業代が含まれているため、定額残業分が不明確となる可能性があります。

　この方式を採用する場合は、あらかじめ基本給の残業代部分を、就業規則や雇用契約書等で社員に明確に提示するとともに、どの部分が割増賃金に相当する部分なのか、明確に区分する必要があります。基本給組込形式は社員にとっては非常にわかりにくい制度のため、慎重な運用が必要です。また、給与明細書に基本給の残業代部分を明確に記載しておきましょう。

▼図3　基本給組込方式

> 基本給
> 300,000円（内残業相当分 56,970円）

> 就業規則記載例
> （定額残業手当 ※基本給組込型）
> 第○○条　基本給には、一賃金支払期間に原則として40時間分の時間外労働分に対する割増賃金相当分を含むこととする。
> 　2　同じ
> 　3　同じ

● 個別の同意と就業規則への記載

　賃金トラブルを起こさないためにも、社員との個別の同意を忘れないようにしてください。同意をとる方法として、定額残業手当の内訳等を明示した確認書を作成します。定額残業手当の内訳等は賃金の変更により変動しますので、変更の都度同意をとるようにしましょう。

　なお、「就業規則には記載されていませんが、個別の同意をとって○○手当は残業代として支払っていました」と会社がいくら主張をしても、その取り決めについて就業規則に記載されていない場合は無効とされる可能性もあるので、個別の同意と合わせて、就業規則の整備も行いましょう（図4）。

▼図4　定額残業手当導入の確認書例【定額残業手当方式（時間数支払型）】

定額残業手当導入の確認書

株式会社リンケージゲート（以下「甲」という）と吉田一郎（以下「乙」という）とは、甲乙間の労働条件の定額残業手当導入に関して、乙の賃金を平成○○年○月○日支給分賃金より下記の通り変更することを相互に確認し同意いたします。

基本給　　　　243,030 円
定額残業手当　 56,970 円

定額残業手当は一賃金支払期間に原則として 30 時間分の時間外労働分に対する割増賃金相当分とする。

　　　　　　　　　　　　　　　　○○○○年○月○日
　　　　　　　　　　　　　　　　（甲）株式会社リンケージゲート
　　　　　　　　　　　　　　　　　　　代表取締役　東京　太郎

　　　　　　　　　　　　　　　　（乙）　吉田　一郎

### 実務上のコツ　ポイント

定額残業制を導入する場合は、社員に周知徹底しましょう。

## 法律上のツボ　ココを押さえろ

● 定額残業手当を下回る場合と超えた場合はどうする？

　定額残業手当を超えて残業を行った場合には、超えた時間の残業代を支払う必要があります。超えた時間分を支払うことを就業規則及び雇用契約書に記載しましょう。

　一方、定額残業手当を下回る場合に控除していいのかという問題がありますが、定額残業手当が保障給的な性格のため控除することはできません。下回る場合に控除するのであれば最初から定額残業制を導入せずに普通に支払う方が良いでしょう。

### ●定額残業手当の時間数は何時間でもいいのか？

会社によっては人件費を抑えるために定額残業手当の時間数を多く設定するケースがあります。**過度な時間外労働をあらかじめ設定**することは、社員の健康を配慮せず、長時間労働を誘発する可能性が高くなります。判例によると、月80時間分の定額残業手当の設定に対し、安全配慮義務違反が認められ、会社・役員に対し損害賠償命令が出ています。

そのため、労働時間について社員の健康に配慮した時間設定が必要であり、月45時間以内が妥当と考えられます。

### ●定額残業の取扱いが厳格になってきている

定額残業手当の裁判例をみていると、年々厳格化してきています。**10年前なら大丈夫だった制度運営であっても否認される**ことが多くなってきています。今後は定額残業手当を導入するには以下のことを踏まえ厳格なルールで運用していきましょう。

#### (1) 定額残業の明確性

労働時間の賃金に当たる部分と割増賃金に当たる部分とが明確に区別されていることが重要になります。残業の時間数だけ特定されていても明確に区分されているとは言えません。また、最近の判例では給与明細に記載する際には内訳を記載する必要性もでています。

#### (2) 定額残業手当を超えた分の差額を支払う

設定した時間を超過する場合、定額残業代の他に、超過時間について別途算出した手当を支払います。超えた分を支払うことを就業規則、雇用契約書に記載するだけでなく、実際に支給した、労働時間管理を行っていた事実が必要となります。

#### (3) 手当に実質的に残業代としての性質があるのか

定額残業的意味合いのある手当としての性質があるかどうかも重要となってきます。ただ単なる調整手当や特別手当を残業代の代わりといっても合理的な理由がないと否認されます。

#### (4) 手当の名称は関係するのか

職務手当、業務手当、営業手当等の名称でも有効性判断には問題ありませんが、明

確に就業規則、雇用契約書に記載し、本人に周知がされていない場合は否認される可能性もあります。

### (5) 定額残業の時間数と実態に乖離がないか

定額残業代を決定する際に、残業時間数や算定根拠について調査及び確認をする必要があります。

例えば、実際の残業時間は20時間程度にも関わらず、定額残業手当を60時間に設定するような場合で、実態と離れていると、その合理性を問われる可能性があります。

### (6) 36協定を提出の有無と定額残業手当の有効性

36協定が固定残業代の有効性の判断にならないと過去の判例にはありますが、今後は厳格性を求められるため36協定の締結及び届出は不可欠です。

---

**行政通達（平成29年7月31日　基発0731　第27号）要約**
時間外労働等に対する割増賃金の解釈
　この通達では、定額残業代について次の解釈が示されています。
・時間外労働等に対する割増賃金を定額で支払う場合は、通常の労働時間の賃金に当たる部分と割増賃金に当たる部分とを明確に区別すること。
・割増賃金に当たる部分の金額が実際の時間外労働等の時間に応じた割増賃金の額を下回る場合は、差額を追加して所定の賃金支払日に支払うこと。

---

**知っておきたい判例**

【小里機材事件（最判・昭和63年7月14日）】
**定額残業手当が認められる要件を示し、結論として否定した事案**
裁判所は、一定の時間外労働に対する割増賃金を給与に含める旨の合意があったとしても、その給与のうち割増賃金に当たる部分が明確に区分され、さらに、労働基準法による額がその額を上回るときは、その差額を当該賃金の支払い期に支払うことが合意されている場合のみその予定割増賃金部分を当該月の割増賃金の一部または全部とすることができるという判断基準を示したうえで、本件ではこれらの要件を満たしていないとして、定額残業手当として認めないと判断されました。

---
**知っておきたい判例**

**【藤ビルメンテナンス事件（東京地判・平成20年3月21日）】**
**基本給の中に固定残業代が含まれていることを一部容認・一部否認した事案**

就業規則及び賃金規程には深夜割増手当は基本給に含まれ、能力給または運行管理手当には時間外割増賃金が含まれる旨が定められていた。

廃棄物収集処理に従事する勤務の大部分が夜から明け方にかけての作業であることは本人自身の勤務状況からも明らかであり、必然的に深夜労働時間帯にわたるものであることを知っていたはずであることにより基本給には深夜割増手当が含まれているとした。

しかし、月々の給与明細等と賃金規程とを照合してみて、当月の労働時間数、そのうちの時間外労働時間、休日労働時間、深夜労働時間との関係で労働者の賃金がいくらになるのかを同人自身が概算でも分かる程度に明示されていることが求められるが能力給の算出について就業規則や賃金規程にも存在がなく、周知もされていなかった。よって能力給には時間外割増が含まれていないとした。

---

**知っておきたい判例**

**【テックジャパン事件（最判・平成24年3月8日）】**
**基本給の中に固定残業代が含まれていることを否認した事案**

基本給について、通常の労働時間の賃金に当たる部分と時間外の割増賃金に当たる部分とを判別することはできないとし、別途に割増賃金を支払う義務があるとされました。便宜的に毎月の給与の中にあらかじめ一定時間の残業手当が算入されているものとして給与が支払われている場合は、その旨が雇用契約上も明確にされていなければならないと同時に支給時に支給対象の時間外労働の時間数と残業手当の額が労働者に明示が必要であり、さらには一定時間の残業手当分を超えて残業が行われた場合には当然その所定の支給日に別途上乗せして残業手当を支給する旨もあらかじめ明らかにされていなければならいと判断されました。

**（裁判官補足意見）**

便宜的に毎月の給与の中にあらかじめ一定時間（例えば10時間分）の残業手当が算入されているものとして給与が支払われている事例もみられるが、その場合は、その旨が雇用契約上も明確にされていなければならないと同時に支給時に支給対象の時間外労働の時間数と残業手当の額が労働者に明示されていなければならない（給与明細）といえる。さらには10時間を超えて残業が行われた場合には当然その所定の支給日に別途上乗せして残業手当を支給する旨もあらかじめ明らかにされていなければならないと解すべきと思われる。本件の場合、そのようなあらかじめの合意も支給実態も認められない。

## 知っておきたい判例

**【ワークフロンティア事件（東京地判・平成24年9月4日）】**
**基本給の中に固定残業代が含まれていることを容認した事案**
固定割増賃金制度について賃金規程に定めがないと無効との訴えと未払賃金の支払請求を基本給の項目に基本給〇〇円※時間外労働45時間分の固定割増賃金〇〇円を含むと記載された労働条件通知書を有効とし、労働者からの請求を棄却しました。
基本給の中に割増賃金を含める旨の合意について、その基本給のうち割増賃金に当たる部分が明確に区分されて合意され、労働基準法所定の計算方法による額がその額を上回るときはその額を支払うことが合意されている場合、当該合意は労基法に反するものではなく有効であり、労働条件通知書記載のとおり、基本給の中に固定割増賃金を含める旨の個別合意が成立しており、かつ、それらの個別合意は有効であるとされました。

## 知っておきたい判例

**【日本ケミカル事件（最判・平成30年7月9日）】**
**高裁で否認された定額残業が最高裁で認められた事案**
基本給の他に定額残業分として業務手当が支払われていた。雇用契約書には「賃金月額に残業手当を含む」「時間外手当は、みなし残業時間を超えた場合はこの限りではない」と記載されていた。給与明細書にも、「月額給与」と「業務手当」が区分されていた。また、賃金規程にも、業務手当を「時間外手当の代わりとして支給する」と記載されていた。
高裁では、残業手当分に相当する時間外労働数が雇用契約書に記載がなかった、給与明細書の時間外労働数の欄が空白だったために、残業手当を上回る割増賃金を得られているか把握できないと判断されていた。
しかし、最高裁では雇用契約書、賃金規程などの記載があり、当該手当や割増賃金に関する説明しており、業務手当の運用状況、労働時間等の勤務状況などの事情を考慮して判断すべきとして、業務手当は、時間外労働に対する対価として支払われていたと認められた。

## 知っておきたい判例

**【ファニメディック事件（東京地判・平成25年7月23日）】**
**基本給の中に固定残業代が含まれていることを否認した事案**
賃金規程に基本給は75時間分の時間外労働手当相当額及び30時間分の深夜労働手当相当額として含むものとし計算式も記載され、これを超える場合には、使用者は超えた金額を支払うとの規定がありました。
裁判所は、「同規定を前提としても、75時間分という時間外労働手当相当額が2割5分増の通常時間外の割増賃金のみを対象とするのか、3割5分増の休日時間外の割増賃金をも含むのかは判然とせず、雇用契約書や給与支給明細書にも内容は全く記載されていない。」として無効としました。
固定残業手当として基本給とは区分していても、時間外労働割増賃金、深夜労働割増賃金、休日労働割増賃金の金額での区分を規定しておくことを求められました。

> **知っておきたい判例**
>
> **【イーライフ事件（東京地判・成25年2月28日）】**
> **精勤手当が固定残業手当ではないと否認した事案**
> 精勤手当について残業手当の趣旨である旨の説明もなされてない。また、超過勤務手当の代わりとして支給されていた精勤手当について支給額が労働者の年齢・勤務年数・業績等により数回に渡り変動していることから、時間外労働の対価としての性質以外のものが含まれているとみるのが自然であるとした。その合意中に当該支給額が何時間分の時間外労働に相当するものであるかを知ることもできないため否認をした。

### 法律上のツボ　ポイント

定額残業手当の時間数は45時間以内の設定をしましょう。

# 3 営業マンには残業代はいらないでしょ！

営業は辛いよ…
だって残業代が出ないんだよ……

えっ、間違ってない？
そうとも限らないよ

## 「営業マンに残業代がいらない」と考えるのは危険です

「営業マンには"みなし労働時間制"が適用されるから、残業代の支払い義務はないでしょ」と多くの会社はこのように考えているようですが、実際は少し異なります。

営業マンのように日中外出し、仕事をする職種は、「会社が正確に労働時間を把握することが困難である」という理由により、「所定労働時間働いたものとみなすことができる」とされています。

法定労働時間内のみなし労働時間で、適切に運用していれば残業代の支払いも不要となります。

ただし、「**労働時間を算定し難い**」場合でなければ、所定労働時間働いたものとみなされません。また、みなし労働時間制が適用されたとしても、社内での事務処理時間には残業代の支払いが発生する恐れがあります。

営業マンには残業代は不要という考えは捨て、営業手当等で残業代の対策を考えましょう。

## 実務上のコツ　ココを押さえろ

● **営業手当は残業代の固定払いへ変更**

社外で一日中仕事をして、会社が労働時間を一切把握しないで、毎日のように直行・直帰を繰り返す営業マンはほとんどいないのではないでしょうか。

営業前であればプレゼン資料を作成するでしょうし、営業で契約を獲れば手続き書類も作成するでしょう。このような社内での事務仕事は労働時間として別途把握し、社外でのみなし労働時間と合算することになります。

営業マンの場合、社外と社内の労働が混在するため、必然的に所定労働時間以上労働していることが多くなります。そのため、会社は残業代の見返りとして、定額の営業手当で対応しているケースが多いようです。ただし、「**営業手当は営業に従事する社員に一律〇〇円を支給する**」とだけしか、就業規則に記載していない場合は残業代の代わりになることはありません。

残業代が含まれていると主張するためには、前述した定額残業手当のように「営業手当が時間外として何時間分の割増賃金に相当するかがわかるように、営業手当のうち割増賃金相当部分とそれ以外の部分とを明確に区別すること又はその額の全てを割増賃金相当部分とすること」が必要です。

このようにして、営業手当を残業代の代わりとして運用することで未払い残業のリスク回避となります。

### 実務上のコツ　ポイント

営業手当は残業代の代わりとして支給しましょう。

## 法律上のツボ　ココを押さえろ

● 労働時間を算定し難い場合

**労働基準法第38条の2**では「労働時間の全部又は一部について事業場外で業務に従事した場合において、労働時間を算定し難いときは所定労働時間労働したものとみなす」と記載されています。「労働時間を算定し難い」場合の解釈について行政通達（**昭和63年1月1日　基発1号**）では次のように記載しています。

> **行政通達（昭和63年1月1日　基発1号）**
> (1) 何人かのグループで事業場外労働に従事する場合で、そのメンバーの中に労働時間の管理をする者がいる場合
>
> (2) 事業場外で業務に従事するが、無線やポケットベル等によって随時使用者の指示を受けながら労働している場合
>
> (3) 事業場において、訪問先、帰社時刻等当日の業務の具体的指示を受けたのち、事業場外で指示どおりに業務に従事し、その後事業場にもどる場合
>
> ※昭和63年の通達になるため無線やポケットベルは携帯電話やパソコンと読み替えた方がいいでしょう。

　行政通達を読み解くと営業社員に携帯電話を持たせて、会社から業務指示を与えたり、社員と連絡をとるような場合は、事業場外で業務する場合であっても、会社の具体的な指揮監督が及んでおり、労働時間の算定が可能であるので事業場外のみなし労働には該当しないことになります。

　行政通達は昭和63年のものであり、現在とは違って通信手段も公衆電話等ぐらいしかなく、上司からの指示連絡も難しかったため、上記のような通達が出されたものと推測されます。

　携帯電話、パソコンが普及した現在では、事業場の外に出て会社と連絡をとらずに業務を遂行することはよほどのことでない限り考えられないものです。そのため、連絡の頻度や指示の範囲等が重要になってくると考えられます。

　昭和63年の行政通達のため現在の働き方とはマッチしておりませんが、行政指導等では先にあげた基準をもとに指導が行われますので注意が必要です。

### ●一括適用みなし説・別途把握説

　1日に労働時間の把握が困難な事業場外労働と把握可能な事業場内労働が混在する場合に対して二つの行政通達がほぼ同時期に出ています。

　一つ目の行政通達（**昭和63年1月1日　基発1号**）は「一部を事業場内で業務に従事した場合は、事業場内の時間も含めみなし労働時間を適用する」とした一括適用みなし説です。

> **行政通達（昭和63年1月1日　基発1号）**
> 労働時間の全部又は一部について事業場外で業務に従事した場合において、労働時間を算定し難いときは、所定労働時間労働したものとみなされ、労働時間の一部について事業場内で業務に従事した場合には、当該事業場内の労働時間も含めて、所定労働時間労働したものとみなされるものである。当該業務を遂行するために通常所定労働時間を超えて労働することが必要となる場合には、当該業務の遂行に通常必要とされる時間労働したとみなされ、労働時間の一部について事業場内で業務に従事した場合には、当該事業場内の労働時間と事業場外で従事した業務の遂行に必要とされる時間とを加えた時間労働したとみなされるものであること。

　二つ目の行政通達（**昭和63年3月14日　基発150号**）は「労働時間の算定対象となるのは事業場外で業務に従事した部分である」とした別途把握説です。

> **行政通達（昭和63年3月14日　基発150号）**
> みなし労働時間制による労働時間の算定の対象となるのは、事業場外で業務に従事した部分であり、労使協定についても、この部分について協定する。事業場内で労働した時間について別途把握しなければならない。そして、労働時間の一部を事業場内で労働した日の労働時間は、みなし労働時間制によって算定される事業場外で業務に従事した時間と、別途把握した事業場内における時間とを加えた時間となる。

　このように、みなし労働時間制には二説あり統一の見解というのは出ておりません。ただし、行政指導としては別途把握説に基づき指導が行われていることから、別途把握説で対応することをお勧めします。
　別途把握説では所定労働時間を超えて労働することが必要な場合、事業場内で労働した時間はみなし労働時間制の対象にならないため、別途労働時間として把握し加算する必要があります。その結果、所定労働時間を超える場合は時間外労働手当の支払いが必要です。

―― 知っておきたい判例 ――

**【光和商事事件（大阪地判・平成14年7月19日）】**
**営業に従事する社員らが残業代を請求した事案**

金融業を営む会社の営業社員が時間外労働手当を請求した事案です。

会社は、この裁判で「事業場外みなし労働時間制により、所定労働時間労働したものとみなされる」と主張し、社員の主張と争いました。

しかし、裁判所は、営業社員は朝8時15分から朝礼を行うとされていたこと、その際に会社から業務指示があったこと、メモ書き程度とはいえ当日の行動予定表を前日会社に提出していたこと、外勤中に行動を報告したときには、会社においてその予定表の該当欄に線を引くなどしてこれを抹消していたこと、会社所有の携帯電話を営業社員全員に持たせていたこと、午後6時に帰社し、事務所内を清掃して、午後6時30分までに退社するよう会社から指示されていたこと、会社がタイムカードで出退勤を管理していたことなどの事実を認定し、営業社員の労働時間を算定することが困難であるということはできず、当該社員が労働基準法38条の2第1項の事業場外みなし労働時間制の適用はないと判断し、会社の主張を斥けました。

### 法律上のツボ　ポイント

事業場内の時間は別途把握し管理しよう。

営業マンに残業代が支給されていない会社は多いんだよね……
「歩合給が出てるからいいでしょ」っていう会社があったけど、歩合給にも残業代の支払いが必要なんだよな……
早く対策しないと大変なことになりそうだよな！

# 4 管理職は労働時間や残業代が関係ない？

管理職に昇進させたら
残業代は支払わなくてもいいんでしょ？

肩書だけで決めつけてはいけませんよ！

## 「管理職には時間のしばりがない」といっては危険な場合も

　工場長や店長、部長、課長等のいわゆる管理職といわれる立場の社員は残業代を支払われないことが多いです。それは、労働基準法で「**管理監督者**」に対しては残業代を支払わなくても良いという大義名分があるからです。会社によっては、わざと管理職に昇進させて残業代の支払いを逃れようとするケースもあります。

　しかし、一般的な管理職と労働基準法の「管理監督者」は必ずしも一致しないので、後々未払い残業代を請求される可能性があります。会社内の**肩書や地位**だけで「管理監督者」といっても、権限と実態が伴わない場合は認められません。その他、労働安全衛生法の改正により、管理監督者も含めすべての労働者が対象となり、長時間労働等に伴う健康確保・安全配慮の観点から、管理監督者も労働時間の把握が義務となりました。

## 実務上のコツ　ココを押さえろ

### ●安易に管理職は残業代がないと決めてはいけません

　「うちの会社は課長以上が管理職だから、残業代は支払う必要がないでしょ」とよく聞きます。法律的には、管理監督者は労働時間等の制限を受けないため、残業代の支払いも必要ありません。ただし、管理監督者の基準は、会社内の**肩書や地位**ではなく、職務内容、責任と権限、勤務態様、待遇等を踏まえて実態により判断されます。もしも「管理監督者ではない」と判断された場合は、**未払い残業代**を請求される可能

性も出てくるので、定額残業制を導入する等の対策をしましょう。

また、管理職であれば、何時間働かせてもいいような誤解もありますが、前述したように健康を害するような長時間労働をさせると、**安全配慮義務違反**のリスクも出てきます。

中小企業では「労働時間のしばりがないから」といって、一般社員に振り分けづらい雑多な仕事を管理職に任せてしまうケースがあります。管理職としての職務を全うして欲しいのに、その他業務を押し付けてばかりでは、本人の不満も溜まる一方ですし、本来の職務に支障も出ることでしょう。

● 役職手当の記載を変更しよう

管理職になると役職手当が支払われることになる会社が多いのではないでしょうか。役職手当の支給と引き換えに残業代が支払われなくなるケースがありますが、前述したように、ここには未払い残業代の請求の危険が潜んでいます。会社としては「役職手当が支払われているのだから、残業代はつけなくてもいいでしょ」と言いたいところですが、賃金について、一般社員と比較して相応の待遇がなされていないと管理監督者とは認められません。この場合は残業代の基礎となる給与として基本給の他に役職手当を含めて計算することになりますので、管理監督者としての基準が否認された場合に多額の残業代を支払うことになります。このような状況を避けるために、あらかじめ**役職手当が残業代に充当する旨**を就業規則に記載しておきましょう。未払い残業代の請求があった時の対抗手段として有効です。

> **就業規則記載例**
> （役職手当）
> 第○○条　役職手当は、会社が必要と認める重責を担う役職に就く以下の者に対して支給する。
> 　　　　　なお、以下の手当は、その職務の増加によって生じる時間外労働に対する割増賃金として支給するものとする。
> 　　　　　(1) 部長・・・・150,000円
> 　　　　　(2) 次長・・・・120,000円
> 　　　　　(3) 課長・・・・100,000円

> **実務上のコツ　ポイント**
>
> 管理監督者として認められない可能性も考え、就業規則で対策をしておきましょう。

## 法律上のツボ　ココを押さえろ

● 管理職ってどの範囲の人？

「管理監督者＝管理職」ではありません。

**労働基準法第41条**では、管理監督者については時間外割増賃金（深夜労働を除く）の規定が適用されないとしています。そして行政通達（**昭和63年3月14日　基発150号**）によると、その労働基準法上の管理監督者について「監督若しくは管理の地位にある者とは、一般的には部長、工場長等労働条件の決定その他労務管理について経営者と一体的な立場にある者の意であり、名称にとらわれず実態に即して判断すべき者である」とされています。

上記通達のポイントをまとめると管理監督者の範囲は次の通りになります。

---

**行政通達（昭和63年3月14日　基発150号）まとめ**

**(1) 職務内容、権限、責任**

会社の経営方針、社員の労働条件の決定その他労務管理について経営者と一体的な立場にあることが必要です。経営者と一体的な立場で仕事をするために、指揮命令にかかる一定の権限、責任を委ねられていることが必要です。

**(2) 勤務態様、労働時間管理の現況**

労働時間、休憩、休日等に関して厳格な規制を受けず、自己の勤務時間について裁量性が認められていることが必要です。また、遅刻、早退によって給与、賞与を減額させるような管理はできません。

**(3) 待遇**

給与、賞与、その他の待遇において、一般社員と比較して、その立場に相応しい優遇を受けていることが必要です。

---

管理監督者は上記の基準を踏まえて実態により判断することになります。

なお、多店舗展開する小売業、飲食業等の店舗における管理監督者については具体的な判断要素を整理した行政通達（**平成20年9月9日　基発第0909001号**）が出て

おり、下記の項目に当てはまる場合は、管理監督者には当たらないとされています。

> **行政通達（平成20年9月9日　基発第0909001号）まとめ**
>
> **(1)「職務内容、責任と権限」についての判断要素**
>
> **①採用**
> ⇒店舗に所属するアルバイト・パート等の採用に関する責任と権限がない。
>
> **②解雇**
> ⇒店舗に所属するアルバイト・パート等の解雇に関する事項が職務内容に含まれておらず、実質的にも関与していない。
>
> **③人事考課**
> ⇒部下の人事考課に関する事項が職務内容に含まれておらず、実質的にも関与していない。
>
> **④労働時間の管理**
> ⇒勤務割表の作成又は所定時間外労働の命令を行う責任と権限が実質的にない。
>
> **(2)「勤務態様」についての判断要素**
>
> **①遅刻、早退等に関する取扱い**
> ⇒遅刻、早退等により減給の制裁、人事考課での負の評価など不利益な取扱いがされる。
>
> **②労働時間に関する裁量**
> ⇒長時間労働を余儀なくされている場合のように、実際には労働時間に関する裁量がほとんどない。
>
> **③部下の勤務態様との違い**
> ⇒部下と同様の勤務態様が労働時間の大半を占めている。
>
> **(3)「賃金等の待遇」についての判断要素**
>
> **①基本給、役職手当**
> ⇒基本給、役職手当等の優遇措置が、実際の労働時間数を勘案した場合に、割増賃金の規定が適用除外となることを考慮すると十分でなく労働者保護に欠ける。
>
> **②支払われた賃金の総額**
> ⇒ 一年間に支払われた賃金の総額が、勤続年数、業績、専門職種等の事情がないにもかかわらず、当該会社の一般労働者の賃金総額と同程度以下である。
>
> **③時間単価**
> ⇒長時間労働を余儀なくされた結果、時間単価に換算した賃金額において、アルバイト・パート等の賃金額に満たない。時間単価に換算した賃金額が最低賃金額に満たない。

## ●管理職の有給休暇はどうなる?

　管理監督者は出社時間や退社時間などの出勤については自由裁量であるため、「わざわざ有給休暇を付与しなくても、自由裁量で休めばいいじゃないか!」という声も聞こえてきそうですが、管理監督者は労働時間については適用除外(深夜労働を除く)になりますが、その他については他の社員と相違ありません。もちろん管理監督者でない管理職も同様です。

　有給休暇は社員の権利です。社員に等しく付与されます。

## ●管理監督者も労働時間の把握が義務化

　労働基準法において、使用者は社員の労働時間を適正に把握する必要がありますが、管理監督者等については除くとされています。そのため管理監督者には出退勤の管理をしていなかった会社も多かったのではないでしょうか。しかし、2019年4月の**労働安全衛生法の改正**により、**管理監督者も含めすべての労働者**が対象となり、長時間労働等に伴う健康確保・安全配慮の観点から、管理監督者も労働時間の把握が義務となりました。

　今まで管理監督者だから長時間労働は大丈夫だろうとたかをくくっていたら、大変なことになりますよ。

---

**知っておきたい判例**

【橘屋割増賃金請求事件(大阪地判・昭和40年5月22日)】
**管理監督者にはあたらないとした事案**
裁判所は、肩書きこそ工場長であったものの、一般の社員と同じ賃金体系・時間管理下におかれ、取締役会にも招かれず役員報酬等も受けていなかったとして、管理監督者にはあたらないと判断しました。

---

**知っておきたい判例**

【静岡銀行割増賃金等請求事件(静岡地判・昭和53年3月28日)】
**管理監督者にはあたらないとした事案**
裁判所は、支店長代理とはいえ、一般の社員と同じように、就業時間に拘束されて出退勤の自由がなく、勤務時間の裁量はなく、部下の人事や機密事項に関与しておらず、担保管理業務の具体的な内容についても上司の手足となって、部下を指導・育成してきたに過ぎず、経営者と一体となって銀行経営を左右するような仕事には全く携わっていなかったとして、管理監督者にはあたらないと判断しました。

## 知っておきたい判例

**【医療法人徳洲会事件（大阪地判・昭和62年3月31日）】**
**管理監督者にあたるとした事案**
裁判所は、医療法人の人事第二課長として、看護師の募集業務において求人、業務計画等を立案実施する権限や採否、人事関係職員への指示を指揮命令する権限があったこと、タイムカードを打刻していたものの、これは給与計算という便宜上のものにすぎず、その労働時間は自由裁量に任されており、時間外の代わりとして責任手当、特別調整手当が支給されていたことなどから、経営者と一体的な立場にあったとして、管理監督者にあたると判断しました。

### 法律上のツボ　ポイント

多店舗展開をする会社は管理監督者の定義を見直しましょう。

部下がいないのに管理職ってありえないよね。
管理職という肩書ではなく、
実態で見られた時には中小企業の管理職の
大半は否認されちゃうんだろうな

# 5 有給休暇を取得中なのに通勤手当を請求された

「有給休暇で出社していないのに通勤手当をくれ」って社員が言うんですよ

常識では考えられないようなことだけどね…
通勤手当のルールを整備しておこう！

## 出社しなくても通勤手当は支払わないといけないの？

「『通勤手当を支払ってください！』と、有給休暇中で会社に出社していなかった社員から請求されたんだけど…」という相談を受けました。

「そんなの絶対払いたくない」という、会社の気持ちはよくわかります。通勤手当は「働くために会社に通う経費」に対する実費弁償的な性格だから、会社に通わない日に対しては支払わない、ということです。ごもっともです。ごもっともなのですが……

就業規則等にその旨の記載がないと、支払わなければならなくなる可能性もあります。

あらかじめルールをしっかり定めて対策しておきましょう。

## 実務上のコツ　ココを押さえろ
● 通勤手当のルールは明確に

社員に対して通勤に要する通勤手当を支給しているだけで、詳細な項目を定めている会社は意外と少ないものです。

今回のように有給休暇により実際に出勤していないケースは、長期出張、休職、育児介護休業等が考えられます。その他、月の途中で入退社する際の通勤手当の支給についても、支給をどうするのかルールを就業規則に記載し明確にしましょう。

**就業規則記載例**
**(通勤手当)**
第○○条　通勤手当は自宅から会社まで定期券を購入する者に対し、定期券購入費に相当する金額を支給する。計算期間の途中において、入社、退社、住居の移転、出向等による事業所の変更をした者の通勤手当は日割り計算(通勤手当÷月の所定労働日数)して支給する。
　2　社員が賃金計算期間中に全期間で実出勤がない場合で、以下の各号に該当する場合は通勤手当を支給しない。
　　(1) 長期出張のとき
　　(2) 欠勤・休職等のとき
　　(3) 育児介護休業のとき
　　(4) 有給休暇取得のとき
　　(5) その他前各号に準ずる事由によるとき

### 実務上のコツ　ポイント

実出勤が無い場合の通勤手当の支給ルールを定めておきましょう。

## 法律上のツボ　ココを押さえろ

### ●明確に規定していない場合はどうなる？

　実務上のコツにあるように、有給休暇の取得や休暇等により出勤していない場合の通勤手当について、就業規則で詳細に記載しておく必要があります。実出勤が無いにも関わらず、通勤手当を請求してくるケースはほとんど無いとは思われますが、万一請求があった場合、就業規則に記載がないと、通勤手当を支給しなければならない可能性も出てきますので注意が必要です。

　しかし、現実問題として休暇中の通勤手当については、詳細な項目を定めていない会社は多くあります。そのような場合でも、社員が通勤手当を請求した際は、必ず支払わなければならないというわけではありません。通勤手当はそもそも実費弁償的なものであるため、休暇中に通勤が無い以上、規定の有り無しにかかわらず、手当の支払基礎が存在しないと考えられます。しかし、法律で明確に定められていないので、ケースバイケースで判断されるでしょう。

> **法律上のツボ　ポイント**
> 就業規則に記載がないと、休暇中でも通勤手当を全額支払わねばならない可能性がありますよ。

「賃金計算期間中に所定労働日数のうち10日以上実出勤がない場合は通勤手当を日割りで支給する」と定めることもできるよね。通勤手当の問題って、給与計算業務の際には意外と出てくるんだよな

# 6 振替休日を与えたのに残業代を請求された

振替休日を与えたのに
社員から残業代を請求されたんですよ……

実は、振替休日って
割増賃金が発生しやすいんですよ！

## 振替休日と代休は何が違うの？

振替休日と代休は「休日に働いた替わりに別の日に休みをとる」同じような制度ですが、実は賃金の支払い等で違いがあるのです。

そもそも振替休日とは、あらかじめ休日として定められた日を労働日とし、その代わりに他の所定労働日を休日とすることをいいます。振替休日とは休日の**事前トレード**です。一方、代休は休日の**事後トレード**です。ほとんどの会社が振替休日と言いつつも、実際には事後トレードの代休になっているのではないでしょうか。

振替える休日を事前に決定しないまま、休日労働をさせた場合は割増賃金の対象となります。また、事前トレードで振替休日を行っていても割増賃金の対象となることもあるのです。

制度の違いをしっかり押さえて運用していきましょう。

## 実務上のコツ　ココを押さえろ

### ●振替休日のルール作り

振替休日制度を行う場合には、就業規則に記載されていることが必須です。就業規則において一定の条件の下に休日の振替を行うことが規定されていれば、個々の社員の同意がなくとも休日を振替えることは可能となります。

また、代休の場合には休日の事後トレードであるため、勤務した所定もしくは法定休日に対する賃金については、割増賃金分のみを支払うようにしましょう。この場合

の支払うべき割増賃金分とは、所定休日の場合は「125％」、法定休日の場合は「135％」の賃金から「100％」の賃金を差し引いた、それぞれ「25％」「35％」となります。

休日出勤をさせる業務上の必要がある場合は、代休ではなく振替休日を利用し、割増部分のコストを節減することをお勧めします。

> **就業規則記載例**
> **（休日の振替）**
> 第○○条　会社は、業務上の必要がある場合、前条で定める休日をあらかじめ他の労働日に振替えることができる。
> 　2　前項の場合、会社は社員に対し、その振替の通知を対象となる休日または労働日の前日までに行うこととする。なお、振替は日曜日を起算とする同一週内になるべく行うようにする。

**実務上のコツ　ポイント**

振替休日は事前に決定し、同一週内でとることにしましょう。

## 法律上のツボ　ココを押さえろ

● 振替休日でも割増賃金の対象となる場合がある？

振替休日とは、あらかじめ休日として定められた日を労働日とし、その代わりに他の所定労働日を休日とすることをいいます。休日の振替を行う場合には要件があるので注意をしましょう。

以下の(1)の場合、原則的に時間外や休日出勤に対する割増賃金は発生しません。しかし、割増賃金が必要かどうかは振替える日によって異なってきます。

### (1) 同一週内に休日を振替えた場合

事前に同一週内に休日を振替えたとしても当該週の労働時間は変更しないため、割増賃金の支払いは不要となります（図1）。

▼図1　日曜日と木曜日を振替える

| 日曜日 | 月曜日 | 火曜日 | 水曜日 | 木曜日 | 金曜日 | 土曜日 |
|---|---|---|---|---|---|---|
| 8時間 | 8時間 | 8時間 | 8時間 | 休日 | 8時間 | 休日 |

### (2) 別の週に休日を振替えた場合

　休日を別の週に振替えた場合は法定労働時間 (40時間) を超える可能性があります。週40時間を超えた場合は割増賃金の対象となります (図2)。

▼図2　第1週の日曜日と第2週の木曜日を振り替える

|  | 日曜日 | 月曜日 | 火曜日 | 水曜日 | 木曜日 | 金曜日 | 土曜日 |
|---|---|---|---|---|---|---|---|
| 1週 | 8時間 | 8時間 | 8時間 | 8時間 | 8時間 | 8時間 | 休日 |
| 2週 | 休日 | 8時間 | 8時間 | 8時間 | 休日 | 8時間 | 休日 |

第1週48時間
第2週32時間

【振替休日を行うための要件】
・就業規則で振替休日の制度を設けること
・事前にどの日に振替えるかを定め通知すること
・振替える日がかけ離れた日ではないこと
・4週4日以上の休日が確保されていること
・振替える休日を事前に特定し、社員には前日までに予告すること

### 法律上のツボ　ポイント

振替休日でも割増賃金を支払う場合があるので、注意が必要です。

# 給与を間違って多く振り込んでしまいました

すいません、給与を間違って多く支払ってしまいました。ごめんなさい！

返金してもらうことは可能だから、すぐに連絡をしなさい

## 賃金計算ミスでの過払いは返金してもらえるの？

　給与担当者が過去の賃金計算ミスを発見してしまいました。人間ですからいくら念入りにチェックをしても賃金計算ミスが起こる可能性はゼロではありません。

　雇用契約や就業規則の定めに基づいた金額よりも多くの賃金が支給されていた場合、その過払い賃金について会社は「**不当利得返還請求権**」により返還を求めることができます。この不当利得は当事者の過失の有無に関係なく、法律上の原因なく利益を受けた場合に成立します。

## 実務上のコツ　ココを押さえろ

### ●賃金計算での控除の方法

　賃金計算ミスで過払いを行ってしまった場合、翌月の支払いで会社が一方的に差額を賃金から控除することはできません。賃金には全額払いの原則があるので、賃金控除を行う場合には賃金控除に関する労使協定（図1）を締結しておくことが必要となります。判例によると社員の同意を得た場合や金額が少額で期間が接近している場合は全額払いの原則に反せず控除ができると解釈されることがありますが、後々のトラブル防止のためにも、労使協定は結んでおくほうが良いでしょう。

　過払いの額が何ヶ月にも渡るような場合は、一括控除するのではなく、本人との話し合いの上で、返還時期や回数を決定し負担のないようにしましょう。また、賃金からの控除ではなく社員に直接支払ってもらうことも可能です。

なお、労使協定が結ばれているといっても、間違って支払い過ぎたのは会社のミスですから、まずはその点について謝罪することから始めましょう。

## ▼図1　賃金控除に関する労使協定例

賃金控除に関する労使協定

株式会社リンケージゲートと社員代表吉田一郎とは、労働基準法第24条第1項但し書に基づき、社員の賃金の一部控除に関し、以下の通り協定する。

第1条（控除の対象）
会社は、毎月○日支払の賃金より、以下に挙げるものを控除することができる。
(1) 会社立替金
(2) 財形制度の積立金
(3) 旅行積立金
(4) 賃金計算過誤による清算金

第2条（協議事項）
本協定に基づく賃金控除の取り扱いに関し、運用上の疑義が生じた場合には、その都度会社と社員代表で対応を協議し、決定する。

第3条（協定の有効期間）
本協定の有効期間は、○○○○年○月○日より○○○○年○月○日までの1年間とし、会社、社員代表に異議のない場合には、1年間延長するものとする。また、それ以降についても同じ取り扱いとする。

○○○○年○月○日

株式会社　リンケージゲート
代表取締役　東京　太郎　

社員代表　吉田　一郎　

> **実務上のコツ　ポイント**
> 賃金控除の労使協定には過払い控除の項目を入れておきましょう。

## 法律上のツボ　ココを押さえろ

### ●不当利得返還請求権って何？

雇用契約や就業規則の定めに基づいた金額よりも多くの賃金が支給されていた場合には、会社から過払いを受けた本人に対する不当利得返還請求権が生じます。会社や給与担当者に過失があったとしても、返還請求は行うことができます。また、社員が過払いの事実を認識していたにも関わらず隠していた場合は、**過払い部分に利息**（民法上年5％）を付けて返還させることができます。

### ●時効は何年なのか？

労働基準法では賃金2年、退職金5年の消滅時効の定めがあります。ただし、これは労働者の賃金等の請求権に関する消滅時効期間であるため、不当利得の返還期間への適用はありません。

不当利得の返還請求権の時効は、民法の一般原則に従い、**過去10年**まで遡及することが可能です。

---

**知っておきたい判例**

【福島県教組事件（最判・昭和44年12月18日）】
**賃金の過払いの清算で争った事案**
適正な賃金の額を支払うための手段たる相殺は、労働基準法24条1項但し書によって除外される場合にあたらなくとも、その相殺が過払いのあった時期と賃金の清算調整の実を失わない程度に合理的に近い時期になされ、かつあらかじめ労働者に予告され、額も多額にわたらないなど、労働者の経済生活の安定をおびやかすおそれがなければ、労働基準法第24条1項に反するものではないと判断されました。

---

### 法律上のツボ　ポイント

社員が返還しないといっても不当利得返還請求権があるので、請求が可能です。

# 8 正社員とパートタイマーが同じ賃金？？

パートって賞与ないのが当たり前でしょ

その考えって要注意だよ

## 同一労働同一賃金が開始されます

パート ：「社長、私にも正社員と同じ手当や賞与をください！」
社長　 ：「いやいや、あなたはパートタイマーでしょ」
パート ：「パートといっても同じ仕事をしていますよ」
社長　 ：「だって労働時間が正社員より短いでしょ。だからそんなものは無いよ！」

　パートタイマーなのに正社員と同じような待遇なんておかしいと思っている会社は要注意ですよ。
　正規雇用労働者（正社員）と非正規雇用労働者（パートタイマー、契約社員、派遣社員等）を比較して職務内容等が同じなら待遇も同じ（**均等待遇**）、職務内容等が異なるなら、バランスのとれた待遇（**均衡待遇**）を行う必要があります。基本給はもちろん、賞与、福利厚生から休暇や研修に至るまで、雇用形態に関係なく、仕事内容に応じて均等及び均衡に取り扱う必要があります。
　**同一労働同一賃金**は働き方改革関連法の成立を受け、大企業は2020年4月から、中小企業は2021年4月から施行されます。
　正社員とパートタイマーの待遇に差がある会社は、早くから準備をしないと時間がありません。待遇差がある場合は、待遇差の内容や、その理由についての「合理的

根拠」の説明が求められます。そのため役割分担の見直しや、職務、責任範囲の明確化等、職務内容の整理、就業規則や人事考課などの評価制度・評価基準の整備が必須となります。法の施行まで時間があると思っていてはダメです。同一労働同一賃金の導入には時間がかかりますから、もう待った無しです。

どのような雇用形態を選択しても納得が得られる処遇を受けられ、多様な働き方を自由に選択できるようにすることが施行の目的とされています。

## 実務上のコツ　ココを押さえろ

### ●本当に同一労働同一賃金は実現するの？

「同一労働同一賃金なんてどうせ実現不可能でしょ」とたかをくくっていたら大変なことになります。今から遡ること約35年前に法整備により日本の雇用環境の常識が一変した事例があります。

それは「**男女雇用機会均等法**」です。「男女雇用機会均等法」は1985年成立し、1986年に施行されました。

法律施行前までは募集、採用、昇進、教育訓練、福利厚生、定年、退職などについて、男女差別は日常的に行われていました。法律が施行された当時は、男女の仕事を平等に取り扱うことなんてできないという意見も多くありました。しかし、約35年が経過した今日、女性が職業を持つことに対する意識が変化し、徐々にではありますが、女性の仕事に対する男女差別は無くなりつつあります。日本の雇用環境の常識が、法律の整備により変化したのです。つまり、「同一労働同一賃金」についても、日本の雇用環境では不可能だという意見もありますが、「男女雇用機会均等法」と同様に、徐々に浸透していくのではないでしょうか。法律施行に向けて、会社は早急に取り組んでいく必要があるのです。

### ●正社員と非正規社員の仕事区分を明確にし、現状の賃金格差を正当化する

同一労働同一賃金とは、性別、国籍、年齢、雇用形態といった違いで賃金を差別することを禁止する考え方です。同じ仕事しているのであれば同じ賃金というのは当たり前の考えなのですが、日本の雇用環境の常識から考えると正社員とパートタイマーが同じ賃金という考え方は、到底受け入れ難いものでしょう。

ただし、この法律は、職種ごとに一律に正社員と非正規社員とを同じ賃金にしなさいと言っているわけではありません。同じ仕事をしていても、当然ながら能力、実績、役割、責任等が違ってきますので、基準を設けて賃金に差をつけることは差し支

えありませんが、昨今は、非正規社員であっても正社員と同等以上の仕事をこなし、基幹的な役割を果たしているケースが多いのも事実です。そこで、国は雇用形態や性別、国籍、年齢、雇用形態といった違いで賃金に差をつけること無く、**均等**（**同じ**）に、**均衡**（**バランス**）に待遇しなさいと言っているのです。

では、会社は何をしなければならないのでしょうか？　それは正社員とパートタイマーが、同一労働では無いことを証明する必要があるのです。つまり同一労働でなければ、当然同一賃金にする必要はありません。会社は、正社員と非正規社員との役割分担、職務の責任範囲等を明確にしておきましょう（図1）。

▼図1　同一労働同一賃金へ向けたステップ

①社員の雇用形態の確認
　↓
②待遇の状況の確認
　↓
③正社員・非正規社員を含めて仕事の洗い出し
　↓
④役割・範囲・責任度合いを含めた職務・職能要件書の作成
　↓
⑤職務・職能レベルに合わせた人事考課シートの作成
　↓
⑥職務・職能レベルに合わせた賃金テーブルの作成

**実務上のコツ　ポイント**

まずは正社員と非正規社員の待遇状況の確認から始めましょう。

## 法律上のツボ　ココを押さえろ

### ●同一労働同一賃金ガイドライン案

「同一労働・同一賃金ガイドライン案」とはどのような待遇差が合理的なものとされ、どのような待遇差が不合理とされるのかを具体的に示すものとして、2016年12月に策定されました。タイトルが示す通り、あくまで案の段階にあります。今後は関係者の意見等を踏まえ、このガイドラインが基となり最終的に法規制化されていきます。

## 同一労働同一賃金ガイドライン案　要約

■基本給

➡　**基本給の決定は主観的、抽象的なものではなく、合理的に決定しないといけません。**

基本給について「職業経験・能力」、「業績・成果」、「勤続年数」を基準に支給する場合、同一であれば正規雇用者と非正規雇用者で金額差をつけずに支給しなければなりません。また、職業経験等に相違があるのであれば、その相違に応じた基本給を支給しなければなりません。

■賞与

➡　**パートタイマーだから賞与を支給しないのは、人事評価、貢献度が評価できないという理由だけでは通用しません。**

賞与について、会社の業績等への貢献に応じて支給しようとする場合、同一貢献であれば正規雇用者と非正規雇用者で金額差をつけずに支給しなければなりません。また、貢献に相違があるのであれば、その相違に応じた賞与を支給しなければなりません。

■その他諸手当

➡　**要件を満たせば支給される手当は、雇用区分に関係なく支給しないといけません。**

各種手当について、支給要件を満たす場合には原則として正規雇用者と非正規雇用者で同一の支給をしなければならないとしています。具体的には以下の手当になります。

・役職手当
・特殊作業手当
・特殊勤務手当
・精皆勤手当
・時間外労働手当（割増率等）
・休日手当、深夜手当（割増率等）
・通勤手当、出張旅費
・食事手当（勤務時間内に食事時間がはさまれている場合）
・単身赴任手当
・地域手当

■福利厚生について

➡　**賃金だけでなく福利厚生についても同一の待遇が求められます。**

福利厚生について、基本給や各種手当と同様に正規雇用者と非正規雇用者では原則として同等の待遇を与えなければなりません。食堂や休憩室といった福利厚生施設の利用、社宅の利用、慶弔休暇や健康診断に伴う勤務免除、病気休職、その他の法定外休暇等の付与を非正規雇用者にも同様に与えなくてはなりません。

また、教育訓練等についても同様の機会を与えなければなりません。

※本ガイドラインに記載がない退職金、住宅手当、家族手当等の待遇や、具体例に該当しない場合についても、個別具体の事情に応じて不合理な待遇差の解消等が求められるとされています。

## ●パートタイム労働法と労働契約法の統合

正規雇用労働者（正社員）と短時間労働者との待遇差については、パートタイム労働法8条・9条が、正規雇用労働者と有期雇用労働者との待遇差については労働契約法20条が、というように別々に規定されていましたが、働き方改革関連法の施行に伴いパートタイム労働者だけでなく、有期雇用労働者も含め、「短時間労働者及び有期雇用労働者の雇用管理の改善等に関する法律」（略称「**パートタイム・有期雇用労働法**」）が大企業で2020年4月、中小企業で2021年4月から施行されます。前述した「同一労働・同一賃金ガイドライン案」を基に最終的に法規制化されていきます。労働契約法は任意法規のため、より行政取締法規的性格の強いパートタイム・有期雇用労働法という強行法規へ移管されたと考えると、理解がしやすいかと思います。これまでのパートタイム労働法は、フルタイムで働く非正規労働者を対象とできていないことが問題視されていましたが、改正でこの問題が解消されることになりました（表1）。

▼表1　パートタイム・有期雇用労働法へ統合

|  | 現行 | 改正後 |
|---|---|---|
| 正社員と短時間労働者との待遇格差の禁止 | パートタイム労働法第8条、9条 | パートタイム・有期雇用労働法に集約 |
| 正社員と有期契約労働者との待遇格差の禁止 | 労働契約法第20条 | |

## ●待遇差の説明義務

現行の法律では、正社員と非正規社員の待遇差の説明までは義務付けていません

が、法律改正後は「**正社員と非正規社員の賃金体系が違う理由**」等を非正規社員に説明する義務が生じます。また、この説明を求めたことを理由とした解雇、その他の不利益取り扱いも禁止しています。待遇差について客観的な説明ができるよう、前述（1-2節）した仕事の洗い出しを行い職務・職能要件書等を作成し、正社員と非正規社員との**役割分担、職務の責任範囲の明確化**を行っていく必要があります。

### ●派遣労働者にも同一労働同一賃金は適用

　派遣先で同じ業務をしている正社員と比較して、職務内容等が同じなら待遇も同じ（均等待遇）、職務内容等が異なるなら、バランスのとれた待遇（均衡待遇）を行う必要があります。つまり、派遣先の社員と同じ賃金を支給し、福利厚生施設の利用等の機会を与えなければならないのです。ただし、派遣元は派遣先の正社員の賃金等の待遇に関する情報提供をしてもらう必要があり、派遣先の給与水準に合わせるのは困難なことでしょう。また、派遣労働者の賃金水準や待遇が派遣先によって左右されることになり、より実現は困難なものと言えます。そのため、派遣元であらかじめ一定の要件（同種業務に従事する「一般労働者の平均賃金の額（賃金水準）」以上の賃金であること等）を満たすとした労使協定を締結することにより待遇することも可能となっています。

> **労使協定の協定事項**
> (1) 本協定の対象となる**派遣労働者の範囲**
> (2) 派遣労働者の賃金の決定方法（①及び②に該当する者に限る）
> 　①派遣労働者の従事する業務と**同種の業務に従事する一般の労働者の平均的な賃金の額として厚生労働省令で定めるものと同等以上の賃金の額**となるものであること
> 　②派遣労働者の**職務の内容、職務の成果、意欲、能力又は経験その他の就業の実態に関する事項の向上があった場合に賃金が改善される**ものであること
> (3) 職務の内容、職務の成果、意欲、能力又は経験その他の就業の実態に関する事項を**公正に評価**し、その賃金を決定すること
> (4) 賃金以外の待遇の決定方法
> (5) 労働者派遣法30条の2の1項に基づく段階的な教育訓練の実施
> (6) その他省令で定める事項

## 法律上のツボ　ポイント

最新の判例を注視することが大事です。

---

**知っておきたい判例**

**【メトロコマース事件（東京高判・平成31年2月20日）】**
**契約社員に退職金の支払いが認められた事案**

正社員との労働条件の相違のうち、退職金・住宅手当・褒賞の不支給、早出残業手当割増率の相違については不合理とし、本給・資格手当・賞与の相違については、不合理とはしなかった。

退職金については、契約社員は長期間にわたって勤務しており、また、他の契約社員には退職金制度が設けられていることから、退職金を一切支給しないことは不合理であり、功労報償の性格を有する部分について、正社員と同一の基準に基づいて算定した退職金の額の4分の1が相当とする。住宅手当については、転居を伴う配置転換は正社員にも想定されてないことから生活費補助の趣旨といえるため、支払うべきである。褒賞相当額は、一定期間継続した社員に対する報償であり、長期勤続が少なくないことから支払うべきであるとされた。

---

**知っておきたい判例**

**【大阪医科薬科大学事件（大阪高判・平成31年2月15日）】**
**パートタイマーに賞与の支払いが認められた事案**

賞与について、年齢・成績・会社の業績に連動していないことから、就労していたこと自体に対する対価としての性質を有し、功労の趣旨も含まれるとみるのが相当である以上、賞与を全く支給しないことは不合理というしかない。また、夏の特別有給休暇については、パートタイマーであっても、フルタイム勤務しているパートタイマーに休暇を付与しないのは、不合理としました。病気欠勤については、その趣旨は長期継続就労を評価・期待し生活保障を図る点にあり、契約を更新して一定期間継続就労していることから、支給しないことに合理性があるとはいい難いとしました。

# 第5章 モンスター社員急増中【問題社員トラブル】

# 1 SNS上に会社情報を書き込む社員

SNSに会社の情報を書き込んでいる社員がいるみたいなんですけど……

それは、マズイ！放っておけないな！

## ネット社会の到来にどう対応するのか

　スマートフォンの普及により、ブログ、ツイッター、LINE、フェイスブック等のSNSを通して個人のプライベート情報から会社情報まで発信する社員が増えてきています。プライベート情報と会社情報の区切りが非常に曖昧になってきており、分別のつかない若者社員が急増しています。

　業務時間中の私的な投稿やメールの送受信を取り締まるのはもちろんのこと、業務時間外であっても会社の機密情報等を無断で個人発信することを禁止させる必要があります。社員の何気ない情報の発信によって会社は大きな損害を被るケースがあります。そのためにも就業規則等を整備し、社員の会社情報に対する認識を教育する等対策していきましょう。

## 実務上のコツ　ココを押さえろ

### ●モニタリングの実施

　業務時間中に私的なインターネットの閲覧、投稿やメールの送受信が増えてきています。「仕事中の手待ち時間にニュースを閲覧」なんていうことは、社員のほとんどが経験のあることでしょう。しかし度が過ぎてしまい、プライベートと仕事の分別がつかなくなり、常時私的利用を行っている社員も少なくありません。

　社員は業務時間中、職務に専念する義務を負っているので、社員のネット利用等に関して規制することは問題ありません。

会社は「パソコン利用規程」、「ソーシャルメディア管理規程」等を作成しトラブルを予防していきます。その規程の中には会社がパソコンの利用状況を**モニタリングする権限**があることを定めておきましょう。モニタリングの権限を定めないまま、パソコンの利用状況をモニタリングした場合には、社員からプライバシーの侵害で訴えられる可能性もあります。また、訴えられなかったとしても社員の会社に対する不信感は強いものになります。モニタリングを行う場合には、次のように事前の告知及び周知を徹底し就業規則等に記載しましょう。

> 就業規則記載例
> （電子メール・パソコン等のモニタリング）
> 第○○条　会社は必要に応じて、その理由を明示の上、会社アドレスに限らず、会社が貸与した携帯電話、パソコン、その他情報関連機器を利用するすべての電子メールの内容、および相手先の検査、その他パソコン等の閲覧内容の検査を行うことがある。この場合、社員はこの検査を拒むことができない。

## ●あの手この手で意識付け

　前述のようなルールを作った上で、社員に意識付けをしていきましょう。
　ルール制定だけでなく、反復してメッセージを送ることも有効です。例えば、パソコンを立ち上げたら、最初の画面に「業務時間中はインターネットの私的利用は禁止です」「業務時間外でも情報の漏洩は禁止」等の文言のポップが出るというのはどうでしょう？　「あ、取り締まられている」という意識が脳裏にやきつきます。ただし毎回行う必要はなく、定期的に行うだけで効果的です。ルールを作るだけでなく、外で端末を使用する営業社員等とは、個々に誓約書を交わすのも予防に効果的です。また、モニタリングにより社員のネットに対する意識も大きく変わってきます。なお、モニタリング用のソフトが販売されているので、小規模の会社でも簡単に利用することができます。

## ●私的な時間についてもルールが必要

　業務時間中はもちろんのこと業務時間外のルールも会社としては必要となってきます。帰宅途中にスマートフォン等で会社の情報を投稿したり、ツイッター等で「会社で起きたことの感想」をつぶやいてみたりと、いまや会社のパソコンだけを規制し

たのでは足りないといえるでしょう。

　会社を離れた私的時間についても、次のように秘密情報の取り扱いを就業規則に定め対策する必要があります。

　たとえ、私生活上の行為であったとしても、**企業秩序を乱す**ような投稿等の場合は懲戒処分を行うこともできます。

### ●しっかりとした教育と研修

　数年前からSNSへの**不適切な投稿**により、社員本人だけでなく、会社までもが世間の批判に晒されてしまう事例が多くなっています。会社としては信用の失墜、イメージダウン等の多大なる被害を避けるためにも定期的な教育、研修を行う必要があります。不適切な投稿をした本人は刑事上の名誉毀損罪、侮辱罪、業務妨害罪等を問われたり、本人の不法行為に対し会社から損害賠償で訴えられる可能性があることを社員及びパートタイマー（アルバイト）に注意を促し意識付けをしていきましょう。

　匿名だから、公開限定だから大丈夫なんていう安易な発想はSNSの世界では通用しないということを理解させていきましょう。

---

**就業規則記載例**
**（ソーシャルメディアに関する遵守事項）**

　第○○条　社員は、ソーシャルメディア等（ツイッター・フェイスブック・LINE・YouTube・2ちゃんねる等）の利用について、次の事項を守らなければならない。
　　(1) 会社及び取引先名や業態、ブランド名が識別できる書き込みをしないこと
　　(2) 社員個人（有期社員等を含む）や顧客個人が識別できる書き込みをしないこと
　　(3) 商品情報、売上や人事に関する社内情報、取引先情報、顧客情報等についての書き込みをしないこと
　　(4) 会社や社員、取引先や顧客個人を誹謗中傷した書き込みをしないこと
　　(5) 会社のロゴマークや商品の画像・映像の掲載をしないこと
　　(6) 既に本条に該当する書き込みを行っている場合は、すみやかに削除すること
　2　第1項に挙げる書き込みおよび掲載とは、文書のほか、画像や動画・音声等の送信・発信の一切を含むものとする。
　3　会社が業務上ソーシャルメディアを利用する場合はこの限りではない。

> **実務上のコツ　ポイント**
>
> ネットのルールを制定し、社員に意識付けしていきましょう！

## 法律上のツボ　ココを押さえろ

### ●社員による業務妨害に損害賠償請求は可能？

　SNSへ不適切な投稿が実名であれば、まずは本人を特定するために事実関係の調査を行います。実名での投稿であったとしても事実確認を怠ってはいけません。本人になりすまして投稿をしていることも考えられます。

　本人が特定できる場合は刑事上の名誉毀損罪、侮辱罪、業務妨害罪など**刑事告訴**ができる上、民事でも不法行為に基づく**損害賠償**を請求することができます。

　また、会社や同僚を誹謗中傷する投稿の場合は匿名での書き込みがほとんどのため対応が難しくなります。この場合は**プロバイダ責任制限法**に基づきネットのサイト運営者に対し連絡をとり、IPアドレスの開示請求を行い、発信者の氏名等を確認していきましょう。

### ●機密情報の漏洩は不正競争防止法にあたるのか？

　不正競争防止法では、会社の「大事な情報」が不正に持ち出されインターネットに投稿されるなどの被害にあった場合に、民事上、刑事上の措置をとることができます。そのためには、その「大事な情報」が、不正競争防止法上の「営業秘密」として管理されていることが必要になります。

　「営業秘密」とはその他の情報と客観的に区別されて、情報媒体とその管理施設へのアクセスが制限されており、次の3つの要件がそろった情報のことをいいます。

(1) 秘密として管理されている
(2) 事業活動に有用である
(3) 公然と知られていない

　したがって社内で多くの社員が閲覧できる情報等は「営業秘密」には当たりません。しかし、「営業秘密」に該当しない情報なら公開して良いということではなく、単に不正競争防止法に抵触しないだけになります。情報の公開にはその他様々な法的問題があるため、規制は行っていく必要があります。

### 知っておきたい判例

**【日本経済新聞社（記者HP）事件（東京高判・平成14年9月24日）】**
**個人ホームページに機密情報を公開し懲戒処分になった事案**
新聞社の編集記者が、自らが新聞記者であることを明らかにした上で個人ホームページに取材先の実名や役職名、会社を批判する内容等を公開したことに対して、会社が就業規則違反に基づき出勤停止処分をしたことに対し、有効と判断しました。

### 知っておきたい判例

**【2ちゃんねる書き込み事件（東京高判・平成14年9月2日）】**
**社員が掲示板において会社の名誉、信用を棄損した事案**
運送会社に勤務する社員が、インターネット上の掲示板に会社を誹謗中傷する書き込みを行ったことに対し、裁判所は、インターネット上に本件書き込みを行った結果、会社等の名誉、信用等について社会から受ける客観的評価が低下したことは明らかであり、名誉が毀損されたと認められ、社員の行為は不法行為に当たるとし、社員の会社に対する損害賠償支払義務を認めました。

### 知っておきたい判例

**【日経クイック情報事件（東京地判・平成14年2月26日）】**
**私的メールの閲覧で争った事案**
ある社員に誹謗中傷メールが送られてきた事案を調査する過程で、特定の社員の電子メールを閲覧・調査した等として、当該社員が会社に対し不法行為に基づき損害賠償を請求しました。
裁判所は「企業は、企業秩序違反行為に対応するために必要な命令や事実関係の調査をすることができるが、その命令や調査も、企業の円滑な運営上必要かつ合理的なものでなければならない」とした上で、会社が行った社員のメールの閲覧は、相当な範囲内であるとしました。
本件は社員の電子メールの監視・調査を認める社内規程は無いにもかかわらず、会社に、相当な範囲内でこのような監視・調査権限があることを認めています。また、本件では、私用メールは、送信者が文書を考え作成し送信することにより、送信者がその間、職務専念義務に違反しているとも判示しました。

---

**法律上のツボ　ポイント**

法律を盾に、情報漏洩・名誉棄損に対処！

# 2 休職を繰り返す社員、どうすればいい?

ようやく復職したと思ったら、また休職に入ってるんです。困ったものです……

休職のルールを定めて再度の休職ができないようにしていこう!

## 休職制度の問題点

制度をうまく悪用する問題社員はいるものです。

一般的な**休職制度**は1回につき一定期間の上限を設けて休職をとることができます。休職制度とは、疾病等で労務不能となり長期間仕事ができなくなっても、雇用保障される制度のことをいいます。この制度は長期休養を必要とする身体の疾病を想定していますが、ここ最近では精神疾患にかかる社員が急増する等、休職に至る理由は様々になっています。そのような中、休職 ⇒ 復職 ⇒ 休職を繰り返して、労務提供はしないのに社員の地位を確保しようとするような悪意ある利用をする社員も増えています。

休職制度は法律で定められたものではなく任意の制度ですから、会社がしっかりとルールを作れば、休職を繰り返すケースや、悪用目的のケースを防止することも可能となります。

## 実務上のコツ ココを押さえろ

### ●繰り返し休職をさせないために

通常、休職制度は1回につき一定期間の上限を設けて休職をとることができます。この一定期間に休職事由が消滅しない場合は、期間満了で雇用契約が終了することになります。

問題は、一度復職した後に疾病が再発し休職となるケースです。一般的な会社の就業規則では「復職後3ヶ月以内」又は「復職後6ヶ月以内」の再発による休職は前後の期間を通算することになっているケースが多いようです。しかし、この通算期間が終了してから再度休職事由が発生した場合、新たな休職を与えることになり、会社としては、労務提供を継続して行うことができない社員を休職の状態で雇用しなければならないという問題を抱えることになります。

　そのような事態を避けるために、次のような規定を就業規則に定めて対策しましょう。休職制度はあくまで任意の制度ですから、会社の不利益にならないようなルール作りをしていきましょう。

---

就業規則記載例
（休職繰返し防止）
第○○条
A案
「復職開始から3年間は事由を問わず、原則として再度の休職を認めない」
B案
「休職の通算期間は入社から利用した休職の事由を問わず通算して3年までとする」
C案
「休職の通算回数は休職の事由を問わず、5回までとする。また、通算期間は事由を問わず通算して3年までとする」
※勤続年数に応じて、通算回数、通算期間を設定するとよいでしょう。

---

●**休職のルールは細かく定めましょう**

　休職に至るまでの事由に「業務外の傷病や怪我による欠勤が連続して就労日数で○日を超えたとき」と定めている会社がまだ数多くあります。このような規定であれば、最近増えてきている精神疾患系の疾病には対応することができません。「**3日休んで、2日出勤**」というように出勤が常でないにも関わらず、休職をさせることができないのです。そのような欠勤に対応するためにも「通常の労務提供ができず、又はその回復に一定の期間を要するとき」と定めておきましょう。これで療養が必要な社員には会社が休職を命じることができます。

　次に、復職の判断を誰が行うのかということです。社員自身が言う「もう大丈夫だ

から」という言葉や社員が持参した「医師の診断書」だけでは、復職の判断権を社員が握ることになってしまいます（残念ながら患者の意のままに診断書を書く医師も存在するのです）。それを避けるためにも、「会社の定めた医師による診断を受けること」を定めておきましょう。これで客観的で正しい判断をすることができます。また、復職の基準についても次のように就業規則に明確に定めておきましょう。

> 就業規則記載例
> （復職の基準）
> 第○○条　治癒とは従来の業務を健康時と同様に通常業務遂行できる程度に回復することをいい、かつ次の各号のいずれにも該当し、又は該当するものと会社が判断したときとする。
> 　　(1) 復職に対して十分な意欲があり、体力があること
> 　　(2) 原則定刻までに一人で出社し、勤務ができること
> 　　(3) 原則会社の所定勤務日に所定労働時間の就労が継続して可能であること
> 　　(4) 日々の業務により支障が出る程の蓄積疲労がないこと
> 　　(5) 睡眠障害又は投薬の影響等により勤務時間中に眠気がないこと
> 　　(6) 業務遂行に必要な作業能力、注意力及び集中力が回復していること
> 　　(7) 健康時に行っていた通常の業務を遂行することができる程度の健康状態に回復していること
> 　　(8) その他前各号に準ずる事由によるとき

### ●休職中も連絡をマメにとって状況把握に努めましょう

休職者が休職に入る前に、図1のような休職確認通知書を取り交わし、書面で必要項目について確認しておきましょう。

### ▼図1 休職確認通知書例

〇〇〇〇年〇月〇日

吉田　一郎　殿

株式会社　リンケージゲート
代表取締役　東京　太郎

## 休職確認通知書

　貴殿は就業規則第〇〇条〇項に定める休職事由に該当します。休職期間中における取扱いは、下記の通りになりますので、ご確認ください。

記

（1）休職期間は、〇〇〇〇年〇月〇日から平成〇〇年〇月〇日迄になります。延長の場合は申出をしてください。
（2）会社は、必要に応じて、休職期間満了日迄の間に貴殿の家族との連絡を求めることがあります。
（3）休職期間中は、少なくとも1ヶ月に1回以上、会社に対して、近況の報告を行ってください。
（4）休職期間中に発生する社会保険料の本人負担分及び住民税については、当月分を翌月末日までに、所定の口座に振り込みください。
（5）復職予定日、又は休職期間満了日の1ヶ月前までに、医師の診断書を提出してください。なお、会社が必要と判断した場合は、会社の指定する医師の診断書の提出を求めることがあります。
（6）復職予定日、又は休職期間満了日以降において、復職可能であると会社が判断した場合は、会社所定の手続きを経て、復職となります。ただし、復職予定日、又は休職期間満了日以降において、完全な労務提供が困難と判断された場合は就業規則で定められた最大の休職期間6ヶ月の期日（〇〇〇〇年〇月〇日）まで、休職を延長することができます。
（7）前項の休業期間を延長した結果、最大の休職期間6ヶ月の期日において復職とならない場合、〇〇〇〇年〇月〇日をもって当然退職となります。
（8）休職期間中は、傷病手当金を申請するものとし、会社はその間の賃金は支給しません。

以上

　上記確認事項に関しての内容について同意致します。

〇〇〇〇年〇月〇日

社員氏名　吉田　一郎

休職中は連絡をマメにとることが困難になると予想されますが、事前に連絡を取る旨等を記載した休職確認通知書によって、**社員をある程度コントロールする**ことが可能になってきます。

「休職中は具合が悪いのだから……」といって連絡をとることを遠慮するのは無用です。休職中は療養することが社員の義務になりますから、その義務についての報告をさせるのは当然のことですし、休職確認通知書によって社員も心得ていますから、連絡をとることでトラブルになるようなこともありません。

定期的な連絡により、本人の病状の経過をリアルタイムに把握することができます。また悪用を試みようとしている社員や、怠慢によるダラダラ休職を目論んでいるような社員には抑止力が働くことでしょう。

● **傷病手当金はどうなるの？**

社員の休職期間中の賃金は無給と会社の規定で定められていることが多いと思います。そのため業務外の病気やケガで療養中の社員の生活保障を行う制度として、健康保険の傷病手当金があります。

傷病手当金の1日当たりの金額は支給開始日以前の継続した12ヶ月間の各月の標準報酬月額を平均した額を30日で除した額の3分の2に相当する額（支給開始日以前の加入期間が12ヶ月に満たない場合は、①支給開始日の属する月以前の直近の継続した各月の標準報酬月額の平均額、②加入している健康保険の標準報酬月額の平均額のいずれか低い額の3分の2に相当する額）になります。なお、同一の傷病について、支給を開始した日から**最長1年6ヶ月間受給**することができます。

この傷病手当金は受給回数に上限があるわけではありませんので、以前に満期の受給をしていても、「新たな病気にかかり、新たに傷病手当金を申請する」というのであれば、何度でも受給できます。

つまり、繰り返し休職でも傷病手当金の受給が可能となります。

ただし同じ病気であれば、一度治癒して相当期間就業し、その後また罹患するという経緯が必要です。繰り返し休職の場合、以前受給した際の原因となった病気と今回の病気が同じである場合は、「**一度治癒している**」ことが明確でなくてはなりません。

また、相当期間の就業というのは、癌等の身体的疾患で6ヶ月程度、うつ等の精神的疾患で1年〜2年程度となります。

ただし、提出された書類、状況等を勘案して、支給の可否の判断をすることになり

ます。会社として、同一の事由で再度休職する社員に、治癒した後の再度の休職には傷病手当金が受給できない可能性があることも伝えておきましょう（図2）。

▼図2 傷病手当金の受給可能

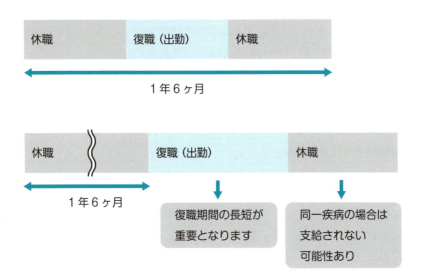

> **実務上のコツ　ポイント**
>
> 休職は任意の制度ですから、会社の裁量でルール化しましょう。

## 法律上のツボ　ココを押さえろ

### ●休職命令は会社から発令できるか

　就業規則に休職命令の規定があれば、会社は社員に休職命令を出すことができます。ただし、会社命令で休職をさせる場合、断続的な出勤・欠勤を繰り返している社員の対応は慎重に行う必要があります。

　会社としては、まず社員の体調を第一に考え、治療に専念させることが目的となります。休職発令は社員の体調が就業継続困難な状況である場合に限られ、規定があっても、就業継続が可能な状況であれば休職命令を出すことはできないので注意が必要です。

## ●解雇猶予措置としての休職制度

休職制度は法律で定められたものではなく、会社で決定することができる任意の制度です。休職制度は私傷病等によって労務提供ができなくなった社員を確保するために、解雇を猶予する制度と考えられています。雇用契約は、継続的な労務の提供を前提としているので、雇用契約上の義務の不履行となり、本来は契約解除（解雇）となります。

ただし、労務提供ができないことを理由として、即時解雇することは社会通念上相当とはほとんど認められないため、**一定の猶予期間**を与える、という恩恵的制度が休職制度です。そして就業規則に休職期間を定めることにより、休職期間後に治癒しない限り退職となることが雇用契約の内容となり、一律の退職判断とすることができます。

## ●復職の基準とは

休職期間が満了して社員が復職を希望した際に、社員の主治医の診断のみでは、従前の職務の復職が可能かどうか等、復職の判断基準は難しいものです。

また、労務提供ができる場所については「**元の職務**」か「**別の就労可能な職務**」かで争われることも多いです。

最近の判例によると、元の職に復帰できる状態にはない社員が従前業務より軽易な業務での復帰を希望し、当該社員に雇用契約上職種の限定がない場合には、企業規模などを考慮しつつも、会社は現実に配置可能な業務の有無を検討する義務を負うとされています。

---

知っておきたい判例

**【アロマカラー事件（東京地判・昭和54年3月27日）】**
**社員の復職を認めなかった事案**
会社の就業規則では休職期間を経過しても復職しない場合を退職事由としており、これは休職期間満了時に傷病が治癒せず、復職を容認すべきではない場合も含む、と判断基準を示したうえで、当該社員は従前の業務に耐えられないと認められることから、復職可能な状態ではないと判断され、退職扱いは有効とされました。

―― 知っておきたい判例 ――
【独立行政法人N事件(東京地判・平成16年3月26日)】
**軽微な職務への転換で復職を認めた事案**
アロマカラー事件と同じく、従前の職務を通常の程度に行える健康状態に回復したことを要するのが原則としつつ、当該社員の職種に限定がなく、他の軽易な職務であれば従事が現実的に可能であり、またはその軽易な職務につけば程なく従前の職務を通常に行うことができると予測できる場合には、復職を認めるのが相当であると判示しました。

―― 知っておきたい判例 ――
【富国生命保険事件(東京高判・平成7年8月30日)】
**休職命令が認められなかった事案**
就業規則には「傷病欠勤が一定期間以上継続した場合に休職を命ずる」とあるが、傷病(頸肩腕障害)を有する社員は、傷病休業期間中に出勤申出をし、就業規則に従って通常勤務をしており、症状が特別に悪化するようなこともなかったことから、当該就業規則に定める休職事由に該当しないとされました。

### 法律上のツボ　ポイント

復職か退職かの判断は慎重な検討が必要です。

# 3 転勤や配置転換を拒否する社員がいます

転勤を拒否する社員がいるんです……

会社には人事権があるんだから、特別な事情がない限り、拒否はできないよ

## 会社の指示は絶対だ！　と思えた時代が懐かしい

配置転換にまつわるトラブルも後をたたないようです。

**「〇〇に転勤を命ずる」**と辞令を出したら社員から「えっ、そんな！　転勤があるなんて聞いてないです。無理です」という回答。

過去の判例によると人事権は広く会社に認められていました。一般的には就業規則に「異動を命ずることがある」とされている場合には、会社には命令する権利があります。したがって、個別の合意は必要なく、命令を拒否した場合は懲戒処分を行うこともできるのです。

ただし、「異動を命ずることがある」旨が明文化されていても、異動命令を発令した際は、特別な事情がある場合（育児や介護に携わっている社員）の転勤命令等は無効とされることもあります。個々の社員の事情を勘案し、様々な配慮を検討していきましょう。

## 実務上のコツ　ココを押さえろ

### ●就業規則や雇用契約書で宣言しておく

上述したように、最初から就業規則に「異動を命ずることがある」旨をはっきりさせておけば、トラブルは最小限に押さえることができるでしょう。就業規則にその旨が記載されていない場合は、個別の合意がなければ会社は異動命令をすることができません。

なお、雇用契約の段階で、勤務地が限定の雇用か否か、職種が限定の雇用か否かを

明確にしておきましょう。初めから勤務地や職種が限定されていないとわかっていれば、社員も「転勤命令が来たら受け入れるんだな」と心構えができるので、いざ異動という場合にも激しい拒絶には至らないものです。

● コミュニケーションをしっかりとり、まずは説得

会社としては、社員が拒否をする理由にしっかりと耳を傾け、慎重に検討しましょう。一方で、**会社の決断も妥当である点**（雇用契約書や就業規則に記載されている点、異動の必要性や異動を拒否されると組織運営が難しくなる点、法律的に会社は異動を命じることができる点、拒否する場合は解雇もあり得る点等）を丁寧に説明していきましょう。

また、社員が被るであろうと想定される不利益については、会社は配慮する姿勢をとりましょう。社員の心配な気持ちを汲み取り、一つ一つに軽減策や打開策を出していくうちに、社員の不安が消えて、納得してくれることもあるでしょう。

配慮の一例として、転勤の場合は、転勤手当の支給や配偶者の就職斡旋および保育所紹介、また単身赴任の場合は、頻度を定めた帰省旅費の支給等があげられます。

### 実務上のコツ　ポイント

雇用契約時に異動命令の存在を詳細かつ明確にしておく！

## 法律上のツボ　ココを押さえろ

● 転勤拒否の有効性

就業規則に人事異動等の規定があって、社員に周知されていれば、会社からの一方的な命令で配置転換を行うことができるといわれています。これまで、**人事権**は広く会社に認められており、よほどのことがない限り、転勤命令等は無効となることは少なかったのですが、最近の判例によると、特に育児や介護に携わっている社員に対する転勤命令等は無効とされることが多いようです。

無効とされる判断要素には、以下のものがあげられ、人事権の濫用に該当するとしています。

【転勤命令等が無効となる場合】
(1) 業務上の必要性がない場合
(2) 業務上の必要性以外の他の不当な動機や目的でなされた場合※
(3) 社員に対し限度を超える著しい不利益を負わせる場合
(4) 勤務場所を特定して採用された社員に対して実施する場合

※「不当な動機や目的」とは、社員を退職に追い込む目的や上司による嫌がらせ目的等が考えられます。

● 転勤命令の拒否による解雇は可能か

転勤命令は就業規則等に定められていれば、会社には命令する権利があります。したがって、個別の合意の必要はなく、命令を拒否した場合は解雇を行うことも可能です。しかし、転勤は社員に負担や不利益を与えるため、前項にあるような事情がある場合は転勤命令が無効とされる可能性があります。

どちらにしても、解雇は最終手段となりますので、まずは社員の説得に励むのが賢明です。

―― 知っておきたい判例 ――
【東亜ペイント事件(最判・昭和61年7月14日)】
転勤拒否による懲戒解雇が有効となった事案
神戸営業所に勤務する営業担当の社員に対する名古屋営業所への転勤命令に対し、母親、妻、長女との別居を余儀なくされる家庭の事情を理由にこれを拒否したところ、会社が懲戒解雇した事例です。
裁判所は、転勤命令に業務上の必要性のない場合、あるいはあったとしても、転勤命令に他の不当な動機・目的があるとき、もしくは社員に通常甘受すべき程度を著しく超える不利益を負わせるときなど、特段の事情のない限りは、転勤命令は権利の濫用ではないとしたうえで、業務上の必要性も、企業の合理的運営に寄与すれば足り、余人をもって代えがたいほどの高度の必要性は要しないとして懲戒解雇を有効としました。

―― 知っておきたい判例 ――
【チェース・マンハッタン銀行事件(大阪地判・平成3年4月12日)】
扶養の事情等があったが転勤命令を適法とした事案
大阪支店の縮小のために東京支店に転勤を命じた事件で、裁判所は、勤務場所を大阪支店に限定したとする事情は見受けられないこと、裁判所に申し立てた9名のうち8名が女性であり、うち4名が既婚女性で学齢期の子どもがおり、また独身女性についても老親や病弱な両親を扶養しているという事情があったものの、いずれも転勤によって被る不利益は通常予想される範囲にとどまることなどから、転勤命令を適法としました。

―― 知っておきたい判例 ――
**【帝国臓器製薬事件（最判・平成11年9月7日）】**
**単身赴任を余儀なくされる事情等があったが転勤命令を適法とした事案**
いわゆるローテーション人事で東京から名古屋に転勤を命じた事件で、転勤によって妻と3人の子どもをおいて単身赴任を余儀なくされたとしても、会社の業務の必要性の程度に比し、経済的・社会的・精神的不利益が社員に社会通念上甘受すべき程度を著しく超えるとは認められないとして、転勤命令に違法性はないと判断されました。

―― 知っておきたい判例 ――
**【明治図書出版事件（東京地判・平成14年12月27日）】**
**病気の子供と働いている妻がいることにより転勤命令が無効となった事案**
幹部候補として処遇されている社員に対する転勤命令が、重症のアトピー性皮膚炎の子供が2人いること及び共稼ぎであることから、育児負担が特段に重いものといえ、遠距離の転勤は通常甘受すべき不利益を著しく超えるもので、育児介護休業法の趣旨に反しているとして、無効とされました。

### 法律上のツボ　ポイント

会社の出した転勤命令が有効か判例を参考に確認しましょう。

## 4 年次有給休暇を取らせていないと罰金があるのですか？

年次有給休暇の年5日の取得義務って大企業だけでしょ

違うよ。労働者がいる全ての企業だよ

### 年5日間の取得が義務になりました

「うちの社員はみんな年次有給休暇をとっているから大丈夫だよ」なんて声を巷の社長様からよく聞きますが、ふたを開けてみるとある特定の人だけの年次有給休暇の取得率が良く、全体的にみると意外と取得率が悪かったりします。そもそも日本の会社では「真面目でよく働く人は年次有給休暇を取らないものだ」という風潮があり、年次有給休暇を取得することに**後ろめたさを感じる社員**が多いものです。また、年次有給休暇を多く取得する社員を賞与の減額対象にする恐ろしいブラック企業もあります。当然ながら、年次有給休暇を取得したことによる精皆勤手当や賞与に対して、不利益な取扱いをすることは禁止されています。

会社は、そろそろ年次有給休暇に対する考え方を変える必要があるのではないでしょうか。会社が年間に一定数の年次有給休暇を与えることにより、社員は心身のリフレッシュを図ることができて仕事の効率が上がり、また会社への定着率が上がるのであれば、これほど良いことはないのではないでしょうか。

労働基準法の改正により2019年4月から大企業だけで無く中小企業も含めた全ての会社において、**年10日以上の年次有給休暇が付与される社員**に対して、**年次有給休暇のうち5日**については基準日から1年以内の期間に、使用者が時季を指定して取得させることが必要となりました。

もし取得させていない場合は、社員1人につき30万円以下の罰金ということもあり得ます。

会社でルールを決めて年次有給休暇の取得促進をしていきましょう。

## 実務上のコツ　ココを押さえろ

### ●基準日はいつから

　2019年4月1日から施行されているため、4月1日を基準に翌年3月31日までの1年間に5日の取得が必要だと勘違いしている会社が多いようですが、そうではありません。**4月1日以降**に年10日以上の年次有給休暇を付与された社員が対象となり、その付与日から1年以内に5日の取得義務が生じます。

　例えば、10月1日に年10日以上付与される社員は、翌年9月30日までに5日を取得する義務があります。大企業においては、4月1日に年次有給休暇の一斉付与を行っているケースが多く、その場合の基準日は4月1日となります。ただし、中小企業においては入社日を基準とした個別付与を行っているケースが多く、この場合は付与日を起算日として1年間に5日を取得する義務があります。

### ●年次有給休暇の取得状況を確認しよう

　会社は、まず社員の年次有給休暇の取得状況を過去に遡って確認していきましょう。過去において年次有給休暇をあまり取得していない社員も多いはずです。取得状況の悪い社員をピックアップして対策を立てていくようにしましょう。社員本人の意思で年5日の取得をしなかったとしても、会社が法違反として罰せられることになりますので、注意が必要です。

　2019年4月以降、会社は社員の年次有給休暇の取得状況を管理するための「**年次有給休暇管理簿**」を作成し、これを3年間保存する義務があります（図1）。

▼図1　年次有給休暇管理簿

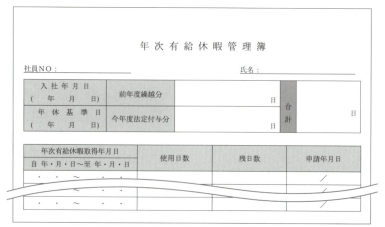

● **対象者は全員???**

会社は、社員が雇入れ日から6ヶ月間継続勤務し、全労働日の8割以上を出勤した場合には、原則として10日の年次有給休暇を与えなければなりません(表1)。この対象社員には、管理監督者、契約社員、パートタイマー、アルバイトも含まれます。えっ？ **パートタイマーも？ フルタイムじゃないのに？** なんて声が聞こえてきそうですが、年10日以上の年次有給休暇を付与される場合には対象となるのです(5-5節参照)。

▼表1　一般の社員の有給休暇

＜一般社員＞

| 勤続年数 | 6ヶ月 | 1年6ヶ月 | 2年6ヶ月 | 3年6ヶ月 | 4年6ヶ月 | 5年6ヶ月 | 6年6ヶ月以上 |
|---|---|---|---|---|---|---|---|
| 付与日数 | 10日 | 11日 | 12日 | 14日 | 16日 | 18日 | 20日 |

● **一斉付与日の導入**

会社は、社員が雇入れ日（入社日）から6ヶ月間継続勤務し、全労働日の8割以上を出勤した場合には、原則として10日の年次有給休暇を与えなければなりません。年次有給休暇制度の大きな悩みとして、社員の雇入れ日が異なれば、年次有給休暇が発生する基準日も異なるため、管理が非常に煩雑になります。

法改正により**年10日以上の年次有給休暇が付与される社員**に対して、年次有給休暇のうち5日については基準日から1年以内の期間に取得させることが必要であるため、取得状況をチェックするだけでも非常に煩雑になります。また、使用者は社員ごとに**年次有給休暇管理簿**を作成し3年間保存する義務も課せられました。

そこで、労働基準法では管理を楽にするために、年次有給休暇が発生する基準日を統一し（例1月1日、4月1日）、一斉付与することが認められていますので、この機会に導入を検討してはいかがでしょうか。

社員数の多い会社では、業務をできるだけ効率化していくためにも、一斉付与日を設けるのは有効な手段です。

ただし、一斉付与の取扱いとしての注意すべき点は、付与日を法定の基準日より繰り上げる必要があります。雇入れ日によっては多少の不公平感も出ます。

その他、比較的社員数の少ない会社では、雇入れ日が月の途中であっても、基準日を統一（例1日、16日）することにより管理が楽になります。

就業規則記載例
(年次有給休暇)
一斉付与日の就業規則例
第○○条　年次ごとに所定労働日の8割以上出勤した社員に対しては、以下の
とおり、勤続年数 (みなし勤続年数を含む。) に応じた日数の年次有
給休暇を労働基準法に従い与える。
- 初回　　入社6ヶ月間後に10日付与する。
- 2回目以降　下記のとおり付与する。
  初回の付与後、最初に到来する4月1日を勤続1年6ヶ月とみ
  なし、以降勤続年数に応じて下表の通り付与する。なお、みなし
  勤続年数により勤続年数要件が短縮された期間は出勤したもの
  として計算する。

| みなし勤続年数 | 1年6ヶ月 (最初の4/1) | 2年6ヶ月 (翌年の4/1) | 3年6ヶ月 | 4年6ヶ月 | 5年6ヶ月 | 6年6ヶ月以上 |
|---|---|---|---|---|---|---|
| 付与日数 | 11日 | 12日 | 14日 | 16日 | 18日 | 20日 |

・計画的付与制度の導入

　年5日間の年次有給休暇を取得させることが義務となるため、あらかじめ年次有給休暇の**時季を指定する**計画的付与制度が注目されています。計画的付与とは、年次有給休暇のうち5日を超える分について、会社と社員が協定を結び、計画的に休暇取得日を割り振ることができる制度です。

　会社と社員が歩み寄り、年次有給休暇の取得計画をあらかじめ共有することで、休暇取得率を高めていく「**計画的付与制度**」は、法改正の対策に利用するには労務管理がしやすく有用です。

　計画的付与には、いくつかの方法がありますので説明します。

**(1) 会社全体の休業による一斉付与方式**

　会社全体の休業日を設け、全社員に同一の日に年次有給休暇を付与する方式。例えば、年末年始、夏季休暇を年次有給休暇の計画的付与日とします。

**(2) 部署・グループ別交替制付与方式**

　部署・グループ別に交替で年次有給休暇を付与する方式。飲食・流通・小売・サービス業等、シフト勤務している会社で利用されています。例えば、各部署に属する社員をA、Bの2グループに分けて、グループごとに決められた日を年次有給休暇の計

画的付与日とします。

### (3) 個人別付与方式
　個人別に年次有給休暇を付与する方式。(1)と同様に、年末年始、夏季休暇を計画的付与日とするほか、誕生日や結婚記念日等、労働者の個人的な記念日を計画的付与日とすることもできます。例えば、各社員と協議の上、個人別の年次有給休暇付与計画表を作成し、計画的に付与します。

## ●計画的付与導入の手続
### (1) 就業規則による規定
　計画的付与制度を導入するには、就業規則に「社員代表との書面による協定により、各社員の有する年次有給休暇日数のうち5日を超える部分について、あらかじめ時季を指定して与えることがある」等のように定めることが必要です。ただし、既に作成している就業規則の年次有給休暇の条文に計画的付与が規定されているケースが多いので確認をしてください。

### (2) 労使協定の締結
　就業規則の定めるところにより、社員の過半数で組織する労働組合または社員の過半数を代表する者との間で、書面による労使協定を締結する必要があります。
　この労使協定は、所轄の労働基準監督署に届け出る必要はありませんが、社員に周知させる必要があります。

## ●計画的付与労使協定の注意点、起算日はいつ？
　計画的付与を行う上で問題となるのが、いつの時点で5日超える年次有給休暇が対象となるのかということです。この5日を超える年次有給休暇というのは、**労使協定の締結日を基準**となります。つまり、労使協定日を基準に年次有給休暇の残日数を計算することになります。また、労使協定日以降に新たに年次有給休暇が付与されることもあるため、労使協定には次の一文を入れることをお勧めします。

**「この協定が成立した日以降、対象日までに新たに付与された年次有給休暇のうち、5日を超える日数を対象とする」**

なお、その他の注意点は以下の通りです。

### (1) 計画的付与の対象者

　計画的付与の時季に育児休業や産前産後休業等に入ることがわかっている者、また、定年等あらかじめ退職することがわかっている者については、労使協定で計画的付与の対象から外しておきます。また、週所定労働日数の短いパートタイマー等を対象者から外しても問題はありません。

### (2) 対象となる年次有給休暇の日数

　年次有給休暇のうち、少なくとも5日は社員の自由な取得を保障しなければなりません。従って、5日を超える日数について、労使協定に基づき計画的に付与することになります。本来、年次有給休暇は社員が病気その他の個人的事由のための取得ができる休暇です。そのため、計画的付与制度を導入する場合であっても、5日分は残しておく必要があります。

### (3) 計画的付与の具体的な方法

　①事業場全体の休業による一斉付与の場合には、具体的な年次有給休暇の付与日を定めます。
　②班別交替制付与の場合には、班別の具体的な年次有給休暇の付与日を定めます。
　③年次有給休暇付与計画表による個人別付与方式の場合には、計画表を作成する時期とその手続き等について定めます。

### (4) 対象となる年次有給休暇を持たない者の扱い

　事業場全体の休業による一斉付与の場合には、新規採用者などで5日を超える年次有給休暇の無い者に対しては、次のいずれかの措置をとります。

　**①休業日を特別休暇日とします。**
　**②休業手当として平均賃金の60％を支払います。**

### (5) 計画的付与日の変更

　あらかじめ計画的付与日を変更することが予想される場合には、労使協定で計画的付与日を変更する場合の手続きについて定めておきます。

> **実務上のコツ　ポイント**
> 年次有給休暇の管理が煩雑なるので運用しやすい方法を見つけよう。

## 法律上のツボ　ココを押さえろ
### ●年5日の時季指定義務

　年次有給休暇が10日以上付与される社員に対し、使用者は社員ごとに、年次有給休暇を付与した日から1年以内に5日について、取得時季を指定して年次有給休暇を取得させる必要があります。会社は、時季指定について社員に取得時季の意見を聴取しなければなりません。ただし、既に5日以上の年次有給休暇を請求・取得している社員に対しては、会社は時季指定をする必要はありません。

　つまり、会社は、

①**会社による時季指定**
②**社員自らによる請求・取得**
③**計画的年休**

　①～③のいずれかの方法で社員に年5日以上の年次有給休暇を取得させれば足りることになります。
　また、この改正に伴い就業規則の変更も必要となります。

---

**就業規則例**
**（年次有給休暇）**
第○○条　1項～4項（略）　（※）厚生労働省HPで公開しているモデル就業規則をご参照ください。
　　　　　5　第1項又は第2項の年次有給休暇が10日以上与えられた労働者に対しては、第3項の規定にかかわらず、付与日から1年以内に、当該労働者の有する年次有給休暇日数のうち5日について、会社が労働者の意見を聴取し、その意見を尊重した上で、あらかじめ時季を指定して取得させる。ただし、労働者が第3項又は第4項の規定による年次有給休暇を取得した場合においては、当該取得した日数分を5日から控除するものとする。

出典：厚生労働省「年5日の年次有給休暇の確実な取得　わかりやすい解説」より

● 法違反の場合は罰金 30 万円？？

　年次有給休暇のうち5日については、基準日から1年以内の期間に取得させなかった場合は社員1名当たり**最大30万円の罰金**に処せられます。これは会社全体ではなく、社員1名当たりというところがポイントです。もし、社員数が100名で、全員が年次有給休暇を5日以上取得できなかった場合は、理論上3,000万円の罰金という可能性もあります。なお、実際には労働基準監督署からの是正監督指導が行われるため、いきなり多額の罰金に処せられる可能性は低いでしょう。

　ただし、罰金の額に関係なく、社員の心身のリフレッシュのために年次有給休暇を取得できる環境づくりに努めていきましょう

> **法律上のツボ　ポイント**
> 罰則もあるし管理は厳格にやらないとね。

# 5 パートタイマーに有給休暇を取得させましょう

パートタイマーなのに
有給休暇を取りたいっておかしいですよね？

有給休暇はパートタイマーにも適用されますよ！

## パートタイマーにも有給休暇は適用されます

　パートタイマーから「有給休暇って取得できますか」と質問されたらなんと答えますか？　「パートタイマーなんかに有給休暇があるわけないだろ！」という回答では、トラブルを自ら発生させるようなものです。

　パートタイマーにも**パートタイム労働法**という法律により有給休暇を取得する権利がありますが、現在の日本の会社の状況ではパートタイマーが有給休暇を取得できる風土が無いようです。しかし、会社にとってパートタイマーは必要不可欠な貴重な戦力となっています。パートタイマーとは対立せず、良好な関係を築いていきましょう。

　「パートタイマーでも有給休暇が取得できる会社」として注目され、貴重な戦力が定着していけば、最終的に会社の利益となるはずです。

## 実務上のコツ　ココを押さえろ

● パートタイマーの賃金を考える

　パートタイマーから有給休暇の申出があった場合、法律の要件（表1）を満たしていれば、これを基本的には拒否することができません。

　今後、パートタイマーの労務管理においては仮に有給休暇を取得した際にどれくらいの賃金コストがかかるのかを事前に想定しておきましょう。

　「時給〇〇円、勤務時間9：00～18：00の範囲内」

パートタイマーを採用する際に、真っ先に考えるのは時給額です。この時給額を考える際に例えば、時給1,000円で所定労働時間が4時間であれば、有給休暇の1日の支払い額は4,000円となります。年間の有給日数をすべて消化されたらいくらになるのかを計算をしておけば、パートタイマーから有給休暇取得の申出があったとしても問題なく対応できるものです。

▼表1　パートタイマーの有給休暇付与日数一覧

| 勤続年数 | 6ヶ月 | 1年6ヶ月 | 2年6ヶ月 | 3年6ヶ月 | 4年6ヶ月 | 5年6ヶ月 | 6年6ヶ月以上 |
|---|---|---|---|---|---|---|---|
| 一般の労働者 | 10日 | 11日 | 12日 | 14日 | 16日 | 18日 | 20日 |
| 週4日又は年間169日〜216日 | 7日 | 8日 | 9日 | 10日 | 12日 | 13日 | 15日 |
| 週3日又は年間121日〜168日 | 5日 | 6日 | 6日 | 8日 | 9日 | 10日 | 11日 |
| 週2日又は年間73日〜120日 | 3日 | 4日 | 4日 | 5日 | 6日 | 6日 | 7日 |
| 週1日又は年間48日〜72日 | 1日 | 2日 | 2日 | 2日 | 3日 | 3日 | 3日 |

### 実務上のコツ　ポイント

パートタイマーの賃金は有給休暇を加味したものにしましょう。

## 法律上のツボ　ココを押さえろ

### ●パートタイマーの有給休暇

　労働基準法では1週間の所定労働時間が30時間未満で、出勤日数が短いパートタイマーには比例按分した有給休暇を与えることを定めています。
　ただし、労働時間が短く労働日数が少ない労働者でも勤続期間が6ヶ月以上で全労働日の8割以上出勤で、次のいずれかの条件に該当する場合には、一般の労働者と同一日数の年次有給休暇が与えられます。

1. 1週間の所定労働時間が30時間以上の労働者
2. 1週間の所定労働日数が5日以上の労働者

## ●パートタイマーにも年5日の有給取得義務

　労働基準法の改正により2019年4月から大企業も中小企業も含めて全ての会社において、年10日以上の年次有給休暇が付与される社員に対して、年次有給休暇のうち5日については基準日から1年以内の期間に、使用者が時季を指定して取得させることが必要となりました。

　パートタイマーであっても年10日以上の有給休暇を付与される場合には対象となるのです。パートタイマーなどの、所定労働日数が少ない労働者については、年次有給休暇の日数は所定労働日数に応じて比例付与されます。比例付与の対象となるのは、所定労働時間が週30時間未満で、かつ、週所定労働日数が4日以下又は年間の所定労働日数が216日以下となります。

　まずは、表1にあるように、対象は週所定労働日数4日で継続勤務3年6ヶ月以上、週所定労働日数3日で継続勤務5年6ヶ月以上で年間付与日数が10日となります。パートタイマーの対象者の確認を行っておきましょう。

## ●週の労働日数を変更した場合

　パートタイマーの所定労働日数が変更となった時は、雇用契約書の所定労働日数の変更日以降に到来する有給休暇が付与される日から新たな所定労働日数を基準として考えることになります。

## ●週の労働日数が変動し定まらない場合

　所定労働日数が大きく変動するケース（シフト制の勤務で今週は週5日勤務、翌週は0日勤務となる場合等）については、原則である週の所定労働日数に応じた日数の取扱いではなく、基準日直前の実績日数に基づいて付与をしていくことになります。

　**行政通達（平成16年8月27日　基発第0827001号）** では「予定されている所定労働日数を算出し難い場合には、基準日直前の実績を考慮して所定労働日数を算出することとして差し支えないこと」となっています。具体的には、過去1年間の勤務日を月ごとに集計し、この合計日数を「1年間の所定労働日数」の区分に当てはめることになります。なお、入社して6ヶ月後に付与する有給休暇については、過去6ヶ月間の勤務実績を2倍したものを「1年間の所定労働日数」とみなして、区分に当てはめることになります。

> **法律上のツボ　ポイント**
> パートタイマーは労働条件が様々なので、付与日数に注意しましょう。

# 6 3回の遅刻を欠勤とみなして大丈夫？

3回の遅刻を1回の欠勤とすることはできないと聞きました

うーん……
就業規則の記載方法によっては違法になるんだよね

## 遅刻の常習者を取り締まる

「遅刻3回で欠勤一日とする」遅刻対策のためにこのようなルールを作っている会社は意外と多いのですが、就業規則の記載方法によっては違法となるケースがあります。遅刻常習の社員に対しては、ペナルティを課すだけでなく的確な教育指導を行いましょう。その際は「遅刻届」や「遅刻改善指導書」などの書面を活用し、指導の足跡を残しておきましょう。そうすることで、もし改善がされなかった場合に、その後の懲戒処分等を行いやすくなります。

他の社員への悪影響も出てきますので、明確なルールを作り、遅刻を撲滅していきましょう。

## 実務上のコツ　ココを押さえろ

● まずは遅刻に対して的確な指導を

毎月遅刻を繰り返す社員に対し、減給の制裁としてペナルティを科すことはそれなりの効果はありますが、それだけではなく遅刻に対しての指導を行っていきましょう。裁量で行うような仕事は別ですが、仕事は基本的に他の社員と協力して行うものです。遅刻を繰り返すことにより他の社員へ与える損害は目に見えるもの、目に見えないものを含めて大きいものです。

遅刻常習の社員には書面で「遅刻届」を提出させましょう。遅刻した理由を明確にし、社員に対し反省を促します。この書面は後々の昇給、ボーナスの査定に大きく響

くことがあることを説明します。それでも繰り返す社員には遅刻改善（改善期限の設定）のための指導書を出すようにしましょう（図1）。

### ▼図1　遅刻改善指導書例

○○○○年○月○日

遅刻改善指導書

株式会社　リンケージゲート
代表取締役　東京　太郎

　貴殿は、当社において頻繁に遅刻を繰り返しており、勤務不良であります。貴殿の遅刻によって、他の社員の士気に悪影響が生じています。
　当社としては、貴殿に対し、これまで口頭にて何度も注意をして○○○○年○月○日には遅刻警告書を通知しましたが、改善されておりません。本書にて改めて、今後遅刻のないよう、厳重に指導いたします。
　○○○○年○月○日を改善指導期限と致しますので、期限日までに勤務及び業務遂行状況を改善してください。○○○○年○月○日以降に改善の成果を判断致します。

以上

○○○○年○月○日

　上記遅刻改善命令書の趣旨を理解し、上記について改善することに同意いたします。
　なお、改善ができていない場合は解雇、賃金、雇用形態変更等含むいかなる措置を受けても異議はございません。

社員氏名　吉田　一郎

## ●電車の遅延による遅刻はどうする？

　電車の遅延による遅刻は、不可抗力のため賃金控除はできないと考えている会社が意外と多いようですが、「**ノーワークノーペイの原則**」により法律的には遅刻分を控除してもかまいません。遅刻した時間は労働していないので賃金を請求する権利はありません。一般的な会社の取扱いとしては遅刻であっても遅延理由証明書がある場合、遅刻控除の対象とはしていないケースが多いようです。ただし、いつものように遅延理由証明書を提出してくる社員に対しては、対応を考える必要がありそう

です。交通機関によって異なりますが、5分から10分程度の遅延で証明書は発行されます。複数回遅延理由証明書の提出が続くようであれば、月に3回目以降の提出は遅刻分を控除する等の対策をとるのがよいでしょう。

### 実務上のコツ　ポイント

遅刻常習者には書面による指導を徹底しましょう。

## 法律上のツボ　ココを押さえろ

● 減給の制裁とは何か？

遅刻・早退・欠勤等の労働の提供がない場合には、不就労時間の賃金をカットすることができます。不就労時間に相当する賃金額以上の減額、あるいは労務の提供があるにもかかわらず賃金を減額する場合は、懲戒処分としての「**減給の制裁**」となります。「減給の制裁」とは、服務規律に違反した社員に対する制裁として、賃金の中から一定額を差し引くことをいいます。減給の制裁は上限が定められており、1回のペナルティの額が平均賃金の1日分の半額を超えてはならず、ペナルティの総額が一賃金支払期における賃金の総額の10分の1を超えてはならないとされています。なお、不就労時間に相当する賃金額以上の減額が、減給の制裁の上限を超える場合には、控除をすることができません。

【減給の制裁の上限】
(1) 一事案につき平均賃金の1日分の半額以内
(2) 一賃金支払期における賃金総額の10分の1以内

● 就業規則に合法的に記載するにはどうする？

「遅刻3回で欠勤1日とする」

就業規則の記載方法によっては減給の制裁の基準を超えた違法となる可能性があります。

例えば、賃金支払期間に15分の軽微な遅刻を3回した場合、1日分の欠勤とすると、遅刻の合計時間は45分しかないのに1日分の欠勤控除ではノーワークノーペイの原則を超えて減給の制裁に抵触し違法となります。

ただし、遅刻の減給を法律に抵触しないように行いたいのであれば、1回の遅刻を1事案とし、平均賃金の1日分の半額を控除することができます。この方法を使えば、3回の遅刻で1.5日分（0.5×3回）の控除を行うことができます。

> **就業規則記載例**
> **（遅刻の際の賃金控除）**
> 第○○条　社員が遅刻した場合は、遅刻時間について賃金を控除する。この際1回の遅刻を1事案として、平均賃金の1日分の半額を併せて減給の制裁として控除することがある。ただし、遅刻が複数回にわたる場合の減給の制裁は一賃金支払期における賃金総額の10分の1以内とする。

### ●皆勤手当の不支給は減給の制裁にあたるのか？

皆勤手当は一定の条件を満たした場合に支給されるという内容のため、欠勤や遅刻早退をすることによって支給を受ける権利自体発生しないことになり、減給の制裁とはまったく関係のないこととなります。

減給の制裁として問題となるのは、請求権が発生したものを制裁として減給する場合です。したがって、皆勤手当が遅刻により不支給となるケースは減給の制裁に該当しないことになります。

> **法律上のツボ　ポイント**
> 遅刻のペナルティとして減給の制裁を行う場合は、限度額に気をつけましょう。

# 7 会社が援助して資格取得したのに退職する社員

会社のお金で資格を取得したと思ったら、すぐに退職しちゃったんですよ。費用を返金してもらえますか？

返金の取り決めをしていたわけじゃないし、難しいんじゃないかなぁ

## 資格の取得費用の返金は通用しない？

　業務に必要なパソコン、簿記、英会話等の資格取得のため、社員に講習の受講費用等の援助を行っている会社は多いでしょう。

　入社した社員に資格を取得させたのに、会社にその資格による利益を還元せずに、もしくは相当な短期間で退職……なんてケース、ありますよね。

　会社としては**「この恩知らず！　資格取得の費用を返金しろ」**と言いたいところでしょう。しかし、実際にはなかなかできないものです。では、入社の際の雇用契約時に**「費用を返金する」**という文言を入れておけばいいのでしょうか？　実はそれもNGです。

　雇用契約の中で不履行について違約金を定めることは労働基準法で禁止されています。一般のお付き合いでも「一度あげたけど、やっぱり返して！」というのは通用しません。一般社会と法律はギャップがあることが多いですが、今回は一致しているのです。

　ではどのような対策や法律があるのか、みていきましょう。

### 実務上のコツ　ココを押さえろ

● 立替金確認書を結ぶ

　労働基準法違反となるか否かの判断では、会社が費用を「支給」したものなのか「貸

与」したものなのかがポイントとなります。

「貸与」したとする場合は、一定期間の勤務（1年間程度）によって費用の返済を免除するという特約付きの立替払いに関する確認書（図1）を締結し、会社が費用を立替ることにすることも可能です。その場合は社員に費用が貸付金であることを確認させ、必ず書面を残しましょう。ただし、本人の自由意思によるものではなく業務上必要な研修の場合は、立替金の誓約が無効となる可能性もありますが、有効である場合は、勤勉な社員が早期退職することの抑止にも繋がります。

### ▼図1　研修費用立替払いに関する確認書例

**研修費用立替払いに関する確認書**

株式会社リンケージゲート（以下「甲」という）と吉田一郎（以下「乙」という）とは、甲乙間の研修費用立替払いに関して、以下の通り合意する。

（1）甲は乙の資格取得等の技能訓練のための費用　〇〇〇〇　円を立替払いする。
（2）乙は甲での業務開始から1年を経過したとき、甲は乙に対し、前項立替金支払請求権を免除する。
（3）甲は乙が業務開始から1年を経過せずに契約関係が終了した場合、第1項の乙の甲に対する立替金支払債務の期限をその終了した日とし乙は甲へ立替費用を支払うものとする。

上記の研修費用立替払いに関する確認を証するため、本契約書2通を作成し、甲乙署名捺印の上、各々1通を所持する。

〇〇〇〇年〇月〇日

（甲）名　　称：株式会社リンケージゲート
　　　代表者：代表取締役　東京　太郎

（乙）氏　　名：吉田　一郎

### 実務上のコツ　ポイント

研修費用を「貸与」とし、契約書を作成しましょう。

## 法律上のツボ ココを押さえろ

### ●賠償予定額の禁止

　労働基準法第16条では、雇用契約の中で不履行について**違約金**を定め、又は**損害賠償額を予定する**契約をしてはならないと定めています。

　例えば、これは社員本人とだけでなく、親権者や身元保証人との間でも禁止されています。

　あくまでも「金額」について予定することが禁止されているわけであって、「実際に損害を被った場合に賠償金を請求することがある」という旨を記載する分には、違法にはなりません。

### ●業務上必要性のある研修

　業務上必要不可欠な研修や資格検定を会社の指示で受けたような場合の負担は会社として当然なすべき性質のものであるため、これを社員に求めることは難しいでしょう。

　一方、社員にも利益をもたらし、その利益が当該労使関係を離れても認められる場合については返金が認められる可能性が高いでしょう。

　例えば、社員の申出により資格検定のための技能訓練をし、関連の費用を会社が負担し、1年間就労すれば費用返還を免除し、それ以前に退職するときは返済するという約定は有効となります。ここでは、会社の返還請求額が合理的な実費であって、会社による立替金と認められ、免除までの要就労期間が1年という短期である点が、社員に対し雇用関係の継続を不当に強要するものとはいえないということが有効となるポイントです。判例によると以下の場合には返還請求が可能であるとされています。

【返還請求ができる場合】
(1) 資格取得が業務命令によらず自由意思である場合
(2) 費用が高額でなく合理的な金額である場合
(3) 費用は会社が立替払いしたもので、返済方法が定められている場合
(4) 費用免除までの期間が長すぎず、退職を制約していない場合

―知っておきたい判例―

**【長谷エコーポレーション事件（東京地判・平成9年5月26日）】**
**留学費用の返金が認められた事案**
裁判所は、社員が社員留学制度で留学するに際し、会社と締結した、帰国後一定期間を経ずに退職する場合に会社が支払った留学費用を返還する旨の契約は、一定期間当該会社に勤務した場合には返還を免除する旨の特約つきの金銭消費貸借契約であり、労働基準法16条に違反しないと判断し、会社からの留学費用返還請求が認められました。

―知っておきたい判例―

**【新日本証券事件（東京地判・平成10年9月25日）】**
**留学・研修費用の返金が認められなかった事案**
裁判所は、会社は海外留学を職場外研修の一つに位置付けており、会社は海外への留学派遣を命じ、専攻学科も社員の業務に関連のある学科を専攻するよう定め、留学期間中の待遇についても勤務している場合に準じて定めていることから、海外留学は会社の業務命令によるものであるとの認定をしました。
そして、留学が業務命令だとすれば、本件留学規程の留学終了後5年以内に自己都合退職したときは原則として留学に要した費用を全額返還させる旨の規定は、海外留学後の社員への勤務確保を目的とし、留学終了後5年以内に自己都合により退職する者に対する制裁の実質を有するから、労働基準法16条に違反し、無効であると判断しました。

## 法律上のツボ　ポイント

資格・研修の性質と事前の約定の有無が重要です。

# 8 台風が来ているので帰宅させたら賃金を請求された

今日は台風が近づいて来てるから、仕事を切り上げて早く帰りなさい

はい、わかりました。
切り上げた分の賃金はもらえるんですよね？

## 不可抗力であっても休業手当は支給しないといけない？

　台風や大雪等の場合、交通機関が麻痺する前に早めに帰宅させるケースが多いですが、これは社員に対する安全配慮義務の観点からみても必要なことです。

　しかし、早退をさせた場合には賃金の問題がでてきます。社員に対して、早退した時間を控除するようなケースはあまり見受けられませんが、時給制で働いている場合の賃金については、早退させた分をどう処理するのかという問題があります。台風や大雪等は不可抗力であり会社の責めに帰すべき事由ではないため、休業手当の支払いは必要としない見解が大半をしめていますが、私的な見解ではトラブルを避けるためにも労働基準法の基準で休業手当の支払いを行った方が無難であると考えます。1日の一部を休業させた場合についての休業手当のしくみをしっかり理解すれば支給が不要となる可能性もあります。

## 実務上のコツ　ココを押さえろ

● 1日のうち一部を休業させた場合

　台風や大雪等の際に、交通機関が麻痺する前に早めに帰宅させるケースでは、1日のうちの一部を休業させることになります。ここで問題となるのは時給制で働いているケースです。休業期間中は平均賃金の100分の60以上の休業手当を支払う義務があります。終日休業させる場合は平均賃金の100分の60以上を支払えば良いのですが、一部を休業させた場合は取り扱いが異なります。

休業手当はその日全体として少なくとも平均賃金の100分の60以上の額を支払う必要があります。そのため、現実就労した賃金が一日分の平均賃金の100分の60に満たない場合はその差額を支払い、満たしている場合はその金額のみで良いことになります。

　所定7時間労働で2時間早退させたケースでは2時間分の時間給の60％を支払わなければならないと勘違いされる場合がありますが、それは間違いです（図1）。働かなかった2時間をみるのではなく、当該日すべての賃金をみて対応していきます。こういった法律について社員やパートタイマーにしっかり説明し、納得してもらいましょう。

**▼図1　1日のうち一部労働させた場合**

例　7時間勤務　時給1000円　平均賃金6000円

| 5時間勤務 | 2時間（帰社） |
|---|---|

1日5時間勤務し5,000円が支払われる場合は、
休業手当（3,600円：平均賃金の60％）を上回っているため、
原則として休業手当の支給は不要となります。

### ●天災に備えた災害リスクマネジメントを

　会社は台風・地震等の天災が発生した時には、社員の安全確保を第一に考えなければなりません。台風がまっすぐ上陸してくるような場合は、早めに会社の営業を終えて社員を自宅へ帰らせる必要があります。

　したがって、勤務時間を切り上げさせることは社会通念上当然のことといえます。しかし「危険を予測して」の切り上げで、実際にやってきた台風は程度としては深刻ではなかったような場合は、「もっと働きたかったのに！」と時給制のパートタイマーには言われかねません。

　天災事変等の緊急事態が発生した時に会社がどのように動いていくかを記載した災害対策マニュアルを作成し、事前に社員（パートタイマー含む）に周知しておきましょう。

また、そのマニュアルに沿って、災害時マネージャーや担当者を決め、災害時の訓練を行っておきましょう。その際に、台風・地震時の出社や退社のルールについても説明しておくといいでしょう。

> **実務上のコツ　ポイント**
>
> 休業日の賃金が、平均賃金の100分の60以上なのかどうかで対処しましょう。

## 法律上のツボ　ココを押さえろ

### ●休業手当とは？

「会社の責に帰すべき事由」による休業の場合は、休業期間中に平均賃金の100分の60以上の休業手当を支払う義務があります。「会社の責に帰すべき事由」の範囲は広く、以下の通り会社として責任があるものが該当します。

> **【会社の責めに帰すべき事由による休業の具体例】**
> (1) 生産調整のための一時帰休による休業
> (2) 親会社の経営不振による休業
> (3) 原材料の不足による休業
> (4) 監督官庁の勧告による操業停止による休業
> (5) 違法な解雇による休業

なお、天災事変による休業、休電による休業（ただし、自家発電を利用すれば仕事が継続できる休電等の例外はあります）、法令に基づくボイラー検査のための休業等は、会社の責めに帰すべき事由に該当しませんので、休業手当の支払いは必要ありません。東日本大震災後には以下のように厚生労働省より通達が出ています。

> **行政通達（平成23年4月27日）**
> 労働基準法第26条では、会社の責めに帰すべき事由による休業の場合には、会社は、休業期間中の休業手当（平均賃金の100分の60以上）を支払わなければならないとされています。
> ただし、天災事変等の不可抗力の場合は、会社の責めに帰すべき事由に当たらず、会社に休業手当の支払義務はありません。ここでいう不可抗力とは、①その原因が事業の外部より発生した事故であること、②事業主が通常の経営者として最大の注意を尽くしてもなお避けることのできない事故であることの2つの要件を満たすものでなければならないと解されています。
> 今回の地震で、事業場の施設・設備が直接的な被害を受け、その結果、労働者を休業させる場合は、休業の原因が事業主の関与の範囲外のものであり、事業主が通常の経営者として最大の注意を尽くしてもなお避けることのできない事故に該当すると考えられますので、原則として会社の責めに帰すべき事由による休業には該当しないと考えられます。

## ●民法との関係

一般法である民法でも会社の責めに帰すべき事由の賃金については「債権者の責めに帰すべき事由によって債務を履行することができなくなったときは、債務者は、反対給付を受ける権利を失わない」(**民法536条2項**) と定めており、平均賃金の100分の60ではなく、**賃金の全額**が認められています。民法では賃金請求額に制限を設けていないのに対して、労働基準法の休業手当が平均賃金の100分の60と下限を設定しているのは不利ではないかと感じるでしょう。しかし、民法の規定は任意規定ですので、当事者の合意によってその適用を排除することが可能となります。そのため労働基準法では法的に保障するために罰則付きの法律で、支払いを強制しています。また、労働基準法第26条では民法第536条2項に比べて「会社の帰すべき事由」の程度を弾力的に設定しています。

---
**知っておきたい判例**

【ノースウェスト航空事件（最判・昭和62年7月17日）】
**休業手当が認められなかった事案**
裁判所は、労働基準法第26条の休業手当の制度は、労働者の生活保障を趣旨と考えると、同条の「会社の責めに帰すべき事由」とは、取引における一般原則たる過失責任主義とは異なる概念というべきで、民法第536条2項の「債権者の責に帰すべき事由」よりも広く、会社に起因する経営、管理上の障害を含むとするのが相当であるとし、民法よりも緩やかであることを示しつつも、本件では、社員が所属する労働組合が自らの主体的判断とその責任に基づいてストライキをしたのだから、会社に起因するとはいえないとして、休業手当請求権を認めませんでした。

---

**法律上のツボ　ポイント**

労働基準法は民法に比べて「会社の責めに帰すべき事由」の範囲は広いのです。

---

平均賃金は暦日数で割るから、1日当たりの単価は意外と低くなるんだよな

# 9 定期健康診断を受けない社員

仕事が忙しいと言って健康診断を受けない社員がいて困ってます…

日程を調整してしっかり受けさせないと、会社が責任を問われますよ！

## 忙しすぎて健康診断が受けられなくて…

**労働安全衛生法第66条**では会社は雇用する社員に対して、医師による健康診断を実施し受診させなければならないとされています。

社員が忙しいからと定められた日に受診を拒否したとしても、会社には罰則が適用されます。また、社員への安全配慮義務という観点からも定期健康診断を受診させることは大切です。

社員が健康診断を受診しない場合は、懲戒処分を検討する等して、受診させるようにしましょう。

## 実務上のコツ　ココを押さえろ

● 健康診断をより受けやすくする　実施日を増やす

忙しくて受診できない社員に対応するため、あらかじめ健康診断を受診できる日程を多く予定して計画をたてましょう。社員から健康診断の希望日を聞いて早めに日程を調整する等工夫をしていきましょう。

また、会社全体で健康診断の重要性を説明しておくことも大事です。大きな病気にかかったことがない人ほど、健康診断を軽んじる傾向にありますが、健康診断によって大きな病気も早期に発見することができます。なお、健康診断の受診を拒否する社員に対しては懲戒処分を行い、社員に対して健康診断の意識付けをしていきましょう。

> **実務上のコツ　ポイント**
> 健康診断の実施日を増やし、健康診断を受診させよう。

## 法律上のツボ　ココを押さえろ

### ●健康診断の義務

　労働安全衛生法は、会社に対し、**雇入れ時および年１回の定期**（深夜業や坑内労働等の特定業務従事者は年２回）に社員の健康診断を実施することを義務付けています。また、一定の有害業務に従事する労働者については、特殊健康診断も実施しなければなりません。会社は診断結果から必要とされる場合、社員の就業場所の変更、作業の転換、労働時間の短縮、深夜業の回数の減少等の措置を講じるほか、作業環境測定の実施、施設または設備の設置・整備等の、適切な措置を講じなければなりません。

　社員が健康診断の受診を拒否したとしても、会社は安全配慮義務があるため、受診をするよう促していきましょう。受診せずにその後社員に健康障害が発見された場合に、社員から会社に対する安全配慮義務違反に基づく損害賠償請求がなされたとしても、社員から受診を拒否したという過失があるため過失相殺の対象となる可能性があります。

### ●健康診断の受診が休日になってしまった場合

　忙しくて定期健康診断を平日に受診できない社員が休日に健康診断を受診した場合の賃金について、通達では一般的な健康診断は受診に要した時間の賃金を会社が支払うことが望ましいとされているだけで、支払い義務はありません。平日に健康診断を受診した場合、多くの会社で賃金控除をしていないでしょう。これが、休日の場合であれば休日労働手当の支払い等の問題がでてきますが賃金の支払い義務はありません。ただし、強制的に休日に健康診断を受診させたというのであれば、健康診断の受診時間に応じて賃金を支払う可能性もでてきますので、注意が必要です。

### ●パートタイマーにも健康診断が必要な場合がある

　健康診断の対象者は正社員に限定され、契約社員やパートタイマー等については実施されていないことが少なくないようです。パートタイマーといっても本当の短時間労働者もいれば、限りなく正社員に近いフルタイムパートと呼ばれるような

パートタイマーまで様々であり、「パートタイマー」＝「健康診断は必要ない」と考えるのは問題があります。

パートタイマーであっても、以下の条件を満たす場合には健康診断を受診させる必要があります。条件を満たすパートタイマーがいる場合は、速やかに健康診断を受診させましょう。

> 【健康診断を受診させる必要があるパートタイマー】
> (1) 雇用期間の定めのない者（雇用期間の定めはあるが、契約の更新により１年以上使用される予定の者、雇用期間の定めはあるが、契約の更新により１年以上引き続き使用されている者を含む）
> (2) １週間の所定労働時間が、同種の業務に従事する通常の労働者の４分の３以上であるとき（なお、概ね２分の１以上であるときは、実施することが望ましいとされています）

### 法律上のツボ　ポイント

年に１回は定期的に健康診断を実施する必要があります。

雇入れの際の健康診断を実施していない会社って意外と多いんだよね。
でも、３ヶ月以内の健康診断書があれば、受診させなくてもいいんだよ！

# 10 社員が貸与していたノートパソコンを壊してしまいました

「ノートパソコンを壊してしまった」と、社員から連絡がありました…

あーあ。壊した理由によっては損害賠償ものだよ…

## 社員に損害賠償を請求します

　業務上の利用のため、会社が社員にノートパソコン等の機器を貸与することが増えています。外回りの営業を行っている社員の半数以上が貸与されているのではないでしょうか。その貸与されているノートパソコンを不注意により社員が壊したり、紛失した場合、社員は会社に対して損害賠償義務を負うことになります。破損、紛失の原因が社員の故意や過失の場合には、会社が社員に損害賠償を求めることは違法行為にはなりません。また、紛失の場合には個人情報、会社情報の流出の問題も出てきます。

　しかし、社員が業務を行う上で損害が発生する可能性もあるため、日常的に起こり得る過失により破損、紛失した場合は、全額社員に負担させるのは難しいでしょう。なお、損害額を賃金から控除し支給することは認められていません。

## 実務上のコツ　ココを押さえろ

●雇用契約の際、備品破損の損害賠償について説明しましょう

　社員と雇用契約を締結する際には、会社の備品を過失により破損、紛失した場合には**損害賠償の義務**があることを記載しておきましょう。なお、4-7節で述べた通り雇用契約書や就業規則に違約金を定めることや損害賠償額を定めることは労働基準法では禁じられていますが、現実に生じた損害賠償の額を請求することまでを禁止としているわけではありません。

誓約書又は雇用契約書に「**故意又は重大な過失により重大な損害を与えた場合、損害賠償を行わせることがある**」と記載をして、あらかじめ説明しておきましょう。場合によっては「賠償予定は労働基準法違反ではないのですか？」と質問がくるかもしれませんが、賠償額を定めた契約でなければ問題はありません。

### ●紛失に備えてノートパソコンにパスワード設定をしましょう

いつどこで社員が貸与されているノートパソコン等の機器を紛失又は盗難されるかわかりません。業務で使用する場合には、顧客データ等の個人情報、営業機密情報が入っていることが多いでしょう。重要データが外部に流出しない為にも、パソコンの起動時にパスワード、重要ファイルにはパスワードの設定を行うようにルールを明確にしておきましょう。なお、パスワードについては定期的に変更する、また推測されにくいものに設定していきましょう。

### ●賃金から賠償金を控除できるのか？

損害賠償額を賃金から会社が一方的に控除することは、賃金の全額払いの原則に違反するため行うことができませんが、社員の**自由意思の下に合意を得る**ことができれば、賃金から控除することも可能です。ただし、損害賠償金が高額で賃金のほとんどが控除されるような場合は、毎月の控除額を社員と話し合いの上で決定していきましょう。その際には必ず賃金との相殺への同意があったことを示す書面をとっておきましょう。

なお、社員から賃金との相殺の意思表示があったとしても、実質的に強制であった場合には、違反となるので注意が必要です。

社員が賃金からの控除を拒否する場合は、銀行口座への振込等で対応していくべきでしょう。

> **実務上のコツ　ポイント**
>
> 備品の破損については「損害賠償を行わせることがある」旨を事前に社員に伝えておきましょう！

## 法律上のツボ　ココを押さえろ

### ●損害賠償請求は全額可能なのか？

　社員が会社からの損害賠償請求に応じて、素直に全額を支払う場合は問題ありませんが、損害賠償請求の金額について争ってきた場合は、金額の多寡及び過失の度合いにもよりますが減額になる可能性が高いでしょう。

　日常的に起こり得る過失により破損した場合は、業務運営上の会社のコストと考えられ損害賠償請求はできない可能性があります。会社には万一損害が起こってしまった時にはその損害を最小限に留めるように努める善管注意義務があり、一方的に負担を求めることはできないとされています。つまり、社員の重大な過失による場合のみ、損害賠償請求ができると考えられます。**重大な過失の判定**には、社員の職業、地位、状況等を総合的に勘案し、注意義務の程度で判断することになります。

　損害賠償に対しては会社と社員との間でトラブルになる可能性があるため、あらかじめ実害に対する負担割合を決定しておくことが有効です。ただし、損害賠償の額を設定することは法違反となります。

### ●個人情報等が流出した場合

　ノートパソコン等の機器を紛失又は盗難された場合は個人情報等の流出の恐れがあります。個人情報保護法により**個人情報取扱事業者**に該当しない場合は、法に基づく行政処分が科せられることはありません。

　ただし、盗まれたパソコンにIDやパスワードロック等の設定をしておらず、情報が流出し被害が発生した場合には、被害者から民事上の損害賠償責任を追及される可能性はあります。

---

【個人情報取扱事業者とは】
事業に使用するため取り扱う個人情報の数に関わらず会員名簿といった個人情報データベース等を保有している事業者をいいます。「事業」は営利性を有するものに限定されておらず、「事業者」には法人のみならず、個人や任意団体も含まれます。

※改正個人情報保護法（2017年施行）により、保有する個人情報の件数要件（5,000件超）が撤廃されました。

---知っておきたい判例---

**【大隈鐵工所事件（名古屋地判・昭和62年7月27日）】**
**破損した機械について社員に賠償責任が認められた事案**
社員が居眠りにより操作を誤って機械を破損した事件において、裁判所は、会社は社員に重過失がある場合にのみ損害賠償を請求しうるとしたうえで、損害額の2割5分に限って賠償責任を認めました。

---

### 法律上のツボ　ポイント

備品の実害に対する負担割合を決定しておきましょう。

今の時代はパソコンの破損よりも、パソコンの紛失の方が会社にとっては大打撃になってしまうよね！

# 11 社員から副業の要望がありました

「副業を始めたい」という社員がいるのですが…

副業の内容によるけれど、原則は副業禁止だよ！

## 会社は副業を認めるべきか？

　「副業に精を出して、本業に集中していない社員がいます」就業規則が未整備な会社ではこのような社員が出てくるでしょう。

　法律で副業を禁止されている公務員とは違い、民間の会社では副業を禁止する**法的な根拠はありません**。会社が社員を拘束できるのは、就業時間内だけですから、私生活上で社員が何をしていても規制できるわけではありません。

　しかし、副業禁止に法的根拠がないにも関わらず、多くの会社で副業を禁止しています。これは社員が副業をすることによって、会社が不利益を被る場合は例外的に規制することができるからです。法律に違反していなくても、就業規則で副業のルールを明確にすることにより、処分の対象とすることができます。

## 実務上のコツ　ココを押さえろ

● 就業規則で副業は許可制に！

　会社の仕事が終わった後にアルバイトをしている社員がいます。1日8時間働いた後に他社で2～3時間程働くことを毎日のように繰り返していると、精神的にも肉体的にも疲労が蓄積されるでしょう。その結果、遅刻や欠勤、集中力の低下によるミスの連発等、本業の仕事に支障が出る可能性も高くなります。

　また、競合会社で働いていた場合は、会社の営業秘密やノウハウ等が他社に漏れる可能性もあります。

上記のようなことから、会社は就業規則において副業については会社に届出をし許可を得て行うように記載しましょう。許可を得ずに副業をしている場合は懲戒処分の措置をとりましょう。

> **就業規則記載例**
> **(副業の許可)**
> 第○○条　社員は、会社の許可なく他に雇用され、又は事業を行ってはならない。
> 　　2　会社は、社員の兼業が次の各号に該当するときは、前項の許可を行わない。
> 　　　(1) 同業他社等で会社の営業秘密が漏れる又は会社の名刺等の不正使用の可能性がある場合
> 　　　(2) 副業先の勤務時間とあわせて長時間労働となり健康を害する恐れがある場合
> 　　　(3) 兼業の業種（風俗関連等）が会社の社会的信用を失墜させる恐れがある場合
> 　　　(4) その他前各号に準ずる事由による場合

### 実務上のコツ　ポイント

副業は許可制にし、その旨就業規則に記載しましょう。

## 法律上のツボ　ココを押さえろ

### ●副業禁止は法律で定められているの？

　副業禁止は労働基準法等の法律で定められたものではありません。そのため副業禁止とするかどうかは**会社の判断**となります。

　憲法では職業選択の自由が保障されているため、本来は就業時間外の社員の行動まで規制することはできません。

　ただし、副業が原因で労務提供に支障が出たり、会社秩序に影響を及ぼす場合があることを考慮し設けられた副業禁止の規定は、判例でも有効とされているケースがあります。

● **長時間労働のリスク**

会社が副業を認めることによってトータルの労働時間が長くなり、社員に疲労・ストレスが溜まり、それにより脳・心臓疾患又は精神疾患等に至る恐れが出てきます。

会社の許可無しに、社員が副業を行っていたのであれば、会社の**安全配慮義務等**の法的責任は生じないと考えることもできるでしょう。ただし、会社が許可したものであれば、長時間労働になるリスクを予見することができるため、会社にも法的責任は出てくると考えられます。副業を許可する場合は長時間労働にならないよう指導をしていきましょう。

● **労災保険はどちらで申請するのか？**

労災保険は原則として会社の支配下で、業務中に災害が発生した場合に給付が行われます。

会社、副業先の**どちらで被災**したかによってどちらが手続きするかが決まります。給付の対象となる平均賃金の算出に当たっても、合算するのではなく、被災先の事業所における平均賃金をもって算出することになります。会社の社員が、副業先の短時間バイトの業務中に被災した際は、副業先の賃金を基準とした低水準の労災保険給付しか受けられないこととなります。

なお、脳・心臓疾患又は精神疾患等の場合については会社での疲労の蓄積が原因であることも考えられますが、平均賃金の算出に会社、副業先のどちらを基準にするのかは明確にはなっていません。

---

**本業　A社　　副業　B社**
A社に実働8時間勤務し、その後B社に勤務していたとします。
【A社での労災保険の対象】
・自宅からA社までの出勤中の通勤災害
・A社での勤務時間中の業務災害
【B社での労災保険の対象】
・A社からB社までの移動中の通勤災害
・B社での勤務時間中の業務災害
・B社から自宅までの帰宅中の通勤災害

―― 知っておきたい判例 ――
【小川建設事件（東京地判・昭和57年11月19日）】
副業をしたことによる解雇が有効となった事案
建設会社の女性社員が深夜にキャバレーの会計係をしていた副業について争った事案です。
裁判所では就業規則において全面的に副業を禁止することは特別な事情のない限り合理性がない、と原則論を展開しながらも、副業の内容によっては企業秩序を害し、または会社の対外的信用、体面が傷つけられる場合もあり、社員の副業の許否について、労務提供の支障や会社秩序への影響等を考慮したうえで、会社の許可による旨の規定を就業規則に定めることは不当とは言い難いとし、解雇が有効となりました。

―― 知っておきたい判例 ――
【国際タクシー事件（福岡地判・昭和59年1月20日）】
副業をしたことによる解雇が無効となった事案
タクシー会社の正社員として働いていた社員が、終業時間外に新聞配達をしていた副業について争った事案です。裁判所は副業禁止規定に違反するのは、会社秩序を乱し、会社に対する労務の提供に格別の支障をきたす程度のものであることを要するとしたうえで副業の内容が会社に対する労務の提供に格別の支障をきたす程度のものとは認められないとし、副業禁止による解雇を無効としました。

法律上のツボ　ポイント

副業を行わせる場合には長時間労働による健康障害のリスクがあります。

# 12 社内で不倫をした社員を解雇しました

社内不倫を理由に解雇できますか？

社内といっても不倫はプライベートなことだから、せいぜい配置転換程度だろうね

## 社内不倫で解雇できるのか？

　職場結婚は当たり前ですが、既婚者と未婚者又は既婚者同士の社内不倫という話もよく聞くようになりました。会社としては社内に悪影響を及ぼし企業秩序を乱しているということで解雇に踏み切りたいと考えるでしょうが、業務とは関係のない私生活上の行為のために簡単に解雇できるわけではありません。社内不倫が会社に及ぼす悪影響を立証できなければ難しいと考えざるを得ません。そのため、会社は社員から十分な聞き取り調査を行った上で、配置転換等の措置をとりましょう。

## 実務上のコツ　ココを押さえろ

### ●聞き取り調査後に配置転換

　会社は噂だけで、社内不倫を決めつけてはいけません。こういった場合は噂だけが先行し、話が大きくなっている可能性があるため、当人及び周りの社員から事情を聞きましょう。また、事実であった場合には周りの社員から不倫関係により仕事上でどのような悪影響が出ているのかを確認します。

　当事者に対しては、会社での悪影響について説明及び今後の不倫行為におけるリスクの説明を行います。会社内の問題だけでなく、不倫行為によって、当事者のいずれかの配偶者から離婚訴訟や損害賠償請求が行われる可能性もあります。あくまでも私生活上の行為のため会社は強引に男女を別れさせることは難しいですが、注意、指導は行ってください。その上で、人事裁量権を使い、配置転換等の措置をとりま

しょう。

> **実務上のコツ　ポイント**
>
> 不倫の事実を確認した上で適切な措置をとりましょう。

## 法律上のツボ　ココを押さえろ

### ●企業秩序を乱した解雇の有効性

　社内不倫のケースでは業務とは関係の無い私生活上の行為のため、会社の一般的支配が及ぶものではありません。そのため社内不倫によって、職場の風紀・秩序を乱したという理由だけでは解雇を行うことは難しいでしょう。

　解雇が有効となるためには具体的な影響を与えたことを会社が客観的に証明する必要があります。判例によると、両者の地位、職務内容、会社の規模、業態等を照らし、2人の関係が職場の風紀を乱し、その企業運営に具体的な影響を与えたと認められる必要があります。

　また、不倫以外の、私生活上の犯罪等を理由とした解雇の有効性についても、以下の通り判断がわかれるところです。

> **知っておきたい判例**
>
> 【横浜ゴム事件（最判・昭和45年7月28日）】
> **職場外で犯罪を起こしたが解雇とならなかった事案**
> 深夜酩酊して他人の家に入り込み住居侵入罪として罰金刑に処せられた社員を懲戒解雇とした事件について、裁判所は、会社の業務等に関係ない私生活上の範囲内で行われたものであること、2500円の罰金刑にとどまったこと、社員の職務上の地位が指導的なものでないことなどから、会社の体面を著しく汚したとまではいえないとして、懲戒解雇処分を無効と判断しました。

> **知っておきたい判例**
>
> 【千葉中央バス事件（千葉地判・昭和51年7月15日）】
> **職場外で犯罪をおこしたが解雇となった事案**
> バス会社に所属していたバス運転手が、休日に多量に飲酒したうえでマイカーを運転し、罰金刑に処せられたことから、会社がこの運転手を解雇したことについて、裁判所は、バス会社は、会社として運行の安全確保を至上命令とし、日頃から社員に対しても厳しく注意していたことなどから、解雇は有効と判断しました。

**法律上のツボ　ポイント**

企業秩序を乱しても、私生活上の行為である場合は解雇は難しいでしょう。

社外の痴漢行為で捕まったとしても、職場外で起こったことなので解雇は難しいだろうな。でも、何度も繰り返しているようなら解雇も可能だと思うよ

# 13 スパルタ教育は危険です

お前なんていてもいなくても一緒だよ。
悔しかったら這い上がってこい！

そんな数十年前の熱血ドラマのような恫喝は今の時代には通用しません。
パワハラで訴えられますよ

## その恫喝、パワハラに該当しますよ

　指導の一環ということで恫喝する管理職の方がまだまだいるようです。このような発言をしていてはパワハラだと訴えられる可能性があります。また、最近は社内のみならず取引先等、**社外へのパワハラ**の訴えも増えているようです。パワハラに該当すれば、本人や会社が損害賠償等の法的責任を負う可能性があります。パワハラが明らかとなれば会社のイメージも悪くなり、採用活動にも影響しますから、会社としても恫喝を見て見ぬふりをするのではなく、全社員に教育、指導していきましょう。

## 実務上のコツ　ココを押さえろ

● 行き過ぎた指導には注意喚起を

　管理職が指導の一環で叱責することは当然に認められます。ただし、叱責が恫喝となると、度を超した指導となり問題が出てきます。
　会社として恫喝していることを放置していると、管理監督責任を問われることになりますし、それは取引先等、社外に対して行っている場合も同様です。
　そこで会社におけるパワハラの予防対策として、社長によるメッセージや、パワハラ規定の作成、パワハラ教育研修の実施、企業内外における相談窓口の設置等が効果的です。
　良好なコミュニケーションに恫喝は決して、決して必要ではありません。相手が部下で年下であっても、「一緒に働く大切な人」という思いで、出来る限り尊重し、声の

出し方、使う言葉等を選びましょう。

● 管理職だけでなく一般社員にも注意喚起を

　パワハラの教育、指導は管理職だけに限ったものではありません。パワハラは社内だけでなく、子会社、請負先、取引先等の社外にも及びます。最近ではこうした社外からのパワハラの訴えも増えているようですから、一般社員に対してもパワハラの研修は行いましょう。管理職になってからの指導では遅く、一般社員の時からどのような発言、行為がパワハラに該当するのかを学んでいく必要があります。社内で統制がとれていたとしても、社外でパワハラが起きていては本末転倒です。管理職、一般社員含めて、全社員に指導を行いましょう。

### 実務上のコツ　ポイント

指導と恫喝の違いを教育していこう。

## 法律上のツボ　ココを押さえろ

● パワハラとはどういう行為なのか？

　パワハラとは「職務上の地位や人間関係等職場内の優位性を背景に業務の適切な範囲を超えて、精神的・身体的な苦痛を与えたり、就業環境を悪化させたりする行為」をいいます。

　パワハラ被害を受けた社員が、人格を傷つけられたこと等により心の健康を悪化させ、休職、退職に至るケースや、はたまた最悪の場合は自殺に追い込まれるケースもあります。パワハラに該当すれば、本人や会社が損害賠償等の法的責任を負う可能性があります。

　なお、改正労働施策総合推進法が2019年5月に参議院で可決、成立したことに伴い、政府は職場でのパワーハラスメント（パワハラ）の防止策に取り組むことを会社に義務づけることになりました。義務化の時期は大企業が2020年4月、中小企業が2022年4月の見通しです。

● 厚生労働省のパワハラの報告書

　現在、厚生労働省は、職場におけるパワハラに該当する可能性のある行為を6つに類型化しています。

【パワハラに該当する可能性のある行為】
(1) 暴行・傷害等の「身体的な攻撃」
(2) 侮辱や暴言等の「精神的な攻撃」
(3) 無視等の「人間関係からの切り離し」
(4) 遂行不可能なことへの強制や仕事の妨害等の「過大な要求」
(5) 能力や経験とかけ離れた程度の低い仕事を命じること等の「過小な要求」
(6) 私的なことに過度に立ち入る「個の侵害」

ただ、職場におけるパワハラは「業務上の指導との線引きが難しい」との意見もあり、(4)～(6)については「業務の適正な範囲内」であれば本人が不満に感じたとしてもパワハラには該当しないとしています。

―知っておきたい判例―
【松蔭学園事件（東京高判・平成5年11月12日）】
**パワハラによる慰謝料支払義務が認められた事案**
高等学校の教諭が、担当していた学科の授業、クラス担任等一切の仕事を外され、何の仕事も与えられずに4年半別室に隔離され、さらに7年近く自宅研修をさせられ、年度末一時金の支給停止等の差別的取扱いまで受け、会社に対し不法行為に基づく慰謝料を請求した事件です。
裁判所は、教諭の態度にも反省すべき点があったとしながらも、学校に業務命令権の濫用があったと認め、学校に対し、600万円の慰謝料の支払いを命じました。

―知っておきたい判例―
【国際信販事件（東京地判・平成14年7月9日）】
**パワハラによる慰謝料支払義務が認められた事案**
当該社員にのみ約2ヶ月間にわたり具体的な仕事を与えず、その後も仕事らしい仕事を与えなかったり、他の社員からホワイトボードに「永久に欠勤」と書かれたり、不合理な座席の移動を命じられたり、侮辱的な発言を受けたり、ホワイトボードから名前が消されるなど、繰り返し嫌がらせを受けただけではなく、会社は、他の社員と異なり、再就職のあっせんを希望の有無を問うことなく、あえて他の社員よりも先に解雇したという事案です。
裁判所は、上記会社等の行為により当該社員が退職を余儀なくされたとして会社等に150万円の慰謝料の支払いを命じました。

### 法律上のツボ　ポイント

パワハラに該当すれば、本人や会社が損害賠償等の法的責任を負いますよ。

# 14 会社があっせん制度を利用しました

問題社員の対応に行き詰まってます。
このままいくと訴訟になるかも……

あっせん制度って知ってる？
会社から申請してみるのもいいんじゃない！

## あっせん制度は社員からの申請だけではない

　労働局のあっせん手続きは社員だけでしょ？　いいえ、会社も利用することができます。一般的には**社員からの申請**によりあっせんの手続が開始されるケースが多いですが、**会社からの申請**により利用することもできるのです。

　あっせん制度は会社と社員間の問題解決が図れない労働トラブルについて、都道府県労働局に設置された紛争調整委員会からなるあっせん委員の仲裁の下、双方の合意を通じて、個別の労使間の紛争の解決を図る制度です。

　労働トラブルの最終的解決手段としては裁判制度がありますが、それには多くの時間と費用がかかるため、社内で話し合っても解決が出ないような時は無料のあっせん制度を利用すると良いでしょう。

　あっせん制度を利用することにより会社も社員もお互いの主張をしっかりと確認し合うことができます。

## 実務上のコツ　ココを押さえろ

● あっせん申請の意外な効果

　セクハラ、パワハラ、遅刻の繰り返し、ダラダラ残業……
　再三再四注意し、書面で指導しても反省の色を全くみせず、言うことを聞かない社員がいた場合どうしますか？　退職勧奨、解雇の手段をまず考えるかもしれませんが、後にもめる可能性がある相手であれば、一度あっせん手続きを利用してみま

しょう。

　労働トラブルは、双方の主張が一致していない時に起こります。ここでお互いの主張をしっかりと確認することは重要であり、第三者からの指摘により解決する可能性は高くなります。また、あっせん手続きによって社員は事の重大さを認識することになるでしょう。

### ●あっせん申請の流れ

　会社の所在地を管轄する都道府県労働局長宛にあっせん申請書を提出します（図1）。あっせん申請書にはあっせんを求める事項及びその理由、経過等を詳しく記載します。

　申請書の受理後に紛争調整委員会から相手方（社員）にあっせんの通知書が送られ、あっせん手続き参加の意思の有無を確認します。ここで相手側（社員）に参加の意思がない場合は打ち切りとなります。

　あっせんでは、労働法の専門家である紛争調整委員会のあっせん委員が、双方それぞれから交互に個別に話を聞いて、あっせん案を作成していきます。交互に部屋に呼び出されるため、相手と面と向かって話す必要はありません。通常は1～2時間程度の1回だけで、あっせん案が提示されます。

　このあっせん案を双方が受け入れれば、民法上の和解が成立します。どちらか一方が受け入れない場合は、あっせん終了となります。

### ●社員があっせん申請の手続きをしてきた場合

　一般的には社員からあっせん申請の手続きがされるケースが多いです。では、実際にあっせんの通知書が届いた時にどのように対応すればいいでしょうか。言いがかりのような内容でなければ、会社はあっせんに参加し解決を図りましょう。その後の争いを考えると参加の拒否によって不誠実な対応とみられる可能性もあるので、参加した方がいいでしょう。なお、あっせんの通知書には参加の有無を確認する連絡票が同封されていますので、意見等記入欄には反論がある場合には詳しく記載しておきましょう。なお、別紙に記載をしても構いません。

> **実務上のコツ　ポイント**
> 
> 会社、社員の双方からあっせん申請は行うことが可能です。

▼図1 紛争調整委員会によるあっせん手続きの流れ

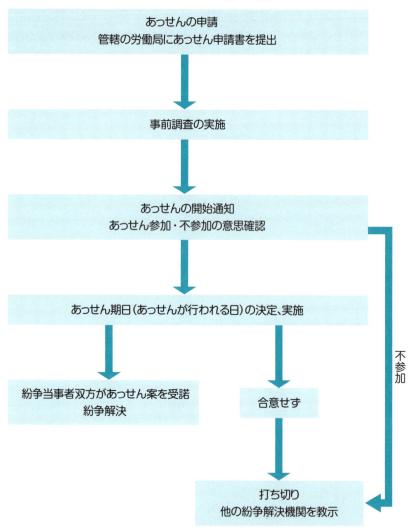

## 法律上のツボ　ココを押さえろ

### ●対象となる紛争と対象とならない紛争

　紛争調整委員会は弁護士、大学教授等の労働問題の専門家である学識経験者により組織された委員会であり、都道府県労働局ごとに設置されています。この紛争調整委員から指名されるあっせん委員が、紛争解決に向けてあっせんを実施することとなります。

　この「紛争調整委員会によるあっせん」は、以下の通り労働問題に関するあらゆる分野の紛争がその対象となります。

**(1) 対象となる紛争**
①解雇、雇止め、配置転換・出向、昇進・昇格、
　労働条件の不利益変更等、労働条件に関する紛争
②セクハラ・パワハラ、いじめ等職場環境に関する紛争
③雇用契約の承継、同業他社への競業禁止等の雇用契約に関する紛争
④その他、退職に伴う研修費用の返還、
　営業車等会社所有物の破損に係る損害賠償をめぐる紛争

**(2) 対象とならない紛争**
①募集・採用に関する紛争
②裁判所で係争中または民事調停中の紛争
③裁判所で判決が確定し、または民事調停もしくは和解が成立した紛争
④労働関係調整法における会社と労働組合との間の労働争議に当たる紛争

### 法律上のツボ　ポイント

あっせん制度は裁判で係争中、労働組合と交渉中の案件は対象とはなりません。

# 第6章 退職する社員には万全の対策を！【退職トラブル】

# 1 雇用保険の加入漏れが退職時に判明しました

今度退職する社員の雇用保険加入を忘れていました……
どうしたらいいですか？

大変だ！　直ちに遡って加入しよう！

## 雇用保険の加入漏れはどうする？

「社員が退職するので離職票を手続きをしようとしたら、雇用保険に加入するのを忘れていました。どうしたらいいですか？」

このような採用時の雇用保険の**加入手続き漏れ**が時々見られます。社会保険であれば「健康保険証」が発行されるので、もし加入漏れがあったとしても、社員から申出をしてくるでしょう。

しかし、雇用保険は会社が手続きを忘れてしまった場合、給料から雇用保険料が控除されていれば社員が加入漏れに気づくことは難しいため、退職時に判明することがあるのです。雇用保険の加入漏れの場合は遡って加入することができますが、2年を超えて遡る場合には一定の条件が出てきます。

雇用保険の加入手続きを行っていない場合には、雇用保険の失業等給付を受給できない場合等金銭的な損害を被り、損害賠償の可能性も出てきます。

## 実務上のコツ　ココを押さえろ

● 遡って雇用保険の手続きを行う

以前は、遡って雇用保険の資格を取得する場合は、2年前の日を超えて行うことができませんでしたが、平成22年10月1日の改正法施行により、2年を超えての遡及適用ができるようになりました。ただし、「**2年超の遡及**」と「**2年以内の遡及**」とでは必要な確認書類、手続きが異なってきます。

「2年以内の遡及」においては、出勤簿、賃金台帳、雇用契約書、労働者名簿等の確認書類が必要となります。なお、6ヶ月を超える遡及手続きの場合は、「**遅延理由書**」が必要となってきます。

一方、「2年超の遡及」については賃金台帳から雇用保険料が控除されていることが要件となります。「2年以内の遡及」では雇用保険料の控除を要件としていませんので注意が必要です。

なお、ハローワークによっては確認書類が異なることがありますので、事前に確認を行いましょう。

また、遡って雇用保険の被保険者となり、賃金から雇用保険料を控除していなかった場合は、原則として雇用保険料は全額会社負担となります。ただし、事情によっては会社と社員との協議の上決定することになります。

## ●話し合いによる和解をする

雇用保険の失業給付を受給できない等金銭的な損害を被った場合、社員から**損害賠償請求**をされる可能性が出てきます。会社の雇用保険の届出ミスによる場合は、会社の過失が大きいため損害賠償を支払うことになるでしょう。

ですから、実際に社員から損害賠償請求をされないためにも事前に話し合いで和解することをお勧めします。退職する社員が失業給付等を受給する場合であれば、遡及によって加入ができた期間と実際に加入できたであろう期間からある程度の損害額を想定することができます。主な給付である退職後の失業給付額の損害額を中心に本人と協議し、金額を決定し和解書を締結しておきましょう。

## ●雇用保険加入の照会を行う

上記のような雇用保険の加入漏れをなくすためにも、雇用保険資格取得の届出が漏れていないかを、会社はハローワークに確認をすることができます。ハローワークに「**雇用保険適用事業所情報提供請求書**」を提出すれば、適用事業所の全ての被保険者（過去の被保険者であった者を含めることも可能）ごとに氏名、被保険者の資格・喪失年月日等を確認することができます。2年を超えても雇用保険の資格取得の遡及ができるとはいえ、賃金台帳を廃棄していた場合や雇用保険料を控除していなかった場合は遡及ができないため、毎年雇用保険加入の照会を行うようにしましょう。

### 実務上のコツ　ポイント

入退社の際、労働条件が変更になった際、社員の情報と雇用保険の加入要件の該当・非該当など確認を行いましょう。

## 法律上のツボ　ココを押さえろ
### ●雇用保険の加入基準

　雇用保険において社員を雇用する会社は、その業種・規模等を問わず、すべて適用事業所になります。また、適用事業所に雇用される社員は被保険者とならない者を除き雇用保険の被保険者となります。

　なお、2010年4月1日から雇用保険の加入要件が変更となっておりますので、注意が必要です。加入要件は以下の通りです。(1) 及び (2) の適用基準のいずれにも該当するときは、雇用保険の被保険者となります。

【雇用保険の加入要件】
(1) 31日以上引き続き雇用されることが見込まれる者であること。
(2) 1週間の所定労働時間が20時間以上であること。

(1) に関しては具体的に、次のいずれかに該当する場合をいいます。
① 期間の定めがなく雇用される場合
② 雇用期間が31日以上である場合
③ 雇用契約に更新規定があり、31日未満での雇止めの明示がない場合
④ 雇用契約に更新規定はないが同様の雇用契約により雇用された労働者が31日以上雇用された実績がある場合

ただし、加入要件を満たしていても、以下の者は被保険者とはなりません（表1）。

### ▼表1　被保険者とならない者

| 被保険者とならない者 | 例外 |
|---|---|
| 法人の代表者、役員、個人事業所の代表者 | 役員であっても労働者的性格が強く、兼務役員として認められた場合 |
| 同居の親族 | 同居親族以外の社員がいる場合で次の要件に当てはまる場合<br>(1)　事業主の指揮命令に従っていることが明白である<br>(2)　就業実態及び賃金支払がその事業所の他の労働者と同様である<br>(3)　事業主と利益を一にする地位（取締役等）にはない |
| 季節的労働者 | 季節的労働者であっても当初から4ヶ月以上の雇用契約の場合 |
| 学生 | 夜間定時制、通信教育の学生。休学中の者。社会人大学院等の一定の出席日数を要件としない学校の学生の場合 |
| 家事使用人 | 家事以外の労働に従事することが本務の場合 |
| 65歳以上の高年齢者 | 65歳以前から引き続き雇用されている場合 |
| 外務員 | 事業主との委任契約であっても、雇用関係が明確な場合 |
| 複数の事業所に雇用されるもの | 主たる賃金を受ける事業主に雇用されている事業所で雇用保険に加入している場合 |
| 国外の事業所に雇用されるもの | 出張・派遣・出向によって、国外で就労する場合でも、国内事業主と雇用関係が継続している場合 |

### 法律上のツボ　ポイント

パートタイマーも加入する義務があるので注意しましょう。

# 2 退職時に有給休暇の消化を要求されました

退職届を受理する際に
「退職日までは有給休暇の消化としたい」
と言われました

有給休暇の消化は、きちんと引継ぎを
行ってからにして欲しいよね

## 退職日より前に有給休暇取得は可能

　退職届を持ってきた社員から「退職日までは有給休暇を取得させてください」と言われたら……会社としては「ここまで色々と世話をしてやったのに、最後に有給休暇の消化とはけしからん」となるでしょう。

　法律では有給休暇は勤務している間なら使う権利があるため、残っている有給休暇を退職日までに全部消化することは問題ありません。

　ただし、退職届を提出し、引き継ぎ等をしないまま有給休暇を完全消化するというのでは、会社は困ってしまいます。そうならないためにも会社は対策を立てておく必要があります。

## 実務上のコツ　ココを押さえろ
### ●退職時の引き継ぎについて規定しましょう

　就業規則には退職について「原則1ヶ月前に退職の申出をする」という内容が記載されているだけで、業務引継ぎに関しては記載されていない就業規則も見受けられます。このままでは有給休暇を消化する退職者が後をたたないでしょう。

　そこで、社員が退職する際の引継ぎ義務を就業規則に記載し、さらに引継ぎ義務を果たさず事業運営に支障を生じさせた場合の退職金の減額・不支給規定を就業規則及び退職金規程に記載します。社員が退職する際の引継ぎは、信義則上の義務と

考えられますが、就業規則等に定めることによって雇用契約上の義務として明確にします。しかし、引継ぎ義務を履行しなかった場合の社員の法的な責任の追及については、現実的には難しいと考えられます。

　退職金についても、現実に不支給にすることは不当と認められる可能性が高いのですが、抑止的効果はありますので、やはり就業規則等に記載しましょう。なお、引継ぎを行わなかった悪質性や重大性、会社の損害等があれば一部減額することは可能かと考えられます。

　実務的には就業規則の規定を根拠に社員に対し説得をしてみましょう。それでも相手が引き継ぎを行わずに有給休暇を取得すると主張するのであれば、**休日出勤の業務命令**を出すこともできます。ただし、休日出勤の割増賃金支払いが生じますので、ご注意ください。

---

**就業規則記載例**
**（退職の引継ぎ）**
第○○条　退職を申出た者は、退職日までの間に必要な業務の引継ぎを完了しなければならず、退職日からさかのぼって2週間は現実に就労しなければならない。これに反して引継ぎを完了せず、業務に支障をきたした場合は、懲戒処分を行うことができる。
　2　関係書類、取引先の紹介その他担当職務に関わる業務の引継ぎをしなければならない。
　3　上記引継ぎ義務を果たさず事業運営に支障を生じさせた場合は退職金を全部又は一部を支給しないことがある。

---

●**有給休暇買い上げの提案を行いましょう**

　有給休暇の買い上げ自体は**法律で禁止**されています。

　しかし、例外があります。会社が労働基準法で決められている以上の有給休暇を与えていて、余分に与えた有給休暇を買い上げる場合や、時効（2年）によって消えてしまった有給休暇を買い上げる場合、また**退職・解雇で未消化になってしまった有給**がある場合は、それを買い上げることができます。条件にかなっていれば、有給休暇を買い上げることにより、社員に対して引継ぎ業務の履行を促しやすくなります。

> **実務上のコツ　ポイント**
>
> 就業規則には退職時の引き継ぎ項目の記載をお忘れなく！

## 法律上のツボ　ココを押さえろ

### ●有給休暇の時季変更権は使えるのか？

　社員から「有給休暇を使います」と言われた際、繁忙期で人手が足りず、休まれては困るという時には会社が有給休暇の取得時期を変更するように指示する権利があります。これが**時季変更権**です。

　会社が時季変更権を行使するための要件は、社員の指定した時季の有給休暇取得が「事業の正常な運営を妨げる」ことです。この点の判断に当たっては、事業の内容、規模、社員の担当業務の内容、業務の繁閑、予定された有給休暇の日数、他の社員の休暇との調整等、諸般の事情を総合的に判断する必要があります。ただし、日常的に業務が忙しいことや、慢性的に人手が足りないことだけでは、この要件は充たされません。

　では、退職時にこの時季変更権を行使することはできるのかという点ですが、残念ながら退職日が決まっている社員には時季変更権を使用することはできません。

### ●有給休暇の買い上げの金額はどうすればいい？

　労働基準法では、有給休暇の賃金について、就業規則その他これに準ずるもので定めるところにより、次のいずれかを会社が支払うと定めています。

> **【有給休暇の賃金】**
> (1) 平均賃金
> (2) 所定労働時間労働した場合に支払われる通常の賃金
> (3) 標準報酬日額に相当する金額

　通常は(2)を採用している会社がほとんどですが、有給休暇の買い上げ金額については法律による定めはなく、自由に設定できることになっています。

　例えば一律に1万円としても問題はありません。

なお、有給休暇の買い上げについては**義務ではなく**、一方的に社員が買い上げを希望しても会社が判断できることになります。

---

**知っておきたい判例**

【聖心女子学院事件（神戸地判・昭和29年3月19日）】
退職時に未消化分の有給休暇の買取を求めた事案
裁判所は休暇請求権は遅くとも退職と共に消滅しており、社員にはもはや有給休暇を主張する権利はなく、買取請求も不当であるとして、元社員の請求を斥けました。

---

**法律上のツボ　ポイント**

有給休暇の買取り金額は自由に設定することができる。

有給休暇を買い上げる場合は
金額の合意書を作成しておこう！

# 3 行方不明で連絡がとれない社員を解雇にしてもいいですか?

無断欠勤を続ける社員と一切連絡がとれなくなりました。解雇できますか?

就業規則で規定してあれば、退職処理できるよ!

## 行方不明なんて、他人ごと? そうでもないですよ

「社員に何度も連絡をしているんだけど携帯電話に出ない。自宅のアパートにもいないようだ」なんていう話をここ最近よく聞くようになりました。

社員が**行方不明**になるなんて想定外ですから、どう対応していいのかわからないという会社も多いようです。

就業規則では「無断欠勤が14日間に及んだ場合は懲戒解雇する」と定められているのをよく目にしますが、期間が到来したからといって簡単に解雇ができるわけではありません。解雇を行うには行方不明の社員に解雇の意思表示を行う必要があるのです。相手が行方不明だとこれが難しくなってきます。具体的な方法としては、裁判所への掲示や官報に掲載する**公示送達**がありますが、時間も手間もかかります。そんな時には就業規則に規定を追加することにより解雇ではなく、退職を成立させることもできるのです。

## 実務上のコツ ココを押さえろ

● 緊急時の連絡先を入社時に記入してもらうこと

無断欠勤が続いている社員がいて、自宅も携帯電話もいくら連絡しても繋がらない。

万一社員が行方不明になることも想定し、入社の際には必ず緊急時の連絡先を記

入してもらいましょう。また、同時に身元保証人の連絡先も住所だけでなく電話番号も記入してもらい、社員が連絡不能である場合は緊急時の連絡先、家族又は身元保証人に連絡し、本人と連絡をとる努力をしていきましょう。

### ●就業規則の退職事由を追加しよう

長期間に及ぶ無断欠勤の場合は、当然ながら懲戒解雇の対象となりますが、解雇を行うには行方不明者に解雇の意思表示を行う必要があるのです。相手の居場所がわからないのですから、簡単ではありません。実務的には「公示送達」という法律上の手続きをとらないといけないため、とても手間がかかります。そこで、会社としては解雇の意思表示をしなくてもいいように、長期間の無断欠勤の場合は退職とする旨を就業規則に定めておくことをお勧めします。

---

**就業規則記載例**

**(退職事由)**

**第○○条** 社員が、次のいずれかに該当するときは、退職とする。
  (1) 定年に達したとき…満60歳に達した日の属する賃金締切日
  (2) 死亡したとき…死亡日
  (3) 退職を申出たとき…会社が退職日と認めた日
  (4) 休職期間が満了し、なお、休職事由が消滅しないとき…休職期間満了日
  (5) 他社に転籍したとき…転籍の前日
  (6) 期間を定めて雇用されるとき…期間満了日
  (7) 会社に届出のない欠勤が所定の休日も含め30日間に及んだときであって、解雇の手続きをとらないとき…30日間に達した日

---

就業規則に記載をしておけば、解雇の意思表示や本人の意思表示がなくとも退職は成立します。

なお、雇用保険の手続きでは**「労働の意思がないための退職」**として自己都合扱いで処理をすることができます。

### 実務上のコツ　ポイント

行方不明者に対応するために就業規則を整えておきましょう。

## 法律上のツボ　ココを押さえろ

### ●解雇をする場合は公示送達

　会社がどうしても解雇をしたいという場合は、「公示送達」という方法を行うしかありません。

　**公示送達**とは、相手方の最後の住所地を管轄する簡易裁判所に申立てをし、裁判所の掲示板に掲示するほか、この掲示について官報及び新聞に少なくとも1回掲載することによって行います。

　そして、最後に官報若しくは新聞に掲載された日から2週間が経過したら、自動的に相手方にその意思表示が到達したものとみなされます。到達した日は解雇予告日となりますので、その日から30日経過してはじめて解雇が成立することになります。

### 法律上のツボ　ポイント

行方不明者を解雇するには公示送達を行うしかありません。

# 4 社員がライバル会社に転職してしまいました

えっ、元社員のA君がライバル会社の○○へ入社したの？

まさか前の顧客に手を付けることなんてないよね……

## どこまで会社はライバル会社への転職を規制できるの？

　退職した社員が同業ライバル会社へ転職し、その上、顧客情報を持ち出した…こんなことが起こったら、会社としてはたまったものではありません。しかし現実問題として、このようなことは充分起こり得るのです。

　基本的には憲法で**職業選択の自由**があり、社員の転職を認めない権利は会社にはありません。しかし、会社はOJT・OFFJTを行って育成した社員に、ライバル会社へ転職されるのは釈然としないものです。その上、顧客情報等の**営業秘密の流出**の可能性も出てきます。

　会社は元社員がライバル会社へ転職し、顧客が流出するのを見過ごすわけにはいきません。事前対策として、会社は適正な範囲内でライバル会社への転職に規制を設けることは許されています。不測の事態に備えて、まずはその対策をとることが先決です。

## 実務上のコツ　ココを押さえろ
### ●入社時・退職時の誓約書で意識づけ

　会社としては、社員のライバル会社への転職及び顧客情報等の営業秘密の流出は避けたいものです。そのため、多くの会社では一定期間は競合する会社に就職しない、同じ業界で独立しない、顧客情報等の営業秘密を利用しない等を就業規則に記載しています。また、入社時と退職時に誓約書を締結する等有能な人材及び営業秘

密の流出の予防対策をしています。ここでの重要なポイントは、社員に対して詳細な説明を行っているかどうかになります。一般的にライバル会社へ転職するということになると、前会社で培ったノウハウ、顧客との取引等の情報等を転職先で利用する可能性が出てきます。そういった利用が法律上問題となり、会社は**損害賠償を請求**できる可能性があることを事前に説明しておきましょう。

　実際に争った場合はどうなるかはわかりませんが、抑止的効果は非常に強くなります。

　また、退職金が支給される会社は、退職金規程にライバル会社へ転職した場合は退職金を支払わない等のペナルティーを科す方法もあります。ただし、判例によると退職金の不支給は無効と判断されており、規程への記載は抑止力的効果にとどまります。

### 実務上のコツ　ポイント

整えた就業規則をしっかり社員に説明することで、ライバル会社への転職や営業秘密の流出を抑止することができます。

## 法律上のツボ　ココを押さえろ

### ●競業避止義務の有効性（現社員と元社員）

　**競業避止義務**とは、社員が所属する会社と競合する会社に就職したり、競合する会社を自ら設立したりするなどの競業行為を行ってはならないという義務のことをいいます。一般的に在職中は信義誠実の原則（信義則）の付随的義務として競業避止義務を負うとされています。しかし退職後においては、職業選択の自由の観点から競業避止義務は生じないとされ、会社が退職後の社員にもこれを課す場合は就業規則等に必要かつ合理的な範囲で法的根拠を明示する必要があります。

　競業を禁止するためには、社員の地位、職務内容、就業制限の地域、期間、代替の措置等が考慮されることになりますが、実際には個別判断によって有効性が決定されます。

### ●取締役の競業避止義務

　取締役は、一般の社員とは競業避止に関する取り扱いが異なっています。取締役

は経営する立場であるため、会社に関する様々な情報を持っており、取締役がその立場を利用して自己又は第三者の利益を図り、会社に損害が生じることを防止するために、会社法で競業避止義務を定めています。

そのため、取締役が会社と同じ種類の営業（競業）を行う場合は、事前に**株主総会等の承認**を得ることを要求しています。なお、退任後は社員と同様に競業避止義務は生じませんが、判例では取締役の行為の時期や態様に照らして、信義則上の競業避止義務を負うことがあると判断されています。

### ●引き抜き行為はどこまで許される

社員が在職中又は退職後、部下や同僚などを勧誘し、別の会社に転職させる場合があります。この場合、在職中は原則として会社に正当な利益を不当に侵害しないよう配慮する「**誠実義務**」があるため、引き抜きは違法となります。ただし、これが単なる勧誘で留まるものは、違反とはなりません。

引き抜きが単なる転職の勧誘の域を越えて、社会的相当性を逸脱し、極めて背信的な方法で勧誘した場合は誠実義務違反となります。

なお、退職後は「誠実義務」はありませんので、引き抜き自体は咎められません。しかし、前会社のある部署の部員全員を引き抜くなど、事業活動に大きなダメージを与えるような常識の範囲を超えたものは、損害賠償を求めることもできます。

### ●不正競争防止法に関する違反

**不正競争防止法**では、不正の利益を得る目的や営業秘密の保有者に損害を加える目的で、営業秘密を使用したり開示したりする行為を禁止しています。

不正競争防止法の「営業秘密」については4-1節でも述べましたが、「営業秘密」がその他の情報と客観的に区別されて、情報媒体とその管理施設へのアクセスが制限されている秘密をいいます。そのため、前会社で培ったノウハウ、顧客の会社名、住所、連絡先、取引額等の顧客情報が不正競争防止法の「営業秘密」にあたるかどうかは事案によって異なります。

ただし、社員は会社に対して、不正競争防止法の該当の有無に関わらず営業上の秘密を第三者に漏らしてはいけないという秘密保持義務があります。これは、信義則上退職者に対してもある程度の義務があると考えられます。

転職後に勤務先で前勤務先の顧客情報を使い顧客を奪いとったりした場合には損害賠償請求も考えられ、不正競争防止法違反となれば、「個人」や「会社」に対して、

刑事罰を科すこともできます。

> **知っておきたい判例**
> 
> **【中部機械製作所事件（金沢地判・昭和43年3月27日）】**
> **競業避止義務を争い社員の競業他社への就職が認められた事案**
> 会社が定めた競業避止義務について、裁判所は、社員が雇用関係継続中に習得した業務上の知識、経験、技術はその社員の人格的財産の一部をなし、これを退職後に各人がどのように生かし利用していくかは各人の自由に属し、特約もなしにこの自由を拘束することはできないとしたうえで、本件でも、設計技師として勤務中の期間当然に遵守すべき義務を注意的に述べたにとどまり、それを超えて退職後も競業避止義務を課して競業他社への再就職を禁止する特約をしたものとまでは認め難いとして、会社による競業避止義務違反に基づく損害賠償請求を斥けました。

> **知っておきたい判例**
> 
> **【中部日本広告社事件（名古屋高判・平成2年8月31日）】**
> **競業避止義務に基づく退職金不支給規定が適用されないと判断された事案**
> 退職後6ヶ月以内に同業他社に就職した場合には退職金は支給されないという退職金支給規程に基づき、社員に対する退職金の支給を争った事案です。
> 裁判所は、退職金を支給しないことが許されるのは、単に退職社員が退職後6ヶ月以内に競業関係に立つ業務に携わったというのみでは足りず、当該不支給規定の必要性、退職の経緯・目的、会社の被った損害など諸般の事情を総合的に考慮し、労働の対象である退職金を失わせることを相当とする顕著な背信性が認められる場合に限られるとして、当該不支給規定を認めず、元社員の退職金請求を認めました。

> **知っておきたい判例**
> 
> **【フレックスジャパン・アドバンテック事件（大阪地判・平成14年9月11日）】**
> **社員引き抜きの行為により損害賠償を求められた事案**
> 裁判所は、元社員の転職勧誘・引抜き行為が、元の会社の利益や権利を不当に侵害する社会的に認められない方法で行われた、社会的相当性を著しく逸脱した違法なものであり、元社員と会社は、債務不履行ないし不法行為に基づいて、社員を引き抜かれた会社に対して損害賠償責任を負うと判断しました。

> **法律上のツボ　ポイント**
> 
> 誠実義務のない退職後であっても社会的に妥当でない方法で元の会社の利益を害した場合は、責任を問われます。

# 5 社員が一度出した退職届の撤回を求めてきました

退職届の撤回なんて、ありえないですよね？

撤回が可能な場合もあるけど、意思が二転三転したら迷惑だよね

## そもそも撤回はできるのですか？

「転職しようと思ったんですけど、やっぱりこのまま会社に残してください」

1週間ほど前に口頭で退職を申出ていた社員が、今度はその退職の撤回を願い出てきました。

「やっぱり辞めるのを止めた！」

なんて、社会人として恥ずかしくて通常ではなかなか言えないですよね。しかし、実際には退職の撤回についての会社からの問い合わせは少なくありません。

また、「撤回するなら、それでいいよ」という単純なものではなく、条件によっては、法律上撤回が認められない場合もあるのです。なお、みなさんが思っている「退職届」も法律では「**辞職**」と「**合意解約の申込み**」に分けられ、扱いが異なってきますので、そちらも押さえていきましょう。

## 実務上のコツ　ココを押さえろ

### ●退職届は口頭ではなく書面を基本にしましょう

退職については手続き関係も複雑になることから、ルールをしっかり定めておきましょう。その際には、突然の辞職や退職の申し入れを想定しておくことも大切です。退職については、対応が遅れると大きなトラブルになりますので、迅速な対応ができるよう、対策しておきましょう。

なお、退職意思の確認については、口頭ではなく、退職願（図1）等の書面による確認を行いましょう。また、社員から退職の申出があった場合には、退職を承諾する旨の通知を書面にて行うこともお勧めします。

## ▼図1　退職願例

---

退職願

株式会社　リンケージゲート
代表取締役　東京　太郎　殿

【理由：　一身上の都合　】により以下の通り退職させていただきたく届け出いたします。

記

（1）退職年月日：〇〇〇〇年〇月〇日
（2）氏　　名　：＿＿＿吉田　一郎＿＿＿＿＿＿㊞
（3）届出年月日：〇〇〇〇年〇月〇日
（4）退職後、以下の〇印を付した書類の発行をお願いします。
　　（〇）1月から退職までの源泉徴収票
　　（　）離職票
　　（　）その他＿＿＿＿＿＿＿＿＿＿＿＿＿＿＿＿＿＿＿
（5）退職日までに以下のものを返却します。
　　（〇）健康保険証
　　（〇）オフィスの鍵
　　（〇）その他　社員用携帯電話・社員証・名刺＿＿＿＿＿
（6）住民税の精算については、次の〇印の処理でお願いします。
　　（〇）5月分まで最終賃金で一括徴収してください。
　　（　）5月分までの残りの住民税は私本人が直接納付（普通徴収方式）します。
　　（　）その他＿＿＿＿＿＿＿＿＿＿＿＿＿＿＿＿＿＿＿
（7）退職後の連絡先：
　　住所：〒（273）－（××××）
　　　　　千葉県船橋市××××××××××＿＿＿＿＿＿＿
　　電話：（090）－（×××）－（××××）

以上

・・・・・・・・・・・・・・・・・・・・・・・・・・・・・・・・
上記、退職願に関して、会社は承諾いたしました。

　　　　　　　　　〇〇〇〇年〇月〇日
　　　　　　　　　　　　株式会社　リンケージゲート
　　　　　　　　　　　　代表取締役　東京　太郎　㊞

●**有能な社員の退職届の撤回**

　退職届受理後の撤回については、当事者間の合意があれば行うこともできますので、当該社員が有能で会社が慰留したい場合等は撤回を認めることができます。ただし、1ヶ月程度の時間的な経過があるような場合には、他の社員の人事異動上の支障や退職の噂の伝播等の影響があるため、安易に退職の撤回を認めることは避けたほうが良いでしょう。安易に動くと、社内の悪しき慣習を創出する可能性もあるので注意が必要です。

●**退職代行サービスって何ですか？**

　**退職代行サービス**とは、退職を希望しているが退職できない社員（**上司が恐い、会社からの慰留等**）に対して、退職手続きをアドバイスし、社員本人に代わって退職の意向を会社に伝えるサービスをいいます。利用料の相場は3万円～5万円です。ただし、退職代行サービス業者において、弁護士資格の無い者が、退職を希望する社員と会社の間に入って退職の交渉をすることは非弁行為にあたる可能性があることから、業務内容によっては違法行為となることもあります。

　このような退職代行サービス業者への対応について、まずは社員本人に直接連絡をして、退職の意思確認をしましょう。

　ただし、本人が、退職の意思を固めて退職代行サービスを利用しているわけですから、連絡が取れないケースも多いでしょう。その場合は、退職代行サービス業者と社員本人とに契約関係があるかを確認しましょう。

　会社としては退職代行サービスを利用して退職の意思を伝えてくるなんて非常識だと思うかもしれませんが、そこまでの人物だと思うしかないでしょう。社員本人に継続して勤務する意思が無いことは明らかですから、粛々と退職の手続を進めていきましょう。

> **実務上のコツ　ポイント**
>
> 退職の対応については先手でルールを定めておきましょう。

## 法律上のツボ　ココを押さえろ

### ●「辞職」と「合意解約の申込み」

　退職には、労働者側から一方的に雇用契約を解消する解約告知としての「**辞職**」と、社員が退職を申出る「**合意解約の申込み**」の2つのケースがあります。

　一般的に「退職届」は、一方的な雇用契約の解消とする「辞職」ではなく、会社に対する「合意解約の申込み」であると考えられ、会社の承認がなされるまでの間は撤回が可能であると考えられます。

　例えば、社員が退職届を直属の上司に提出したものの、上司がそれを預かったまま人事部長等の決定権のある人へ決裁を上げていなかった場合についても、撤回できる可能性があります。つまり、退職届を受け取った者が承認の権限を持つかどうか、そして、それを正式に受け取ったのか、預かりで受け取ったのかが撤回できるかどうかの決め手となります。

### ●退職の意思表示が無効となるケース

　例外として退職の意思表示が無効となるケースは過去の判例によると以下の通りとなります。

【退職の意思表示が無効となる場合】
(1) 詐欺や強迫により退職届を出した場合
(2) 錯誤により退職届を出した場合
(3) 心身耗弱状態で退職届を出した場合
(4) 退職する意思が本心でない場合

---

**知っておきたい判例**

【大隈鐵工所事件（最判・昭和62年9月18日）】
**退職届の撤回の申出についてその有効性を問われた事案**

社員が、同僚と共に、社内で民青活動（共産党関連活動）を行い同僚の失踪後、当該社員は上司らから失踪について事情聴取を受け、直後に自ら退職を申出、人事管理の最高責任者である人事部長の引き留めにもかかわらず、その場で退職届に記入捺印し提出し、その翌日退職撤回を申出たという事案です。

裁判所は人事管理の最高責任者である人事部長が退職届を受理・承諾していることから、合意解約が成立しているとして、社員の退職撤回の訴えを斥けました。

―知っておきたい判例―

**【学校法人白頭学院事件（大阪地判・平成9年8月29日）】**
**脅迫に基づく合意解約の意思表示についてその有効性が問われた事案**
二度の合意解約の成否と懲戒解雇の有効性が争われた事案です。
一度目の合意解約の成否について、裁判所は、合意解約の意思表示は、生徒の母親と恋愛関係を持ったことについてその母親の前夫からの強迫によりなされたもので、合意解約の意思表示の取消しは認められるとしました。
なお、二度目の合意解約は、会社の承認前に退職願の撤回がなされており、信義則に反せず、撤回を有効としていますが、結局懲戒処分は有効と認めました。

### 法律上のツボ　ポイント

退職は人事の権限者が受理してはじめて会社の承認となります。

## 6 解雇する時は30日分の賃金を支払えばいいだけですよね?

解雇予告をしない場合は30日分の平均賃金支払いをすれば、解雇できますよね?

うーん……解雇ってそんな簡単なことじゃないんだよ

### 解雇は手続きが整っていればできるというものではありません!

「30日分の賃金を支払えば解雇ってできるんでしょ? ダメ社員で仕事ができないんです」

実は「仕事ができない」という解雇理由だけでは、合理的な証拠にはなりません。

また、労働基準法では社員を解雇する場合には、30日前に予告しなければならず、もし予告を行わずに解雇する場合は30日分の平均賃金を支払うことになります。

しかし、解雇をするには予告か支払いをすればいいというものではなく、解雇理由として、客観的・合理的な理由が存在し、社会通念上相当と認められることが必要になります。

該当しない場合は、**解雇権の濫用**とされ、解雇が無効となります。これは、会社都合の整理解雇の際でも同様です。どのような場合でも解雇は簡単ではありません。このことを肝に銘じていきましょう。

## 実務上のコツ　ココを押さえろ

### ●解雇通知の前に回避努力はしましたか？

　解雇は、会社の最終的な手段となります。例えば能力不足で解雇をする場合、解雇通知を出す時点で、能力不足が判明してから社員の能力向上のための指導、教育、配置転換等を会社が行ったかどうかを確認してください。

　もし、このような解雇を回避する努力を行っていない場合は、解雇の通告をいきなり行うのではなく、まず初めに社員と話し合いの席を持つようにして、現在の会社が求めている能力と社員本人の能力のギャップについて、客観的な資料をもとに説明し、退職を働きかけます。社員がそれに同意した場合は、退職勧奨の合意退職となります。解雇は社員の意思とは関係なく会社が一方的に契約の解除を通告するもので、ペナルティがつきまといますが、退職勧奨の場合は会社と社員双方の合意により退職となります。

　話し合いの後は、**退職合意書**（図1）を締結しておきましょう。万一退職した後に社員があれこれ言ってきたとしても、この退職合意書があれば一定の効力があります。

社員から「解雇されたんです」と
後々のトラブルを発生させないためにも、
退職合意書の書面を
必ず残しておくようにしましょう

## ▼図1　退職合意書例

**退職合意書**

株式会社リンケージゲート（以下「甲」という）と吉田一郎（以下「乙」という）とは、甲乙間の雇用契約に関して、以下の通り合意する。

（1）甲と乙は、当事者間の雇用契約を〇〇〇〇年〇月〇日限り、合意解約する。
（2）甲と乙は、乙の有給休暇未消化日数が〇日であることを相互に確認し、業務の都合で未消化になった有給休暇については甲が1日当り金10,000円で買い上げることとする。
（3）甲は、乙に対し、和解解決金として金〇〇〇〇円を支払う。
（4）前項記載の金員は、〇〇〇〇年〇月〇日限り、乙の指定する口座に振り込む方法により支払うものとする。
（5）甲と乙とは、本件紛争について円満に解決したことを相互に確認し、乙は甲の事業活動に不利益となるような言動は行わないこと、甲は乙の再就職活動を含む今後の活動に不利益となるような言動は行わないことを相互に約する。
（6）乙は、甲に在職期間中を通じ、横領行為その他甲に損害を及ぼす行為が存しないことを確約し、仮に本日以降かかる事実が発覚した場合には、甲は乙に対する損害賠償の権利を留保することを甲乙間で確認する。
（7）甲と乙とは、本書面に定めるほか、甲乙間において、何らの債権債務がないことを相互に確認し、乙は、本書面締結前の事由に基づき、甲およびその役員、社員に対し、一切の請求を行わないことならびに何らの行政措置を求める申告等を行わないことに同意する。

以上の成立を証するため、本書2通を作成し、甲乙それぞれ署名のうえ、各1通を保持するものとする。

〇〇〇〇年〇月〇日

　　　　　甲　株式会社リンケージゲート
　　　　　　　代表取締役　東京　太郎

　　　　　乙　吉田　一郎

## ●解雇の通知は書面で行いましょう

　最終手段である解雇に踏み切る際には、解雇予告通知（図2）、解雇通知などは必ず書面で行い、日付、解雇理由等を記載して社員に渡しましょう。
　解雇理由には就業規則の**解雇条文のどの規定に該当するか**を記載してください。

なお、解雇予告手当金は通常の賃金の1ヶ月分ではなく、正確には平均賃金の30日分以上となります。30日分の平均賃金の計算方法は、解雇を告げた日の直前の賃金締め日から3ヶ月間の賃金が基準となり、ボーナス、慶弔金等は含みません。計算方法は以下の通りとなります。なお、予告期間が30日未満の場合は、不足する日数分の予告手当を支払うことになります。

【算出方法】

$$\text{平均賃金} = \frac{\text{算定事由発生日以前3ヶ月間に支払われた賃金の総額}}{\text{算定事由発生日以前3ヶ月間の総日数}}$$

### ▼図2　解雇予告通知書例

---

吉田　一郎　殿

〇〇〇〇年〇月〇日

株式会社リンケージゲート
代表取締役　東京　太郎

**解雇予告通知書**

この度、貴殿を下記の理由により解雇しますことをここに予告します。
法定の解雇予告期間として不足する日数分の平均賃金は、退職金と合わせてお支払いいたします。

記

（1）解雇年月日
　　〇〇〇〇年〇月〇日
（2）解雇理由
　　就業規則第〇〇条第〇項の「勤務が不良で、改善の見込みがないと認められたとき」に該当したため

以上

---

> **実務上のコツ　ポイント**
>
> 解雇は最終手段。回避努力や代替案の退職勧奨を行いましょう。

## 法律上のツボ　ココを押さえろ

### ●解雇権の濫用

　解雇を行う際に客観的、合理的理由を欠いていて、社会通念上、相当とは認められない場合、解雇権の濫用として解雇は無効となります。

　社員の事情を理由とする「能力不足・適格性欠如等」等の解雇は、(1) 就業規則上の解雇事由に該当、(2) 解雇理由に合理性、(3) 解雇の社会的相当性の有無等により判断されます。

　中小企業では、入社後2～3ヶ月程度の短期間で、客観的な数値基準も無しに能力不足と判断して解雇するケースもあります。ただし、単なる能力不足というだけでは解雇は難しく、指導・教育・配置転換を行った上での最終的なものとなります。

### ●解雇できない場合とは？

　解雇に客観的、合理的理由があり、社会通念上相当と認められた事由がある場合であっても、労働基準法第19条では「業務上災害のため療養中の期間とその後の30日間」、「産前産後の休業期間とその後の30日間」の場合は解雇をすることができません。ただし、労働基準法第19条で禁止されているのはあくまで「解雇（懲戒解雇等を含む）」であって、社員からの申出による退職、定年退職、期間満了退職は該当しません。

　なお、育児・介護休業期間中については、育児・介護休業の申出又は理由とした解雇等を禁止しているだけで、正当な解雇理由がある場合は育児・介護休業期間中の社員を解雇することは可能です。

### ●整理解雇って何？

　会社が不況や経営不振などの理由により、解雇せざるを得ない場合に、人員削減のために行う解雇を**整理解雇**といいます。会社は次の4つの事項に照らして整理解雇が有効かどうか厳しく判断されます。

## (1) 人員削減の必要性
　人員削減措置の実施が不況、経営不振等による企業経営上の十分な必要性に基づいていること

## (2) 解雇回避の努力
　配置転換、希望退職者の募集等他の手段によって解雇回避のために努力したこと

## (3) 人選の合理性
　整理解雇の対象者を決める基準が客観的、合理的で、その運用も公正であること

## (4) 解雇手続の妥当性
　労働組合または労働者に対して、解雇の必要性とその時期、規模、方法について納得を得るために説明を行うこと

### ●有期雇用契約の途中でも解雇できるの？

　期間の定めのある雇用契約については、会社はやむを得ない事由がなければ、**契約期間の途中**で労働者を解雇することはできないこととされています。また、期間の定めのない雇用契約の場合よりも、解雇の有効性は厳しく判断されます。

　有期雇用契約においては、3回以上契約が更新されている場合や1年を超えて継続勤務している人については、契約を更新しない場合、会社は30日前までに予告しなければならないとされています。なお、30日前に予告ができなかったとしても雇止めに関して解雇予告手当金を支払う必要はありません。また反復更新の実態等から、実質的に期間の定めのない契約と変わらないといえる場合や、雇用の継続を期待することが合理的であると考えられる場合、雇止めをすることに、客観的・合理的な理由がなく、社会通念上相当であると認められないときは雇止めが認めらず、解雇権の濫用法理が適用されることとなります。

### ●社員の解雇が無効となった場合の賃金

　解雇をした社員が訴訟を行い解雇が無効とされた場合には、会社はその間の**賃金を遡って支払う義務**があります（図3）。労務が提供されていないのだから支払う必要はないという会社の言い分はあるかもしれませんが、不当解雇という会社の責めに帰すべき事由により就労不能の場合は、原則として解雇期間中の賃金が請求され

ます。ただし、手当、賞与等のすべての請求が認められるというものではありません。通勤手当などは現実に就労していないことから不支給となります。賞与も業績の部分は支給対象になりません。

解雇期間中に当該社員が他社で就労して収入を得ていた場合は、会社は社員に支払わなければならない解雇期間中の賃金から、社員が他社で得ていた収入を控除することができます。これを**中間収入の控除**といいます。

ただし、中間収入を控除できるとしても、すべての中間収入を控除できるわけではありません。そもそも無効な解雇を行ったのは会社ですから、会社の責任分は負担すべきです。労働基準法では、会社の責任で社員が休業した場合は、休業手当（平均賃金の100分の60）を支払わなければならないと定めていますので、この平均賃金の100分の60までは会社は社員からの中間収入の返還を求めることはできません。

つまり、社員が他社で収入を得ていたとしても、平均賃金の100分の60までは会社が賃金を支払う義務があるということです。

▼図3 **解雇が無効とされた時の賃金補償例**
（2/1に解雇したが10/31に解雇無効となった）

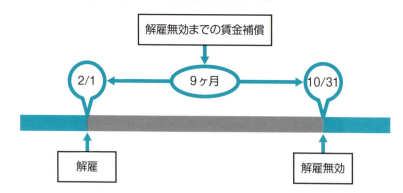

## 知っておきたい判例

**【あけぼのタクシー事件(最判・昭和62年4月2日)】**
**解雇の撤回と解雇期間中の賃金の支払いを求めた事案**

労働組合の幹部であった社員2名が会社との折り合いが悪く、会社は社員らを非違行為を理由に懲戒解雇しました。

これに対し、元社員らは懲戒解雇の撤回と解雇無効期間中の賃金および一時金(臨時の賃金・3ヶ月を超える期間ごとに支払われる賃金部分)の支払いを求めて提訴しました。裁判所は、解雇無効とし、解雇無効期間中の賃金の支払いを認めましたが、その元社員らは、解雇期間中に他社でタクシー運転手として働いて収入を得ていたことから、その控除額が問題となりました。

そこで裁判所は、賃金から控除し得る中間利益は、その利益の発生した期間が解雇無効期間中の賃金の支給の対象となる期間と時期的に対応するものであることを要し、ある期間を対象として支給される賃金からそれとは時期的に異なる期間内に得た利益を控除することは許されないとして、原審の判断を否定し、差し戻しました。

## 法律上のツボ ポイント

解雇が無効となれば、それまでの賃金を支払うことになります。

安易に解雇して訴えられたら、いろいろなコスト(時間やお金)がかかって大変だよ

# 7 社員を懲戒解雇しました

残念ながら社員の横領が発覚しました……
即解雇！ でいいですよね？

横領なら懲戒解雇だね

## 懲戒解雇はどのようにすればいいの？

**懲戒解雇**は、制裁としての懲戒処分の中でも最も重い処分です。懲戒解雇は普通解雇よりも厳しい処分のため、条件に当てはまらない限り合法とはみなされません。

そのため「犯罪行為」、「職務上の不正行為」、「会社の信用を貶めるような社会通念上著しく許されない行為」を働いた社員にのみ懲戒解雇をすることが認められています。

懲戒解雇とは普通解雇と異なり、社員の故意・重大な過失によるものですから、30日前の解雇予告や解雇予告手当は不要となることがあります。この場合は所轄労働基準監督署長から**解雇予告除外の認定**を受けることを条件に、解雇予告義務が免除となります。

懲戒解雇を行うには就業規則上に懲戒の事由と手段を限定的に列挙する必要があります。

## 実務上のコツ ココを押さえろ

● 解雇予告除外認定

解雇予告義務が免除されるには、所轄労働基準監督署長から解雇予告除外の認定を受けることが条件になります。逆に言うと、労働基準監督署長の解雇除外認定がなければ、原則として解雇予告手当が必要ということになります。

ただし、労働基準監督署に解雇予告除外認定の申請を行っても、認定が下りるま

で2週間程度の時間がかかります。そのため、懲戒解雇予定の社員に対しては自宅待機命令を命ずることになります。

### ●自宅待機命令

前述の通り解雇予告除外認定の申請を行っても、認定が下りるまで2週間程度の時間がかかりますので、懲戒解雇除外認定までの調査又は審議が決定するまでの期間は自宅待機とします。また、就業規則に自宅待機期間においては無給とする旨の定めをしておきましょう。

> **就業規則記載例**
> **(懲戒前自宅待機措置)**
> 第○○条　社員の行為が懲戒解雇事由に該当し、若しくはそのおそれがある場合又は不正行為の再発若しくは証拠隠滅のおそれがある場合においては、会社は調査及び審議が終了するまでの間、前置措置として就業を拒否することができる。この場合、その期間中は無給とする。

これは懲戒処分としての出勤停止とは別に調査又は審議をするための自宅待機としての意味付けにします。懲戒解雇該当事由の社員を勤務させることにより、証拠隠滅の可能性もありますので、就労拒否は可能かと思われます。

### 実務上のコツ　ポイント

解雇予告除外認定には2週間程度の時間がかかります。

## 法律上のツボ　ココを押さえろ

### ●「労働者の責に帰すべき事由」とは

解雇予告除外認定は社員の地位や職位、勤務年数、勤務状況等を考慮した上で総合的に判断すべきものとされています。その上で解雇事由が「労働者の責に帰すべき事由」であることが必要になります。

「労働者の責に帰すべき事由」については**行政通達(昭和23年11月11日　基発第1637号、昭和31年3月1日　基発第111号)**により以下の通りになります。

【労働者の責に帰すべき事由】
(1) 極めて軽微なものを除き会社内での盗取、横領、傷害等刑法犯に該当する行為があった場合
(2) 賭博、風紀紊乱等により職場規律を乱し、他の社員に悪影響を及ぼした場合
(3) 採用条件の要素となるような経歴を詐称した場合
(4) 他事業への転職した場合
(5) 2週間以上正当な理由がなく無断欠勤し、出勤の催促に応じない場合
(6) 出勤不良又は出勤常ならず、数回以上にわたって注意しても改めない場合

つまり、上記に該当すれば解雇予告除外認定が下りやすく、それ以外は可能性が低いと考えた方が良いでしょう。

―知っておきたい判例―
【ジェーティービー事件 (札幌地判・平成17年2月9日)】
**横領により懲戒解雇となった事案**
社員が関連会社に出張中に、出張旅費の不正受給を繰り返し、合計23万8500円を着服したとして、会社が当該社員を懲戒解雇し、その有効性が争われた事案です。
裁判所は、少なくとも15回にわたり合計23万8500円の出張旅費を不正受給したことは、その使途が仮に会社の他の経費に流用する目的であったとしても、懲戒解雇事由にあたり、当該懲戒解雇を有効と判断しました。

法律上のツボ ポイント

懲戒解雇事由に該当するかを調べてから決断をしましょう。

# 8 労働組合から団体交渉のお知らせが来ました

うちの会社に労働組合はないのに、団体交渉の申し入れが……

対応しないといけないのかな…

## うちの会社には労働組合がないのになぜ？

「うちの会社には労働組合なんて無かったはず……」と思っている社長、甘いです。実は**一人でも加入できる労働組合（合同労組）**があるのです。

最近では社員が合同労組に駆け込み、会社との労働トラブルを争うケースが増えています。

「うちの会社に労働組合なんてないし、全く関係がない赤の他人が、社内の問題に首突っ込んでとやかく言われるなんて、筋違いもいいところだ！」

なんて、もっともらしく答えたいところかもしれませんが、実は、団体交渉を突っぱねることは法律上できないのです。会社と労働組合の団体交渉は、法律で決められたルールなのです。

しかし、労働組合から団体交渉を求められたからと言って、弱気になる必要はありません。ルールと手順を押さえていきましょう。正しい団体交渉を行えば、解決の糸口は見えてくるはずです。

## 実務上のコツ　ココを押さえろ

### ●正しい団体交渉のやり方

団体交渉の申し入れでは、まず図1にあるような書面が会社に送られてきます。

### ▼図1　団体交渉申入書例

○○○○年○月○日

株式会社　リンケージゲート
代表取締役　東京　太郎　殿

合同ユニオン○○○○
執行委員長　○○○○
電話03-××××-××××

団体交渉申入書

　この程貴社に勤務していた○○氏（以下「社員」という）が合同ユニオン○○○○（以下「当組合」という）に加入され、貴社との労務上の問題について解決を望んでおります。
つきましては当組合は株式会社　リンケージゲート（以下「会社」という）に対し下記の通り団体交渉を申し入れます。○○○○年○月○日までに文書をもってご回答ください。

記

1．日　時　　1月25日（金）17時00分～

2．場　所　　合同ユニオン○○○○　会議室

3．協議事項

(1)　社員は管理監督者にはあたらない勤務実態だったにも関わらず違法に管理職として取り扱われていたことにより、2年間で800万円の未払い賃金があり、会社に支払いを求めます。
(2)　○○○○年○月○日に解雇となりましたが、これは解雇理由の無い不当解雇となります。そのため、解雇の撤回及び賃金補償を求めます。

以上

初めてだと驚くかもしれませんが、慌てず、憤らず、冷静に対処していきましょう。労働基準法、労働組合法等の知識が無いままに対応するのは危険ですから、組合対策専門の弁護士又は社会保険労務士と事前の打ち合わせを行っていきましょう。

なお、組合員を個別に説得するような行為は違法となりますので、対応は慎重にしましょう。

### (1) 日程の調整
団体交渉の日程は相手に合わせる必要はありません。会社にも事前準備が必要ですし、お互いの都合に配慮しながら調整していきましょう。

### (2) 場所の変更
団体交渉は会社の施設内又は労働組合の事務所の使用を要望してくることが一般的です。しかし開催場所に関しては、限定されるものではありませんので、時間の限られた公的な施設や貸し会議室を借りて行うことをお勧めします。ここでのポイントは時間が限られていることです。予定の終了時刻を過ぎても勢いで話し合いが継続されることがないように予防策になります。

### (3) 出席者
労働組合は社長の出席を求めることがありますが、出席者は社長である必要はありません。役員でも人事部長でも労働条件に関する決定権があれば誰でも構わないです。社長が出席しないことを理由として不誠実団体交渉とはなりません。むしろ、社長が出席するとその場で回答を求められることが考えられるため控えた方が良いでしょう。

その他、交渉の席において人数が多すぎても収拾がつかなくなる可能性もありますので、事前に先方の出席人数を確認してから、会社の出席者の人数を合わせていきます。

### (4) 事前確認
申入れ書にある、相手の要求する内容に不明な点がある場合は、団体交渉が始まる前に書面で確認をしておくことをお勧めします。

また、予想される質問に対しては、事前に応答集を作成し団体交渉の内容を整理し確認をしておきましょう。会社の出席者で内容をシェアしておくことも大切です。交渉の現場で意見が不一致となることは避けましょう。

### (5) 質問への回答
団体交渉においては、何もその場ですべて回答する必要はありません。新しい要

求が出されても慌てずに、持ち帰って回答する旨を伝えるか、文書によって改めて要求を出すように求めましょう。また、団体交渉終了後に議事録にサインを求められる場合がありますが、その場でサインすることは避けましょう。議事録といいながら実は合意文書や労働協約である可能性が無きにしもあらずなのです。書類を持ち帰って内容について確認をしてからのサインでも遅くはありません。

### (6) 冷静沈着な対応

初めのうちは慣れない労働組合に面食らい、どのように対処すれば良いのか躊躇するものですが、何度か経験していくと、冷静な応対で話し合いを進めていくことができるようになります。ケースは様々ありますが、相手が金銭解決を望んでいることが多いので、金額について組合と会社の要求を丁寧に擦り合わせていきましょう。

協議を重ねても解決の糸口が見えない場合は、団体交渉を打ち切って労働審判へ移行する判断も大切です。

> **実務上のコツ　ポイント**
>
> 団体交渉を恐れることはありません。正しい団体交渉の進行で問題解決の糸口が見えてきます。

## 法律上のツボ　ココを押さえろ

● **会社に労働組合があるのに他の労働組合と交渉しないといけないの？**

社員が一人で加入できる労働組合（合同労組）に加入した場合、会社内での加入者が1人であっても、**団体交渉に応じる義務**があります。既に会社に労働組合がある場合でも、各組合はそれぞれ固有の団体交渉権を持っているとされています。会社からすると、会社の内情を知らない別の労働組合が交渉するなんておかしいと思うかもしれませんが、**団体交渉を拒否**することはできません。また、労働組合は団体交渉を第三者へ委任することができ、団体交渉の申し入れをした合同労組が上部組織である外部の労働組合に委任した場合は、その労働組合との団体交渉に応じる義務があります。

● **退職した社員の団体交渉も必要なの？**

「退職した社員とは雇用関係が終了しているから、もう会社とは関係ないで

しょ」という意見もよく聞きますが、労働組合法では退職した社員も「労働者（社員）」として取り扱います。

労働組合法は、労働基準法に比べ、「労働者」の定義を広く定めています。

退職後であっても、雇用契約関係が存在した間に発生した事実を原因とする紛争に関する限り、退職者についても団体交渉に応じる義務があるとされています。

## ●不当労働行為の禁止（労働組合法）

以下の項目は労働組合法の不当労働行為として禁止されています。

---

### (1) 不利益取り扱いの禁止（1号）

会社は労働者に対し、
①労働組合の組合員であること
②労働組合に加入し、若しくはこれを結成しようとしたこと
③若しくは労働組合の正当な行為をしたこと
を理由として、労働者を解雇したり、その他不利益な取扱いをすることは禁止されています。

### (2) 黄犬契約の禁止（1号）

会社は、以下のことを雇用条件とすることは禁止されています。
①労働者が労働組合に加入しないこと
②労働組合から脱退すること

### (3) 団体交渉拒否（団交拒否）の禁止（2号）

会社は、雇用する労働者の代表者と団体交渉をすることを正当な理由が無くて拒むことは禁止されています。　労働組合から団体交渉の要求がきた場合は、正当な理由が無い場合は応じる必要があります。

### (4) 支配介入の禁止（3号）

会社が以下のことに介入することを禁止しています。
①労働組合の結成を支配すること
②運営に関することを支配すること
③運営に介入すること

### (5) 経費援助の禁止（3号）

労働組合の運営のための経費の支払につき、経理上の援助を与えることを禁止しています。

### (6) 報復的不利益取扱の禁止（4号）

労働者が、不当労働行為の申立てをしたこと、あるいは労働委員会の審査手続の過程で使用者に不利益な証言をしたこと等を理由に、労働者を不利益に取り扱うことは禁止しています。

---

**知っておきたい判例**

【日立メディコ事件（中央労働委員会命令・昭和60年11月13日）】
**団体交渉に対する拒否が有効とされた事案**
会社に解雇された後に、10年を経て労働組合に加入し、その4ヶ月後に団体交渉を求めた場合には、会社に団体交渉に応じる義務はないとされました。

---

**法律上のツボ　ポイント**

まずは労働組合法を理解しましょう。交渉が楽になりますよ。

労働組合が無いといっても、最近はユニオンに加入して団体交渉を申し入れられることがあるよ

# 9 解雇をめぐって労働審判になってしまいました……

労働審判になっちゃいました。どうしましょう？

すぐに弁護士に相談して協議しよう！

## そもそも労働審判になるってどういうこと？

　労働局のあっせん、労働組合との交渉の次に労働トラブルを解決する方法としては、裁判が考えられます。しかし、裁判は時間と費用がかかるために、裁判まで起こすという社員は多くないといえます。そこで、2006年4月から会社と個々の権利義務に関する紛争を対象として労働審判制度がスタートしました。

　この労働審判制度は、**原則3回以内**の期日で審議が行われ、早期解決が可能になります（図1）。通常の裁判よりも時間的にも金銭的にも負担が少ない点がポイントです。しかし、その反面、初回の審議までに全ての主張をして、それを裏付ける証拠書類も全て揃える必要があるため、労働審判には早急な対応が必要となってきます。この制度の活用の仕方をみていきましょう。

## 実務上のコツ　ココを押さえろ

### ●証拠収集が大事です

　労働審判制度は通常の裁判とは違い、簡易的に行うことができることから、会社は今後労働トラブル（解雇、未払い残業等）が発生した場合、労働審判にまで発展する可能性があることを認識しておきましょう。

　労働審判制度では申し立てられた側は20日程度という短期間で相手からの申立書に対する反論書面である**答弁書**を作成する必要があります。法律の専門家ではない会社自身が、申立書・答弁書の争点を整理し、証拠を整えていくのは非常に難し

いことといえます。当事者が提出する答弁書や証拠書類は、事前に労働審判員には送付されず、労働審判期日の際に初めて確認されます。そのため、正確でわかりやすいものを用意する必要があります。この答弁書の内容が事件の解決を大きく左右するため、専門家である弁護士に依頼することが大切です。

### ▼図1　労働審判手続きの流れ

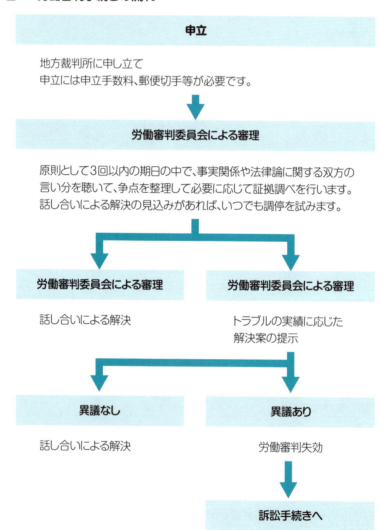

## ●こんな時は会社自ら労働審判を利用しよう

　会社から労働審判を利用するケースは少ないのが実情ですが、場合によっては労働審判制度を利用することも得策といえます。

　例えば、合同労組等の労働組合が絡み社員が不当な要求ばかりを繰り返し、紛争の解決に応じようとしない場合は、会社が団体交渉を打ち切り労働審判を申し立てることによって早期の解決を図ることができます。また、そこで解決をしなかったとしても、以後の訴訟手続きでの解決に向けた指針となります。

　なお、争点が複雑であるなど、労働審判に不適切な事案の場合は、余計に時間がかかるため、労働審判ではなく最初から訴訟を選択する場合もあります。

> **実務上のコツ　ポイント**
>
> 第1回目の答弁書が肝心。専門家である弁護士に依頼しましょう。

労働審判の利用率が年々増えてきているんだよね

## 法律上のツボ　ココを押さえろ

### ●労働審判制度とは

　労働審判制度とは、解雇、雇止め、転勤、出向、セクハラ、パワハラ、賃金不払い等、会社と社員の間で起こる個別の争いについて、迅速かつ実効性のある解決を図るためにできた制度です。

　原則3回以内の期日で審理を終えることになっており、申立から終結までの平均日数は約70日といわれています。

　審理を行う労働審判委員は、使用者団体と労働者団体の両団体が推薦し、最高裁判所が任命します。労働審判では、使用者団体から推薦された委員と労働者団体から推薦された委員が1名ずつ労働審判委員となり、裁判官である労働審判官1名を加え、計3名で審理します。裁判官だけではなく、労働法や労使紛争について専門的な知識と経験を持つ人が労働審判委員となって共に審理をするので、専門性が確保されています。

　なお、労働審判では裁判の判決にあたる「審判」に至る前にできるだけ和解の成立をめざした調停の努力をします。大半は話し合いで解決することが多いため、あらかじめ解決の妥協点を会社で決定しておくことが必要です。

　また、3回の審理で和解に至らず、さらに社員か会社のどちらかが審判官によって下された審判の内容に納得せず、異議を申し立てた場合は、通常の民事訴訟に移行しますが、通常の訴訟手続は第一審の判断が出るまで1年程度かかることもあり、労働審判にくらべて非常に時間がかかります。

### ●労働審判と訴訟の違い

　労働審判と訴訟の最大の違いは、訴訟は争点に関して、尋問の中で反対尋問によって、当事者が話していることの信用性を計ることができますが、審判では尋問がないため、基本的に立証は書面だけで判断するしかないということです。そのため、どのような書面を証拠として出すのか、ある意味訴訟よりも重要となります。

　その他の違いについては表1の通りとなります。

▼表1　労働審判と訴訟の相違点

| 項目 | 労働審判 | 訴訟 |
|---|---|---|
| 対象 | 個別紛争のみ | 個別紛争にこだわらない |
| 判断者 | 裁判官1名と労働審判員2名 | 裁判官1名のみ |
| 期日／回数 | 原則として3回以内 | 制限無し |
| 場所 | 労働審判廷（ラウンドテーブル式） | 法廷 |
| 合意／和解に至らない場合 | 労働審判が言い渡され、不服の際には訴訟に移行する。 | 判決が言い渡される。不服の際は控訴上告する。 |
| 解決方法 | 双方の言い分を前提とした話し合いで合意をめざすが、難しい場合は書面による証拠のみから判断される。 | 証拠書類、証言等から、判決によって終結する。ただし、和解によって解決する場合もある。 |

### 法律上のツボ　ポイント

労働審判制度の長所を理解し、活用しましょう。

労働審判は民事調停と訴訟の中間的な位置づけにあるんだよね

# 第7章

## 10人未満でも就業規則は作成してください！【就業規則】

# 1 就業規則なんて作らなくてもいいでしょ！

うちの社員は家族みたいなものだから、就業規則なんて考えたことないね

甘いですよ。集団にはルールが必要です！

## 会社のルールブックは作るべきです

　就業規則は、社員が10名以上いれば作成し、所轄労働基準監督署に届出る義務があります。一方、社員が10名未満の会社は就業規則を作成し届出る義務はありません。

　このことから、「10名未満の場合は就業規則の作成義務が無いのだから作らなくていいでしょ」と言う会社もあるかと思います。

　しかし、就業規則を作成していなかったばかりに、**客観的なルール**が無くて労働トラブルに発展……なんてことが起きかねません。

　小規模な会社では、「人を雇用し始めたとき」「何か起きたとき」にその都度ルールを決めていることが多いようですが、社員やアルバイトが増え、組織的になってくると会社のルールが必要になってくるものです。そのためにも、10名未満であっても就業規則を作成し、労働条件や服務規律を明確にしておくことが望ましいでしょう。

## 実務上のコツ　ココを押さえろ

●トラブルなんて起きないという勘違い

　「うちの会社は社員と良好な関係なので、今まで労働トラブルなんて起きたことがありません」よくこんな話を聞きます。

　売上が伸び、会社と社員が一つの目標に進んでいる時は、確かに労働トラブルが起こることはありません。

しかし、今は良い社員であったとしても、ちょっとしたボタンの掛け違いで問題社員となってトラブルを起こす可能性だってあります。

インターネットの普及によって、好きな時に欲しい情報を取り出せるようになった世の中です。まずは、就業規則で会社のルールを確立し、安全な労務管理を行っていきましょう。本書にある就業規則の記載例等を参考にすると良いでしょう。

### 実務上のコツ　ポイント

たとえ10名未満でも就業規則は作成しましょう。

## 法律上のツボ　ココを押さえろ

### ●常時使用する社員数が10名以上とは？

「常時使用する社員が10名以上」とは正社員のみならず、常用パートタイマーや契約社員など非正規の社員も含みます。

つまり、雇用形態にかかわらず、常時雇用しているのであれば人数に含めます。ただし、派遣社員や臨時的に雇用しているパートタイマーは人数に含めません。

なお、常時10名以上の社員を使用しているかどうかは、事業場（例：支店、営業所）ごとに判断するのであって、会社単位では判断しません。会社単位で10名以上の社員、パートタイマー等がいたとしても、事業場ごとに見た場合に10名未満であれば、就業規則を作成し、所轄労働基準監督署に届出る義務はありません（図1）。

▼図1　事業場ごとの就業規則の作成・届出

本社　15人
作成・届出
必要

営業所　6人
作成・届出
不要

営業所　8人
作成・届出
不要

## ●社員代表ってどうやって決めるの？

　新しく作成した就業規則を労働基準監督署へ提出するには、労働者の過半数を代表する社員（過半数で組織する労働組合がある場合はその労働組合）による意見書を添付する必要があります。代表する社員の選定方法には注意点があります。詳しくは3-3節の社員代表の選任を参照してください。

> **知っておきたい判例**
>
> 【トーコロ事件（最判・平成13年6月22日）】
> **社員代表の選出方法が無効となった事案**
> 裁判所は「社員の過半数を代表する者」は、当該事業場の社員により適法に選出されなければならないが、適法な選出といえるためには、当該事業場の社員にとって、選出される者が社員の過半数を代表して36協定を締結することの適否を判断する機会が与えられ、かつ、当該事業場の過半数の社員がその候補者を支持していると認められる民主的な手続がとられていることが必要である（昭和63年1月1日　基発第1号参照）としたうえで、「友の会は、役員を含めた被告会社の全社員によって構成され、『社員相互の親睦と生活の向上、福利の増進を計り、融和団結の実をあげる』ことを目的とする親睦団体であって、社員の自主的団体とは認めがたく、その役員は会社の選挙によって選出されるが、当選挙をもって36協定を締結する社員代表を選出する手続と認めることもできず、本件36協定は、親睦団体の代表者が自動的に社員代表となって締結されたものというほかなく、作成手続きにおいて適法・有効なものとは言いがたい」として、当該36協定に基づく残業命令を無効と判断しました。

### 法律上のツボ　ポイント

正社員、パートタイマーを含めて10名以上の時は就業規則の作成届出が必要です。

事業場が複数ある場合には本社で一括して届出することができるよ！

## 2 ネットで見つけたひな形を使っても大丈夫ですか？

ネットに就業規則のひな形が無料で載ってたよ。
あれ、使おうかな

ひな形はあくまでひな形。
作るなら会社に合ったものを作りましょう！

### 削除してもいい条文、削除してはいけない条文があります

　最近では、就業規則等の諸規程のひな形はインターネットからいくらでもダウンロードすることができます。それをもとに会社で就業規則等を作成することも可能ですが、法律上**削除してもいい条文**、**削除してはいけない条文**等を知らないままに作成した就業規則では後々問題になる可能性もあります。

　就業規則を作成するには、関係法令の把握や自社の実情に応じたアレンジが必要になってきますので、専門家のアドバイス無しに、安易にひな形就業規則を使うことはお勧めできません。

### 実務上のコツ　ココを押さえろ

●ひな形や他社の就業規則を使ってはいけない

#### 1.インターネットでダウンロードした就業規則

　インターネットからダウンロードした無料の就業規則は、労働局等から配布されているものをもとに作成されている割合が非常に高いです。そのため、**社員に有利な条文**が多く、通常の労働基準法で定める基準を上回る労働条件が定められているケースも多々あります。

#### 2.他社の就業規則

　「他社のもの」「以前勤めていた会社の就業規則」「親会社の就業規則をそのままコ

ピー」しているケースを見ることがあります。これは非常に危険です。利用した会社の規模、業種が同程度であれば大きな問題はないかと思いますが、もとにした会社が大規模であれば、大きな問題がでてくる可能性があります。例えば、法定を上回った有給休暇、基準が高い退職金等が規定されていることが考えられるでしょう。

● 会社の労働条件と照らし合わせて作成しよう

　ひな形や他社の就業規則を使う場合に、一部だけ変更し、自社風にアレンジしようとしてもうまくはいきません。**あくまで比較、検討の資料**として活用し、就業規則の構成や条文等の参考にするべきです。

　もし、時間があるならば、就業規則の専門書を複数冊購入し、ひな形を参考にして作成することも可能だとは思います。

　ただし、労働法の基礎知識がないと、専門書を読んでも理解することは難しく、相当の時間がかかるものです。関係法令の把握や実情に応じたアレンジを考えると、人事労務について専門的な知識を有する社会保険労務士のアドバイス等の支援を受けることが得策かと思います。時間のコスト、労働トラブルのリスクをトータルで考えると、専門家に支払うコストは割安になるはずです。

● パートタイマーがいる場合は要注意です

　就業規則は事業場で働く社員の労働条件や、服務規律等を定めるものですから、そこで働くすべての社員について定めをする必要があります。

　例えば、パートタイマーがいる場合は、正社員と勤務の態様等が異なった定めをする必要があるため、**パートタイマー規程**を別途作成するべきです。別に作成しないと正社員用の就業規則が適用されてしまうので注意が必要です。また、パートタイマー規程を作成する際には、正社員とパートタイマーの違いを明確に定義しましょう。

---

就業規則記載例
（適用）
　第〇〇条　この規則は、会社に採用された社員に適用する。ただし、パートタイマーに関しては別に定めるパートタイマー規程による。

## ●就業規則以外の諸規程はどうする？

前述したパートタイマー規程の別途作成だけでなく、別に諸規程を定めるのが一般的です。

具体的には、次のような規程があげられます。

### (1) 賃金規程

賃金規程は労働条件に関わる重要な賃金事項について定めた規程です。つまり、この規程をしっかり作成しないと社員とのトラブルが発生することになります。賃金に関する絶対的記載事項を整理し、詳細に設定を行います。例えば欠勤、遅刻、早退時の時間単価、諸手当の支給基準、賞与の支給基準、通勤手当の支給基準等を詳細に決めておきましょう。

### (2) 退職金規程

退職金制度を設けることは法律上の義務ではないため、自由に選択することができます。就業規則に退職金に関する事項を定めることで、退職金支払いの義務が生じることになります。一旦、退職金規程として定めると、その後に廃止や減額を行うには社員の合意が必要となってきますので注意が必要です。また、パートタイマーを退職金の支払いの対象から除く場合は、適用除外として記載しておきましょう。

### (3) 慶弔規程

社員の結婚や出産、社員本人や家族の死亡などの場合に支給する金品等の基準について定めたものです。こちらも適用除外があれば記載しておきましょう。

### (4) 育児介護休業規程

育児介護休業、子の看護休暇、介護休暇、育児のための所定外労働の免除、育児・介護のための時間外労働及び深夜業の制限並びに所定労働時間の短縮措置等について定めます。育児介護休業は「休暇」に該当するため、絶対的必要記載事項になっています。法改正に注意して作成していきましょう。

---

**実務上のコツ　ポイント**

他社の就業規則やひな形は参考資料として使用しましょう。

## 法律上のツボ　ココを押さえろ
● 絶対的必要記載事項・相対的必要記載事項・任意的記載事項

　削除してもいい条文、削除してはいけない条文等を知らないままに作成した就業規則では、運用をしていく上で大きな問題になる可能性もあります。

　労働基準法第89条では就業規則に記載すべき内容を次のように定めています。**絶対的必要記載事項**とは、就業規則には必ず記載しなければならない事項のことです。次に**相対的必要記載事項**とは、その会社がその項目について定めをする、あるいは慣習として実施している場合には必ず就業規則に記載しなければならない事項です。最後に任意的記載事項とは絶対的・相対的必要記載事項以外の事項で、就業規則に記載することが義務付けられていないものです。

「絶対的必要記載事項」
- 始業、終業の時刻、休憩時間、交替勤務について
- 休日、休暇（年次有給休暇、育児介護休業等）
- 賃金（臨時の賃金を除く）の決定、計算及び支払の方法
- 賃金の締切日と支払の時期、昇給について
- 退職、解雇、定年の事由及び手続き

「相対的必要記載事項」
- 退職金が支払われる社員の範囲、退職金の決定、計算及び支払いの方法、退職金の支払時期に関すること
- 賞与について
- 臨時の賃金等（退職金を除く）および最低賃金額について
- 社員の負担となる食費、作業用品等について
- 安全及び衛生に関する事項
- 職業訓練に関する事項
- 災害補償及び業務外の傷病扶助に関する事項
- 表彰及び制裁の種類及び程度に関する事項
- その他社員のすべてに適用される事項

「任意的記載事項」
- 就業規則の目的または趣旨
- 社員の心得
- 会社の理念
- 規則改定の手続き方法

### 法律上のツボ　ポイント

就業規則には削除してはいけない条文があるので注意しましょう。

前職、知り合い、他社から貰った就業規則をそのままコピーしてたら本当に危ないことになりますよ！

# 3 労働基準監督署に届出しないと意味ないの？

作成した就業規則、労働基準監督署への届出を忘れてた！

届出しないとダメだよ。
でも、就業規則としての効力はあるけどね

## 届出を忘れていました

　7-1節で述べた通り、就業規則は社員、パート含めて10名以上であれば作成し、労働基準監督署に届出る必要があります。

　ところが、「届出なんてしていない」という会社は意外と多いものです。届出の義務があるにもかかわらず届出をしていなければ労働基準法上の罰則を受けることになりますが、周知をしていれば就業規則上の効力を失うことはありません。ただし、就業規則を届出していないことにより、会社にとって不利益が生じることもありますので、法律に従って届出を行いましょう。

## 実務上のコツ　ココを押さえろ

### ●以前に作成した就業規則

　「とりあえず、労働基準監督署に届出をすればいいんでしょ」ということで、以前に作成しておいた就業規則を届出るというのは非常に危険です。

　以前に作成したものであれば、まず内容の確認をしましょう。

　法律及び労働環境はめまぐるしく変化しているため、何年か前に作成した就業規則では対応できないこともあります。就業規則はただ単に届出さえすればいいというものではありません。

● 就業規則の届出を行おう

就業規則を届出は、就業規則の「**就業規則（変更）届**」（図1）と社員代表からの意見を記載した「**意見書**」（図2）を就業規則に添えたものを二部作成して行います。一部は労働基準監督署の控えとなり、一部は返却してもらいます（図3）。

なお、意見書について労働基準法で義務付けられているのは、社員代表の意見を「聴くこと」であって、「同意を得ること」までは求められていません。仮に反対意見があったとしても法律上は問題ありませんが、今後のことを考慮すると協議を行い、労使双方で一定のコンセンサスを得ることは必要不可欠といえます。

また就業規則が完成しても、実際の運用において不具合が生じた場合や、法令等が変更になった場合には見直しを行うことも重要です。

▼図1　就業規則（変更）届例

就業規則（変更）届

〇〇〇〇年〇月〇日

〇〇労働基準監督署長殿

今回、別添の通り当社の就業規則を制定（変更）いたしましたので、社員代表の意見書を添付の上お届けします。

東京都中央区××××××
03-××××-××××
株式会社リンケージゲート
代表取締役　東京　太郎

## ▼図2　意見書例

```
                    意 見 書
                              ○○○○年○月○日
株式会社　リンケージゲート
代表取締役　東京　太郎　殿

○○○○年○月○日付をもって意見を求められ就業規則等の案につ
いて、下記の通り意見を提出します。

                        記

同意いたします。


                            社員代表　吉田　一郎　㊞
```

社員代表の意見を記載

## ▼図3　就業規則を作る流れ

### ①社内作成チームの結成
就業規則の作成には社長、管理職、一般社員も参画した作成チームを結成します。就業規則の目的は労使関係を安定させ、働きやすい環境を作ることです。社長と社員の考え方を一致させましょう。

### ②社内の実態調査
社内の実態調査を行わないまま、他社の就業規則やインターネットのひな形を利用するのは危険です。トラブルの原因になりそうな、賃金、賞与、退職金、労働時間、休日、服務規律等に関しては特に綿密な実態把握を行いましょう。

### ③試案規程の作成・チェック
社内の実態調査をもとに試案を作成していきます。特に、労働基準法で就業規則に必ず記載しなければならない絶対的必要記載事項と、制度化した場合に記載する相対的記載事項が定めているかを確認します。また、就業規則の試案が会社の実態にあっているのかを検討します。

### ④社内説明会
就業規則の作成を行ったら、社員に対して説明会を実施します。会社が社員に確認してもらいたい箇所を重点に説明しましょう。その際に社員から要望や意見がある場合は検討していきましょう。

### ⑤意見書聴取
投票又は挙手等により選出された社員代表に意見を聴きます。

### ⑥就業規則届出
管轄の労働基準監督署に届出ます。

● 届出をしていないばかりに……

「就業規則を届出ていないばかりに、国からの助成金をとることができなかった」という話をよく聞きます。国から受ける**助成金等の申請**には、必ずといっていいほど就業規則が必要となってきます。またその際には就業規則に労働基準監督署の受付印があるかどうかが問題になりますので、必ず届出るようにしましょう。

就業規則を作成・変更した場合は、事業場ごとに「遅滞なく」所轄の労働基準監督署長に届出なければなりません。具体的に「何日以内」という形では定められていませんが、施行してから常識的な範囲の期間内に届出る必要があります。

● CD-ROMでも届出が可能です

就業規則はCD-ROM等の電子媒体で届出することができます。以前まではフロッピーディスクでの届出も可能でしたが、平成25年4月26日をもって終了となっています。なお、CD-ROM等の電子媒体の文書書式は原則HTML書式となります。また、労働時間関係、休日、休暇等の項目にはアンダーラインによるタグが必要となります。

就業規則届と意見書はいずれも文書での添付が必要となります。

### 実務上のコツ　ポイント

労働基準監督署への届出を忘れていると助成金が受けられない等の不利益が出る可能性があります。

## 法律上のツボ　ココを押さえろ
● 届出をしていない就業規則の有効性

就業規則の作成・変更の届出義務に関する違反は、30万円以下の罰金に処せられます。

労働基準法違反としての罰則を受けることになりますが、就業規則の効力の発生要件とは関係がありません。

届出をしていない就業規則であっても、社員に対して周知を行っていれば有効となります。

―― 知っておきたい判例 ――
**【三矢タクシー事件（浦和地判・昭和63年3月7日）】**
**届出をしていない就業規則の効力を争った事案**
就業規則の届出義務に関して、裁判所は、労働基準法が会社に対し届出義務を課した趣旨は就業規則の内容についての行政的監督を容易ならしめようとしたものに過ぎないと解されるから、届出義務違反に対して罰則が科されることがあることはともかく、届出の有無は就業規則の効力に影響はないと解するのが相当と考える。
債務者主張の就業規則について労働基準監督署への届出がなされていないからといって当就業規則が無効であるとはいえないと判断しました。

### 法律上のツボ　ポイント

労働基準監督署に届出をしていない就業規則でも効力は発生します。

就業規則の届出を忘れている会社って多いんですよね。
届出していなくても周知されていれば効力はありますが、やっぱり
きちんと届出しておいた方がいいよね

# 4 金庫に大事にしまってある就業規則って大丈夫？

そういえば、ずっと前に就業規則を作ったことがあって、金庫にしまいっぱなしだなあ

誰も知らない就業規則には効力がないよ！

## 眠っている就業規則で大事件に！

いつ作ったのかを忘れてしまうほど、何十年も前の就業規則を金庫に保管している、これは非常に危険です。労働基準監督署に届出をしていても、そもそも社員に**周知されていない就業規則**は無効となります。会社で問題があった時に就業規則を持ち出して「会社のルールではこうなっているから」と言っても、社員に周知されていない場合は無効となり、大きな労働トラブルに発展する可能性もあります。就業規則を作成しているのであれば、それを社員に周知することによって効力が出てきます。

## 実務上のコツ　ココを押さえろ

● 寝た子を起こすなんてことはありません

「就業規則を周知させることにより、これまで社員が知らなかった法律の情報が入り、社員が権利を主張をしてくるのでは？」と、寝た子を起こしてしまう心配をする方が結構います。実際にはそんなことはありません！　今の世の中、インターネットでいくらでも社員にとって有利な情報を取り出すことができるようになっています。逆に**「周知されていないからそんな規則は無効でしょ」**と指摘される可能性を心配した方が良いくらいです。

情報通の社員を相手にしていることを踏まえ、会社は法律に抵触しないような就業規則を作り、周知をしなくてはならないのです。

退職、休職、人事異動、秘密保持etc、会社のルールを周知させずに、作成して保管しただけでは、労働トラブルの対策にはなりません。

### 実務上のコツ　ポイント

就業規則を眠らせていると効力はありません。

## 法律上のツボ　ココを押さえろ
### ●周知していない就業規則は無効

届出を行った就業規則は、次の方法で社員に周知しなければなりません。

【周知方法】
(1) 就業規則を常時職場の見やすいところに掲示または備置くこと
(2) 社員に就業規則を配布すること
(3) 就業規則を磁気テープ、磁気ディスク等に記録し、社員がパソコン等で何時でも見られるようにすること

　就業規則は会社が一方的に作成することは可能ですが、周知方法については明確に定められています。
　ただし、上記のような所定の方法がとられていない場合は、労働基準法の手続き違反とはなりますが、就業規則が100％無効となるわけではありません。何らかの方法で、社員に周知してれば、就業規則としての効力は有効となる可能性があります。

---知っておきたい判例---

**【日本コンベンションサービス事件（大阪高判・平成10年5月29日）】**
**周知していない就業規則の効力を争った事案**

裁判所は、「およそ就業規則は、会社が定める企業内の規範であるから、会社が就業規則の新設または改定の条項を定めたとしても、そのことから直ちに効力が生じるわけではない。これが効力を生じるためには、法令の公布に準ずる手続、それが新しい企業内規範であることを広く社員一般に知らせる手続、すなわち、何らかの方法による周知が必要である（なお、就業規則の効力発生要件としての周知は、必ずしも労働基準法106条1項の周知と同一の方法による必要はなく、適宜の方法で社員に知らされれば足りる）。」として、新しい退職金規程の周知がなされていない場合は、仮に社員が内容を知っていたとしても適用はされないと判断しました。

### 法律上のツボ　ポイント

就業規則をパソコン上で閲覧させることでもOKです。

社員が権利を主張してくるという理由で
「就業規則を社員に見せるのが嫌だ」
という会社がありますが、
それは大きな間違いですよ。
事前のトラブル防止にきっと役立つはずです

# 5 社員に不利益な変更って勝手にやるとまずいの？

経営状況に合わせて、就業規則を変更したいんだけど

社員に不利益な変更だったら、社員の同意が必要だよ！

## 社員に不利益な変更は簡単にはできません

　就業規則を変更する場合は、作成の手順と同じように社員代表に意見を聴き、労働基準監督署に届出をすることになります。就業規則は法律の改正や運用上、会社の取り巻く環境や経営方針により見直し、変更が必要となります。

　なお既に作成した就業規則を社員に有利になるように変更する場合は会社が自由にできますが、社員に**不利益になる内容**に関しては、社員に対して内容、事情等を説明し、原則として同意を得なければ無効となる可能性があります。

　一方的に就業規則を不利益な内容に変更するようなことなく、社員に対してしっかりとした説明をすることが重要です。

## 実務上のコツ　ココを押さえろ

### ●代替措置を考えよう

　社員が不利益を被る就業規則変更の場合は、同意を得るために**代替の補償等**を提示すると効果的です。

　例えば「退職金を引き下げる」のであれば、「定年を引き上げる」等の社員にとって有利な条件を提示し、同意してもらいましょう。

　また、説明会では、変更の必要性や会社の状況、同業他社の状況を説明し、同意を得られない場合は複数回開催するようにしてください。

　その際に、議事録の作成は必須であり、その後の展開でも重要となります。詳細な

説明無しに不利益変更を行えば、会社の対応に不満をもつ社員が労働トラブルを引き起こす可能性がありますので注意しましょう。

【よくある不利益変更の例】
(1) 始業・終業の時刻を伸ばし1日7時間30分から8時間への変更
(2) 休憩時間又は時間帯の変更
(3) 年間休日の短縮
(4) 休職期間の短縮
(5) 退職金の変更

【代替措置の例】
(1) 定年の延長
(2) 未消化分の有給をストック休暇化
(3) 福利厚生の充実
(4) 育児・介護短時間勤務制度の適用範囲の拡大

### 実務上のコツ　ポイント

就業規則の不利益な変更を行うのであれば、代替措置を考えましょう。

## 法律上のツボ　ココを押さえろ
### ●不利益変更による合理性の判断基準

原則として、会社の**一方的な不利益変更**は認められません。就業規則の変更によって社員は既得権を失い、不利益な労働条件となる場合には原則として社員の同意が必要です。

ただし、就業規則の変更の必要性及び内容が合理的なものである限りにおいては、変更可能となります。

合理性の有無は、判例によると次の事情等を総合的に考慮して判断すべきとされています。

【不利益変更による合理性の判断基準】
(1) 社員が被る不利益の程度
(2) 変更の必要性の内容・程度
(3) 変更後の就業規則の内容自体の相当性
(4) 代替措置その他関連する他の労働条件の改善状況
(5) 労働組合等との交渉の経緯
(6) 他の労働組合又は他の社員の対応
(7) 同種事項に関する我が国社会における一般的状況等

合理的であるかどうかは明確な取り決めはなく、就業規則変更の必要性と社員の受ける不利益を比較考量してケースバイケースで判断すべきということになります。

● 同意しない社員はどうなる？

就業規則の変更に対して、どうしても納得がいかずに同意しない社員がいるケースもあります。この場合、同意しない社員がいても、就業規則の変更に合理性があれば変更をすることは可能です。

また、就業規則の変更について同意している社員が8、9割以上であれば、同意しない社員がいたとしても、就業規則を変更し適用することは可能でしょう。

―― 知っておきたい判例 ――
【第四銀行事件（最判・平成9年2月28日）】
**不利益変更した就業規則の拘束力を争った事案**
就業規則の不利益変更について、裁判所は新たな就業規則の作成又は変更により社員の既得の権利を奪い、不利益な労働条件を一方的に課すことは原則許されないものの、労働条件の集合的処理、特にその統一的かつ画一的な決定を建前とする就業規則の性質からいって、当該規則条項が合理的なものである限り許されると判示しました。そして、合理性基準として、就業規則の変更によって社員が被る不利益の程度、会社の変更の必要性の内容・程度、変更後の就業規則の内容自体の相当性、代償措置その他関連する他の労働条件の改善状況、労働組合等との交渉の経緯、他の労働組合又は他の社員の対応、同種事項に関する我が国社会における一般的状況等を総合的に考慮して判断すべきであるとしました。

**法律上のツボ　ポイント**

就業規則変更の必要性及び内容が合理的なものである限りにおいては、不利益変更も可能となります。

## おわりに

　本書を最後まで読んでいただきありがとうございます。いかがでしたでしょうか？

　私は、会社も社員も納得できる労務管理は、法律の知識をベースにしたルール作りと、そのルールを運用する上で大切なコミュニケーションスキルが両輪となって、初めて安定して回りだすものだと考えています。

　法律だけをふりかざしても社員はついてきませんし、コミュニケーションがとれていても、法違反の労務管理を行っていては、元も子もありません。
　どちらか一つが足りなくても、いけないのです。

　この両輪が整っていれば、情報が氾濫する今でも、より変化が著しくなるであろう未来でも、なんとか安定した労務管理を行っていけるのではないでしょうか。

　本書にて、そのことを少しでもお伝えできたら幸いです。

寺林　顕

## 索引

### 数字・アルファベット

1ヶ月単位の変形労働時間制 ................ 138, 139
1年単位の変形労働時間制 ................ 138, 140
36協定 ....... 38, 91, 106, 108
WEB勤怠システム ......... 121

### かな

**あ**
あっせん制度 ................ 262
安全配慮義務 ................ 94
安全配慮義務違反 ....... 90, 97
育児介護休業規程 ........... 317
意見書 ........... 109, 314, 321
一括適用みなし説 ........... 177
一斉休暇の適用除外に関する労使協定書 ................ 118
一斉休暇の例外 .............. 117
営業マン ...................... 175

**か**
皆勤手当 ...................... 235
解雇 ....... 48, 66, 69, 80, 183, 200, 219, 256
解雇権の濫用 ... 80, 288, 292
解雇通知 ............... 289, 290
解雇猶予措置 ................ 215
解雇予告除外の認定 ........ 296
解雇予告通知書 ............. 291
解約権留保付労働契約 ....... 82
過労死 .................... 44, 90
管理監督者 ............ 148, 184
管理職 ........ 180, 182, 184, 260
管理職の有給休暇 ........... 184
管理責任 ....................... 94
聞き取り調査 ................ 256
基本給 ......................... 165
基本給組込方式 ...... 166, 168
休業手当 ............... 226, 240, 242, 294
休憩時間 ...................... 115
休職確認通知書 ............. 212
休職制度 ............... 209, 215
休職命令 ...................... 214

求人広告 ............ 48, 52, 55
給与 ........................... 192
競業避止義務 ................ 280
均衡待遇 ...................... 195
均等待遇 ...................... 195
勤務間インターバル ......... 41
勤務間インターバル制度 ...93
慶弔規程 ...................... 317
契約の申込み ................. 73
欠勤 .................... 145, 232
減給の制裁 ............ 161, 234
健康（病歴）状態告知書 ..... 64
研修費用立替払いに関する確認書 ................ 237
合意解約の申込み ... 283, 286
公示送達 ............... 276, 278
高度プロフェッショナル制度 ................ 43, 148
個人情報取扱事業者 ........ 250
雇用期間を定め有期で契約する ...................... 81
雇用契約 ...... 71, 73, 76, 87, 217, 248
雇用契約書 .......... 71, 73, 217
雇用対策法 .......... 35, 54, 55
雇用対策法施行規則第1条の3 ...................... 54
雇用保険 ...................... 268
雇用保険適用事業所情報提供請求書 ...................... 269
雇用保険の加入基準 ........ 270

**さ**
サービス残業 ................. 99
災害リスクマネジメント ..241
在宅勤務 ...................... 132
在宅勤務申請書 ............. 134
採用 ............................. 48
採用内定通知書 ......... 61, 67
裁量労働制 ............ 128, 148
裁量労働制の対象業務 ..... 130
サブロク協定 ................ 108
残業 ............................. 99
産業医・産業保健の機能強化 ................ 41

残業時間の上限規制 .... 38, 39
残業申請書 ............. 99, 101
残業代 .... 165, 175, 180, 189
時間外労働 ............... 37, 39
時季変更権 ................... 274
仕事の洗い出し .............. 32
辞職 .................... 283, 286
自宅待機命令 ................ 297
社員代表 ...................... 314
就業規則 ... 85, 128, 168, 217, 234, 252, 277, 312, 315, 320, 325
就業規則（変更）届 ......... 321
就業規則を作る流れ ........ 322
周知方法 ...................... 326
試用期間 .................. 56, 80
常時型在宅勤務 ............. 132
傷病手当金 ................... 213
職業安定法第40条 ........... 52
職業安定法第5条 ............ 55
職業安定法第5条の4 ....... 61
職業選択の自由 ................ 253, 279, 280
助成金等の申請 ............. 323
書類選考 ....................... 57
書類選考のチェックポイント ................ 58
書類送検 ...................... 158
申告監督 ...................... 154
人事権 ......................... 217
じん肺法 ....................... 35
随時型在宅勤務 ............. 132
誠実義務 ...................... 281
整理解雇 ...................... 292
是正勧告書 ................... 155
接待 ............................ 112
絶対的必要記載事項 ........ 318
専門業務型裁量労働制 .... 128
相対的必要記載事項 ........ 318
訴訟 ............................ 308
損害賠償 ...................... 248
損害賠償請求 ................ 207

## た

退職 ............... 236, 268, 272, 277, 279, 283
退職金規程 ................... 317
退職合意書 ................... 290
退職代行サービス ........... 285
退職届の撤回 ................. 283
退職願 ........................... 284
タイムカード ................... 121
立替金確認書 ................. 236
男女雇用機会均等法 ....................... 53, 54, 196
団体交渉 ....................... 299
団体交渉申入書 ............. 300
遅延理由証明書 ............. 233
遅刻 ..................... 145, 232
遅刻改善指導書 ............. 233
中間収入の控除 ............. 294
中小企業の割増賃金比率引き上げ ..................... 41
懲戒解雇 ....................... 296
賃金改定の合意書 ......... 162
賃金カット ..................... 160
賃金カットの方法 ... 161, 163
賃金規程 ....................... 317
通勤手当 ....................... 186
定額残業代 ................... 165
定額残業手当導入の確認書 ........................... 169
定額残業手当方式（一律支払い型） ............. 167
定額残業手当方式（時間数支払い型） .......... 166
定期監督 ....................... 154
定期健康診断 ................ 245
適性検査 ......................... 60
手待ち時間 ................... 115
転勤 ............................. 217
転職 ..................... 52, 279
同一労働同一賃金 ........... 44
答弁書 ......................... 305
特別永住者証明書 ........... 76
特別条項 ...... 39, 91, 109, 146

## な

内定通知書 ..................... 66
入社チェックリスト ........... 68

任意的記載事項 ............. 318
年次有給休暇 .......... 40, 221
ノーワークノーペイの原則 ........................... 233

## は

パートタイマー ....... 74, 195, 229, 246, 316
パートタイマー規程 ......... 316
パートタイマーの有給休暇 ........................... 230
パートタイマーの有給休暇付与日数 ........... 230
パートタイム労働法 .......... 35, 36, 37, 199, 229
賠償予定額の禁止 ......... 238
配置転換 ............... 217, 256
働き方改革 ..................... 28
ハローワーク ............ 52, 269
パワハラ ....................... 259
副業 ............................. 252
復職 ..................... 209, 215
不正競争防止法 ..... 207, 281
不当利得返還請求権 ..................... 192, 194
不当労働行為の禁止 ...... 303
振替休日 ....................... 189
不倫 ............................. 256
フレックスタイム制 .... 36, 37, 42, 138, 141, 143
フレックスタイム制の拡大 ............................. 42
プロバイダ責任制限法 ..... 207
紛争調整委員会 ..... 262, 264
別途把握説 ................... 177
変形労働時間制 ............ 137

## ま

マイナンバー ................... 69
身柄送検 ....................... 158
未成年者 ................. 77, 78
未成年者等を雇い入れる際に必要な書類 ............. 78
未払い残業代 ............. 99, 100, 103, 180
民法536条2項 .............. 243
無期転換ルール ............... 83

面接チェックシート ........... 59
免罰効果 ...................... 108
申込みの承諾 ................. 73
申込みの誘引 ................. 73
モニタリングする権限 ..... 205

## や

有給休暇 .. 36, 39, 184, 186, 229, 272
有給休暇取得の義務化 ... 39
行方不明 ..................... 276

## ら

リファラル採用 ................. 51
履歴書 ........................... 57
労災認定 ....................... 97
労働安全衛生法 .... 35, 36, 37
労働安全衛生法第66条 ... 245
労働基準監督官 ............. 157
労働基準監督署 ..... 154, 320
労働基準法 .......... 35, 36, 37
労働基準法施行規則第33条 ........................... 118
労働基準法115条 ......... 103
労働基準法第15条 ... 71, 74
労働基準法第16条 ........ 238
労働基準法第21条 .......... 81
労働基準法第36条 .......... 91
労働基準法第37条 .......... 99
労働基準法第38条の2 ... 176
労働基準法第41条 ........ 182
労働組合 ....................... 299
労働組合法 ................... 303
労働契約法 .......... 35, 36, 37
労働時間 ........... 30, 112, 121, 128, 135, 140, 154, 176, 180
労働時間等設定改善法 ........................ 35, 36, 37
労働者の責に帰すべき事由 ..................... 297, 298
労働者派遣法 ................. 35
労働条件自主点検表 ...... 154
労働条件通知書 .............. 71
労働審判 ...................... 305
労働審判制度 ........ 305, 308
労働審判手続きの流れ ..... 306

●参考文献

・事例でわかる 問題社員への対応アドバイス
　日本組織内弁護士協会（監修） 芦原一郎 稲田博志（編集） 新日本法規
・就業規則の法律実務　石嵜信憲（編著）義経百合子（著）　中央経済社
・問題社員50の対処術　野崎大輔 尾崎健一（著）　小学館集英社プロダクション
・「問題社員」対応の法律実務　石井妙子（著）　日本経団連出版
・今すぐ捨てたい労務管理の大誤解48　岡本孝則（著）　幻冬舎
・1週間で会社が変わる！採用の教科書　稲田行徳（著）　ビジネス・ベストセラー出版
・本当に「使える人材」を見抜く採用面接　細井智彦（著）　高橋書店
・トラブルにならない 社員の正しい辞めさせ方・給料の下げ方　井寄奈美（著）　日本実業出版社
・ちょっと待った！社長！その残業代払う必要はありません！！　和田栄（著）　すばる舎
・職場の労務トラブル 実践Q&A198　アールケーシー・アソシエイツ（編著）　日本法令
・中小企業の「働き方改革」労務管理をスムーズに変える本　小岩広宣（著）　秀和システム
・働き方改革 生産性とモチベーションが上がる事例20社　小室淑恵（著）　毎日新聞出版

●著者略歴
寺林　顕（てらばやし　あきら）
東京労務オフィス　代表　特定社会保険労務士
株式会社　リンケージゲート代表取締役
1971年神戸市生まれ。

「僧侶資格を持つ異色の社労士」
400年以上続くお寺の次男として生まれる。
自らの原点である「お寺」への興味から、仏道修行へ。しかし、僧侶資格を取得したにも関わらず、「仏教で学んだことをビジネス社会に生かしたい」との想いで、ベンチャーのコンサルタント会社に就職。その後、人に関するプロフェッショナルになると決意し、「社会保険労務士」資格を取得する。
現在、数多くの中小企業の社長から、「人の気持ちの動きまで理解し、親身になってくれる」と評判が高く、事務手続きだけにとどまらない相談・依頼を受け、僧侶資格、社労士資格を活かして様々な労務問題を解決している。
「"勝売"よりも"笑売"が大切である」を信条に、社長・企業と共に楽しみながら、事業の発展に貢献すべく、日々奔走中。

URL：https://tokyo-romu.jp/
ポータルサイト：https://kaiketsudojo.jp/
フェイスブックページ：https://www.facebook.com/souryosharoushi


●監修者略歴
米澤　章吾（よねざわ　しょうご）
米澤総合法律事務所　代表　弁護士
1979年横浜市生まれ。早稲田大学法学部卒

大学卒業後、国家公務員第一種試験に合格するも、あくまで弁護士を目指し、サラリーマンをしながら勉強し、2006年旧司法試験に合格。2008年に弁護士となる。企業法務としては労働問題を中心に、個人法務としては男女間の修羅場、相続などを中心に携わりながらも、横浜事件、足利事件等の再審刑事事件弁護団に所属した経験を持つ。
「相談しにくい」「すぐお金を取られる」「偉そう」「敷居が高い」などの弁護士のイメージを覆すべく、24時間以内に法律相談に回答するという方策を実践し、「光速弁護士」の異名をもつ。
共著書として「企業のうつ病対策ハンドブック -つまずかない労務管理2-」（信山社　第二東京弁護士会　労務社会保険法研究会　共著）、「新・労働事件法律相談ガイドブック」（第二東京弁護士会労働問題検討委員会　編著）

Mail：yonezawa@sy-bengoshi.com
フェイスブックページ：http://www.facebook.com/bengoshi.roudou.yokohama
URL：https://www.sy-bengoshi.com

カバーデザイン・イラスト　mammoth.

労務管理のツボとコツが
ゼッタイにわかる本 [第2版]

| 発行日 | 2019年 8月 9日 | 第1版第1刷 |

著　者　寺林　顕
監　修　米澤　章吾

発行者　斉藤　和邦
発行所　株式会社　秀和システム
　　　　〒104-0045
　　　　東京都中央区築地2丁目1-17　陽光築地ビル4階
　　　　Tel 03-6264-3105（販売） Fax 03-6264-3094
印刷所　三松堂印刷株式会社　　　　Printed in Japan
ISBN978-4-7980-5732-3 C2034

定価はカバーに表示してあります。
乱丁本・落丁本はお取りかえいたします。
本書に関するご質問については、ご質問の内容と住所、氏名、
電話番号を明記のうえ、当社編集部宛FAXまたは書面にてお送
りください。お電話によるご質問は受け付けておりませんので
あらかじめご了承ください。